張高評解析經史一

左傳導讀

乙亥正月
東寧逸士

修訂重版

張高評 著

五南圖書出版公司 印行

目次

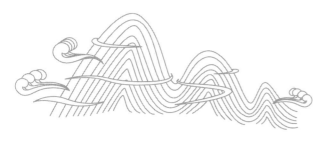

第三章

論《左傳》之作者及其與《國語》之關係／045

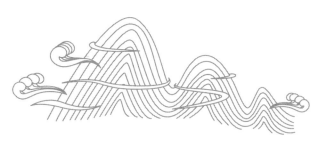

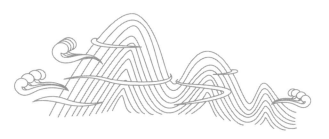

第五章

論《左傳》之解經與緣飾增續／153

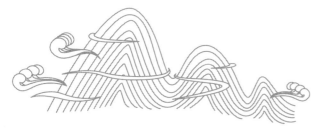

第六章

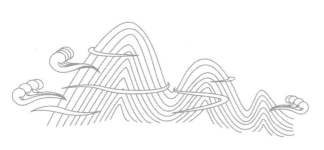

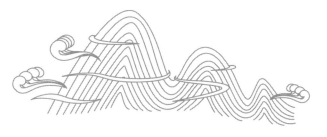

推薦序

黃永武

做一門學問，肯從紮實的根基做起，把要研究的範疇，先作總攬通觀的普遍認識，然後深入探索，百折不回，備嘗治學的寂寞辛勞，這樣覃思冥想了多年，往往能創發見解，釐成條例，爲某一門學問開闢出新天地。

張高評先生研究《左傳》，確實肯下最笨的工夫，走最艱辛的道路。他不以取巧而自喜，不獵虛聲以自惑，他要研究《左傳》的文學，先把《春秋三傳》作廣泛的了解，然後就有關《左傳》的歷史外緣作研究，考據是他入門的基石，再從《春秋》經文的微言大義，進而去認識《左傳》的思想背景。通過這考據與義理的層次，最後才凸出所要研究的《左傳》辭章問題。環視這深厚的根基，然後語語有其依據，事事知所通貫。這和表面浮淺地論辭章不相同，稍加品味，就能察覺深濃郁烈，有著極其厚重的趣味。

這三部書（《左傳導讀》、《左傳之文學價值》、《左傳文章義法撢微》），論及文學價值和文章義法，分析力求細密，所以細密不是它的缺點，而是它的特色。至於分章立目，是網羅了全部傳統的名目，融合最新的修辭法門與文學批評理論，如何在舊的寶藏裏發現新的價值；在新的方法下重整舊的寶藏，經過新舊互激兼融後，重新展現一個全新的面貌和肯定的位置，這是本書的貢獻所在。

我在國立高雄師範學院時，創設了國文研究所，張高評先生是成立時第一屆的畢業生，後來繼續進入國立臺灣師範大學的博士班。而那時我的《中國詩學》四冊正陸續完成，正在計畫寫中國散文學。高評對中國詩學深深喜愛，也願向中國散文學的研究方面發展，我希望他從散文的根源《左傳》做起，以《左傳》的文學研究為博士論文的題目，現在證明我似乎可以省略寫中國散文學的計畫了。後起有人，為此，我高興地為他寫這篇序。

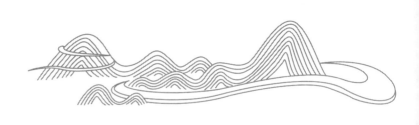

自序

十年前大三，負笈師大時，嘗從程師旨雲、劉師正浩習讀《左氏傳》，每苦曆法之枯澀，卻喜文章之有味，於是朝夕諷詠，自以爲有得。六十五年秋，再入師大博士班肄業，奉黃師永武之命，以《左傳》之文學研究爲專題，撰作博士論文。此命也，深獲我心！然喜懼之情，則不異遊子之返故鄉也。五年以來，夙夜僶勉，寢饋於斯，譬若五穀，昔者但知其可食而已，今則既食而嗜之，且又享而樂之矣。於是草就論文三編，總名曰《左傳之文學研究》，分二十有四章，都四十二萬言。夫然後知方苞所謂：「義法最精備者，莫如《左傳》。」洵不我欺也！

自漢儒治《春秋》，純守家法師說；晉杜預注《春秋經傳》，採用集解；唐啖、趙、陸不信《三傳》，直究遺經；宋儒疑經成風，而以會通兼取爲能。下逮元明清，治《春秋》經傳者，亦多循會通之緒，《通志堂經解》，《皇清經解》正續編可覩也。兩千年來，《左傳》已由爭立學官，成為《春秋》顯學。然環繞《左傳》之問題，盤根錯節，尚未釐清：如《左傳》之作者與時代問題，《左傳》與《國語》之關係問題，《左傳》之解經與緣飾增續問題；是是非非，莫衷一是。本書上編舊案重提，備列諸說，案以己意；雖未必即成定讞，然藉問題之提出，苟能激發方家碩彥之討論解決，亦著者之宏願也。外此，則嘗試探究《左傳》之學術價值，以為研治斯學之要刪焉。林林總總，都為一編，命曰《左傳導讀》。茲將各編之篇章重點，紹介如後，以醒眉目：

《左傳》以史解經，本為《春秋》之傳，此自荀卿、《呂覽》、韓非、虞卿引《傳》，張蒼、賈誼、史遷、劉安著書，昭然足為明證。而西漢博士為利祿之途，譸言「《左氏》不傳《春秋》」，《公羊》學者不求其端，不訊其末，望風而附和之，道術將為天下裂！為實事求是，本書乃作追本溯源之計：於是概說《春秋》三傳之源流授受，比較《三傳》之得失優劣，進而論述《左傳》之作者及其與《國語》之關係；搜討梳理，辨析正誤，而知《三傳》各有得有失，治《春秋》當據《左氏》事實，而參以《公》、《穀》大義，比觀而會通之，然後為得。更推定《左傳》之作者，殆為與孔聖同恥之左丘明，且

《左》、《國》非一人所作，亦非一書之化分。此由二書宗旨異趣、體裁殊類、文風迥別、記載乖違、文法不一、曆正異數、名稱不同、卜筮存闕、《史記》據依，可以知之也。

章學誠《文史通義．文德》謂：「不知古人之世，不可妄論古人文辭也；知其世矣，不知古人之身處，亦不可遽論其文也。」左氏果爲與孔子同恥之丘明邪？此當論其世，始能知其人！春秋之時，陪臣竊命，禮制壞替，蠻夷猾夏，是以倡尊王重霸，主寢兵息民；雖然，時猶以道義相支持，天人相交替，於是賦《詩》見志，文章豐潤，周德之化未盡泯也。此一代之風尙，而《左傳》之實錄也。後之人雖夢寐想像，其能及此乎？且《左傳》之引《詩》、《書》、《易》、《禮》，知其必爲春秋文字；載述地理、職官、思想、詞彙，更明示《左傳》成書於戰國前。而曆具三正、文兼奇偶，與夫賦《詩》引《詩》之僅見，神話小說之原始，歌謠諺語之樸質，議論詞命之渾厚，種種氣息，固春秋所獨具，而戰國所無有者也，遑論秦漢？由此推之，《左傳》成書蓋於春秋末季，故近莊、列詭譎之風，下啓戰國縱橫之習。班彪〈史記論〉以爲：「左丘明蓋定、哀時人」，此說得之矣！

《左氏》固《春秋》之傳也，而學者以爲「《左氏》不傳《春秋》」！考其以爲不傳者，其論有八：曰名稱不符，曰傳體不同，曰經闕傳存，曰經有傳無，曰說乖諸家，曰緣飾增續，曰詳近略遠，曰史記不敘。夷考其實，說並不足採信：《左氏》自釋《春秋》，不在其名傳與否也。傳體之不一，固因書而異，不可強同也。經闕傳存，或爲經義之旁證，或因割傳以附年也。經有傳無者，或是文直意明，或是簡牘散落也。說乖諸家者，特異《公羊》、《穀梁》耳，敘事與大義相乖而已。緣飾增續者，續經容或出於左氏弟子，而所謂緣飾附益、改竄論贊，則必非劉歆所爲，固《左氏》之舊也。若夫詳近略遠，則史書通例，非獨《左傳》爲然也。至如《史記》不敘云云，非不敘也，未兩見耳。〈十二諸侯年表・序〉稱：左丘明成《左氏春秋》；且〈曆書〉、〈吳世家〉直以《春秋》稱《左氏》。可見《左氏》不傳《春秋》云云，非大道之公論也。於是本書復申明十事，以證《左氏》之解正《春秋》：曰書法義例，曰據事直書，曰屬辭比事，曰顯微闡幽，曰文緩旨遠，曰勸善懲惡，曰界嚴華夷，曰正名辨實，曰表裏《論語》，曰歸本於禮，此皆《春秋》微言大義之所寄，亦《左氏》所以傳《春秋》者也。

《左傳》之爲書，義經、體史，而用文，且亦周秦兩漢諸子學之淵藪與左券也。因略論《左傳》之學術價值：《左傳》引《詩》一百五十六，援引逸詩十，足可彌補闕誤，考鏡淵流：〈周頌〉次第，不與今本《毛詩》一律；歌詩篇次，卻與今本近似；其他據《左》可駁〈詩序〉之附會，足徵詩與樂相表裏也。《左傳》引《書》十有七，引逸《書》二十九，又有逸篇二，清儒曾據以訂《古文尚書》之贋。且《左氏》引《書》，可補〈周書〉〈夏紀〉之疏漏，而〈虞書〉稱夏書，〈洪範〉屬商書；又知《左傳》成編時，《書》完全無闕，備受推重，然未名經也。《左傳》引《易》凡十六：以義理說之者七，以象說之者九，別有不以《周易》占者三，所謂逸易也。由《左傳》引易觀之，《周易》成於春秋之前，《易傳》成於尊《周易》爲經之後。而〈說卦〉、〈雜卦〉之本原，《易傳》互體之先聲，〈文言傳〉之異文，重卦之不始於文王，《周易》於《春秋》之爲占筮書，皆可自《左傳》之引《易》窺知也。《左氏》發明經旨，皆所以維周禮也。左氏作傳時，《三禮》尚未成書。雖《左氏》引經不及《三禮》，然彼此可相印證者不少。若夫《左氏》以史傳《經》，羽翮聖文，厥功至偉，此又夫人而知之者。故曰：《左傳》者，聖學之階梯，五經之鈐鍵也。

左氏以史傳經，兼才、學、識、德，擅屬辭比事，誠史著之良模也。後世史體如編年、紀傳、紀事本末、詔令奏議、傳記、地理、職官、政書、史評，多胎具於此。魏禧《左傳經世鈔》稱《左傳》爲史之大宗；古今御天下之變，盡於《左傳》，豈虛言哉！

左傳於諸子學，則兵家、儒家、墨家、名家、縱橫家、陰陽家、讖緯學、形法學之濫觴也。且與秦漢諸子學，相發明、資考證之處亦夥：或證經義，或息邪說，或匡經論，或補經文，或解經旨，所謂他山之石，可以攻錯者也。

夫《左傳》之文，百家文字之星宿海，萬世古文之祖也：《國策》《三史》之所法，秦漢諸子之所師，韓、柳、歐、曾、蘇王之矩度，王源、方苞、劉大櫆、林紓、吳闓生之義法，與夫凌稚隆、金聖歎、馮李驊、周大璋、陳震、姜炳璋之評點，皆究心於是。學者欲曉鍊法、鍊篇、鍊調、鍊句、鍊字，誠以《左傳》爲圭臬，自然深造有得，久而入妙。故曰：「讀古文而不精求于《左氏》，是溯流而忘其源也。」

中編論《左傳》之文學價值，凡十有三目：一曰文章體裁之集林，闡述後世文章體裁如論辯、詔令、奏議、書說、傳狀、箴銘、頌贊、辭賦、哀祭、敘記、典志諸體，皆濫觴於《左傳》也。二曰語文研究之珍藪，論《左傳》徵存春秋時代之語彙、語音、語法，具古文字、聲韻、訓詁學之價值，實研治上古語文學之武庫也。三曰古文家法之宗師，論《左傳》之文，爲百代取則，乃古文辭之嚆矢，且爲《史》、《漢》、唐宋八大家、桐城、湘鄉諸古文家之祖庭也。四曰駢儷文章之先河，論《左傳》文章奇偶相生、駢散兼行；其駢行語氣，則後世駢文家所祖法者也。五曰歌詩致用之珠澤，論《左傳》賦詩或裨情意之曲達，或資典禮之祝頌，或觀政俗之興衰，或見詩史之類通；引《詩》則或以言志，或以斷事，或以證說，或以辯論，或以闡釋，或以褒贊，或以訓戒，或以譬況，或以歎惋，或以質疑，而要皆歸於致用也。六曰神話小說之原始，論《左傳》爲太古自然神話、神怪神話、動植神話、歷史神話、風俗神話之劫餘；且《左傳》記夢以著其幻，預言以神其說，述奇以妙其情，實後世志怪小說之濫觴也。七曰通俗文學之遠源，論後世所謂俗文學，如歌謠、諺語、廋詞，《左傳》已肇其端；且《左傳》敘事，又有可供後世通俗文學如變文、鼓詞、戲劇等之資材者。八曰傳記文學之祖庭，論《左氏》以史傳經，具史學之純眞，備文學之華美，饒勸懲之至善，乃史著而有文采，傳記而富文學性之佳構也。

九曰敘事文學之軌範，論《左傳》爲中國敘事傳統之祖庭，尤工於敘戰。因列舉《左傳》敘事法三十餘：如正敘、順敘、原敘、逆敘、追敘、平敘、虛敘、暗敘、預敘、補敘、類敘、側敘、串敘、連敘、對敘、語敘、突敘、錯敘、插敘、帶敘、搭敘、陪敘、瑣敘、拖敘、複敘、夾敘、意敘、駕敘、提敘、結敘、滾敘、總敘、分敘、補敘、借敘、特敘、閒敘、直敘、婉敘、實敘、明敘之倫，各援例以明之。十曰說話藝術之指南，論《左傳》以詞命爲敘事，溫潤婉麗，從容不迫。進而言其談說之術：或折之以理，或動之以情，或懼之以勢，或服之以巧，或挫之以術，或就其詞而入之，或反其詞而折之；雖然，與戰國之尚詐、棄信，終不可同日語也。十一曰戰國縱橫之肇端，論《左傳》議論從容溫雅，濃鍊堅緻，折衷聖言，風格淳厚；視戰國之文，縱橫捭闔、譎誑傾奪、煒曄詭奇、賊害忠信，迥不相侔。所謂「近《莊》、《列》、詭譎之風，啓戰國縱橫之習」云者，蓋緣後之襲前，非前之取後，風會所趨乃爾也。復考《左傳》論說之方式七：曰駁論，曰辯論，曰推論，曰評論，曰理論，曰敘論，曰諫論，皆足爲後世論說文之先導云。十二曰描繪神貌之逸品，論《左傳》以敘事爲描寫，善於表現事情，描繪人情，摹擬物情，皆色色精絕。求其所以獨到，蓋妙用描寫藝術，如特寫法、借映法、夾寫法、閃現法、明喻法、工筆法、略筆法、人物自述法、借乙口敘甲事法、雜糅情感法，與夫排比對照，旁筆襯托之法，洵圖貌寫神之聖手也。十三曰修辭作文之津梁，下編推衍論證之《左傳》義法皆屬焉。以牽涉層面較爲廣大，已另成一專書，名曰《左傳文章義法撢微》，相互參閱可也。

《左傳》之文，閎麗鉅衍，曲暢精深，《三史》、八家得其一體，皆足以名世；桐城、湘鄉得其義法，皆足以不朽，誠文章之冠冕，而詞林之宗師也。故特撰《左傳文章義法撢微》一書，以示微詞妙旨所在，并以爲作文修辭之津梁焉。是篇分爲六章：文以意爲主，意在筆先，法隨意生，清方苞說義法，所謂「義以爲經，而法緯之」。故首論命意之特色：載道、徵聖、宗經、寢兵、美刺、報應、愛奇、寄慨，此《左傳》全書之旨趣也。脈注、詭辭、微辭、措辭、托辭、諷喻、借事、象徵、深曲、廻護、翻空、因勢，此《左傳》命意之概況也。

次論《左傳》謀篇之義例：前驅、履端、中權、關捩、後勁、餘波、收煞、論贊，此其篇什架構之安排也。映襯、賓主、虛實、明暗、離合、斷續、順逆、輕重、詳略、擒縱、開闔、寬緊、奇正、變常，此其情境對比之設計也。伏應、逆攝、激射、旁溢、側筆、線索、原委、類從、集散、配稱，此其脈絡統一之規畫也。

次論《左傳》安章之心法：順帶、穿插、橫接、遙接、側敘、逆述、夾寫、互見、補筆、附載、自注、突起、提敘、暗接、勒轉諸法，《左傳》段落位次之調配也，而史傳敘事、敘事傳統之法式已不疑而具。表現、直書、說明、點綴、渲染、閒筆、錯綜、奇偶、想像、形容、析分、援引、概餘、時中，此其主題表達之權宜也。眼目、點睛、波瀾、關鍵、特筆、取影，此其建立一篇警策之大凡也；世所謂亮點，即此是也。

次論《左傳》鍛句之方術：舉凡曲折、往復、對照、排比、錯綜、層遞、翻疊、移換、誇飾、類句、類字、吞吐、蘊藉、轉品、濃縮、譬喻、轉化、象徵、示現、存眞諸法，皆《左傳》浮現意象之樣式也。鎔鍊、藏鋒、跳脫、舉要、層遞、翻疊、頓挫、勒轉、鎖紐、頂眞，此其詞章矜鍊縝密之原理也。儷辭、用典、烘托、映帶、迴文、諧隱，此其文章華贍豔麗之道也。而欲令文字氣勢遒勁雄健，亦有其規準：倒裝、加倍、反語、類句、聯鎖、旋繞、捧壓、墊拽、提振、節短、誇飾、設問、感歎、呼告諸法之善用；與夫倒攝、橫接、錯綜、追敘、翻疊、排比、頓挫、勒轉、鎖紐、頂眞諸法之運化，則氣勢遒勁矣。今人所倡修辭學、辭章學諸靈方妙法，《左傳》一書已燦然大備。若取以爲論說佐證，可謂無盡藏。

次論《左傳》鍊字之妙訣：巧用虛字、實字、重筆、曲筆、圓活字、新闢字，則章句明靡矣。鍊擇文字，愼用類字、避複、犯重、倒文、轉品、省文、借代、鑲嵌、立杜諸法，而文辭光采矣！

末論《左傳》神味之表出：按諸長短、緩急、奇偶、韻諧、長言短言諸法，然後知《左傳》逐聲遂諧，應節遽協，其音韻鏗鏘，音節響亮之秘，得以窺知一二。奇偶相生、繁簡達宜、曲直盡致、濃淡相稱、疏密相間、典奇時中，是《左傳》文章形式之風格也。若夫噴薄、跌蕩、詼詭、閒適、正大、此《左》文有得於陽剛之美者；閎括、含蓄、沉雄、悽惻、超逸，此《左傳》文有得於陰柔之美者，要皆《左傳》內容之風格，所謂神理氣味之所由表出者也。

姚鼐嘗論學問之途有三：曰義理也，曰考證也，曰文章也；且謂三者苟善用之，皆足以相濟云。余大學時，獨好文字之學，考證學之植基也；碩士論文，則探究黃梨洲之史學理學，義理學之訓練也；今更融治考證與義理之學，草撰本書，則文章學之初探也。三者一體，相濟互用，竊喜治學祈向，竟與桐城冥合也。

本論文之撰作，承林師景伊，黃師永武指導，點化匡正，終底於成。而錐指蠡測，罣漏恐多，尚祈博雅碩彥，不吝賜教！

一九八一年四月二十九日 張高評 謹誌於屏東

二〇一八年十二月十五日校對修訂

序於府城鹽水溪畔

【註】《左傳之文學研究》原為博士論文之題目。論文通過，出版面世時，分成三書：一、《左傳導讀》；二、《左傳之文學價值》；三、《左傳文章義法撢微》。

附記

本書原名《左傳之文學研究》，初分上、中、下三編：上編論《左傳》學及其學術價值，原初作爲附隸於本研究之一長編。後因其中牽涉之學術公案甚廣，無暇各別作更深入之考察與評估，僅提供有關問題之概況而已。其中或有發明，不過聊作抛甎引玉之資耳。若夫補正定讞，則有俟乎方家碩彥也。中下二編，專論《左傳》之文學，即本年十一月十八日，通過教育部口試，榮獲國家文學博士所提之論文也。今承出版社雅意，慨允出版本論文。爲便於單編發行計，上編命名曰《左傳導讀》，中編曰《左傳之文學價值》，下編曰《左傳文章義法撢微》，三位一體，似分實合，讀者綜覽互參之可也。

張高評 謹誌於士林外雙溪旅次　一九八一年十二月十二日

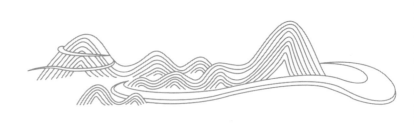

修訂重版自序

《左傳》一書，凡十八萬六千餘字。內容指涉廣博，曾不可以一方論說。要而言之，或爲《六經》之羽翼，或爲歷史學之開山，或爲諸子學之濫觴，或爲文學之星宿海。所謂中國文化之精神家園，當以此爲大觀。其學術含金量極高，如天府之琳瑯，武庫之無盡藏。古今學人得其一環一體，皆足以成家而名世。唐劉知幾《史通》〈雜說上〉稱《左傳》：「工侔造化，思涉鬼神，著述罕聞，古今卓絕。」品評推崇如此，其成就與價值，可以想見。

大學肄業師大國文系，大一時，值魯實先教授開授《史記》課，除闡發《史記》敘事之隱微外，又時時提示文章之義法。大二，魯先生開授文字學必修，系統論述六書，邏輯推衍類例，春風化雨，潤物無聲，當下既默識心通，他日研治《春秋》《左傳》《史記》，遂發用無窮。大三時，《左傳》爲選修課，上下學期六學分。程師發軔講授曆法，劉師正浩授讀文本，《左傳》博大精深，艱澀難懂，良師深入淺出，循循善誘，弟子知難而進，優游涵泳，於是有緣進階登堂，粗識宗廟之美，百官之富。千里之行，起於足下，初步植基踏實，有助於爾後之可大可久，致廣致遠。

一九七六年，重返臺灣師範大學，入國文研究所攻讀博士學位。指導老師黃永武教授，有一平生心願：擬撰寫一部中國散文史。《左傳》散文，美妙卓絕，自是首選。於是業師命題轉贈，弟子乃欣然接受。碩士論文，探論《黃梨洲及其史學》，於黃宗羲史學、明末清初史學、清代浙東史學頗有涉獵，對於中國傳統史學多所觸及。有意無意間，學術積累舖陳如是，已爲探討《左傳》奠定若干礎石。研究明末清初之史學，對於個人後半生探索「史之大原」之《春秋》《左傳》，存在先發後發之辯證關係，固始料所未及。噫！世事難料，盡心致力當下，庶幾無愧於平生。

一九八一年六月，通過校內博士學位口試。同年十一月，再通過教育部論文答辯，榮獲國家文學博士學位。博士論文題目爲：《左傳之文學研究》，都四十二萬餘言。口試委員爲林尹、高明、潘重規、王靜芝、于大成教授，皆爲一時碩學俊彥。時當徐復觀教授「文字聲韻訓詁不是學問」筆戰方酣之際，考據學風漸歇，義理辭章之學方興。故本論文雖以研究《左傳》之文學爲主軸，因應學風之傳承與遞變，乃先就《左傳》之歷史外緣作研究。誠如本師黃永武教授於本書〈序〉言所云：「通過這考據與義理的層次，最後才凸出所要研究的《左傳》辭章問題。」關於「考據與義理的層次」論述，後來出版面世時，獨立成書，名曰《左傳導讀》，實爲《左傳之文學研究》博士論文之第一分冊。

《左傳之文學研究》博士論文，已析出《左傳導讀》，作爲分冊。其餘有關《左傳》文學辭章之闡論，因屬博士論文之核心主軸，故內容份量特重，篇幅字數亦較大較多。於是，再類聚群分，釐析爲《左傳之文學價值》、《左傳文章義法撢微》二分冊，亦各自獨立成書，是所謂《左傳》研究之三書。彼時學風傳統而保守，學界或視《左傳》爲經學典籍，或以之考索論證上古史學，以文學辭章看待《左傳》者極尠。是其所是，而非人之非，被視爲異端、異數，誠不足爲怪。回想當初，余以國文研究所研究生，而探討黃宗羲之史學，歷史學界以爲越俎代庖，中文學界以爲錯位出位，文史學界多不以爲然。殊不知文、史、哲本爲一家，分科分工止爲便利初學入門。若乎高層次之探討詮釋，跨學科、跨領域，乃至於跨文化之交叉研究，科際整合，皆甚有必要提倡與落實。宋蘇軾〈跋君謨飛白〉云：「物一理也，通其意則無適而不可。分科而醫，醫之衰也；占色而畫，畫之陋也。」文、史、哲一理，貴在會通而已。若單科獨進，將致遠恐泥，難望有大成矣。

以文學辭章視角研究《左傳》，當初或許出於無心插柳。回首來時路，聯結最近十餘年之研究成果，絲牽繩貫，脈絡潛通，居然多與《左傳》之文學辭章結下不解之緣。甚至可以斷言，若無《左傳》文學辭章之先發研究，關於經典詮釋、屬辭比事、筆削去取、無傳而著、曲筆直書、顯晦虛實、詳略重輕、異同忽謹，乃至於《春秋》書法、史家筆法、敘事傳統、古文義法、言外之意、文學語言等等課題，將喪失利基與憑藉。既不得其法門，將無緣汲深而薄發。如近十年提出《左傳》之詩化修辭、于敘事中寓論斷、《史記》之詩歌語言、《史通》之詩化史學、杜甫詩史與《春秋》書法，宋代筆記與《春秋》書法、宋代詩話與《春秋》書法、方苞義法與《春秋》書法、《春秋》書法之修辭觀諸課題，皆為經學、史學、文學、詩學間之交叉研究，跨學科整合。由此觀之，筆者有關《左傳》文學與辭章之先發論著，或為前驅，或為張本，多可作他日盈科而後進之資材。若斯之比，皆有專著或論文作見證，非孟浪無根之亂談。

事、文、義三者，為歷史編纂學之三大頂樑柱。事，近史學；文，近文學；義，近經學。無論史學、經學、文學，其辭文或有主從、重輕之別，然未有不講究修飾者。即以經典詮釋學而言，中唐以前，所謂《春秋》書法，十之八九皆指文章修辭。《左傳》、《公羊傳》、《穀梁傳》、《孟子》、

《春秋繁露》、《禮記》、《史記》之說《春秋》，杜預、徐邈、劉勰、劉知幾、孔穎達、啖助、趙匡之釋屬辭，大抵皆無例外。屬辭或獨用，指文章修辭，又可與比事並觀，或與比事合體，要之，皆可爲解讀史傳、詮釋《春秋》，提供若干方便法門，有功經典之詮解。筆者最近出版《比事屬辭與古文義法》、《屬辭比事與春秋詮釋學》二本專著，無論談《春秋》筆削昭義之書法，《春秋》書薨、稱弑、書滅諸書例，《左傳》以史傳經，《公羊傳》藉事明義，司馬遷《史記》敘事傳人之忌諱敘事、互見敘事、推見至隱，詳略、重輕、異同；乃至於方苞勾勒《左傳》義法，評點《史記》敘事，著作《春秋通論》《春秋直解》等等，要皆不離約文屬辭之範疇。爲釋疑解惑，下文擬再詳言其所以然之故。

《左傳》成公十四年君子曰，楬櫫《春秋》五例，所謂「微而顯，志而晦，婉而成章，盡而不汙，懲惡而勸善，非聖人孰能脩之？」前三者示曲筆諱書，其四直書不諱，皆爲「如何書」之修辭法；皆可用來解讀「何以書」勸懲之義。《孟子·離婁下》述孔子作《春秋》，揭示其事、其文、其義三元素，作爲《春秋》之創作論。《禮記·經解》稱：「屬辭比事，《春秋》教也」。司馬遷《史記·十二諸侯年表序》敘孔子次《春秋》：「約其辭文，去其煩重，以制義法。」晉徐邈《春秋穀梁傳注義》說孔子因魯史策修《春秋》：「事仍本史，而辭有損益。」此所謂約其辭文、辭有損益，即相當於《禮記》之屬辭，《孟子》之「其文則史」，《左傳》之微婉顯晦。由此觀之，所謂《春秋》書法，要皆敘事之藝術，辭章之技法。

錢鍾書《管錐編》稱：「《春秋》之書法，實即文章之修詞。」錢穆《中國史學名著》亦云：孔子修《春秋》：「所修者主要是其辭，非其事。由事來定辭，由辭來見事。」歷史事實，不容篡改，而辭文之修飾，可以依褒貶勸懲而有所因革損益。程邈所云：「事仍本史，而辭有損益」，最得體要；錢穆所謂：「由事來定辭，由辭來見事」，最合理實。辭文，爲其事、其義之媒介。其事與其文，攸關「如何書」之法，方苞〈書〈貨殖傳〉後〉稱：「義以爲經，而法緯之」，可作歷史編纂學之綱領：其事如何取捨？其文如何損益？皆取決於其義之指向，世所謂未下筆，先有意。簡言之，「如何書」之法，體現在其事之編比，其文之修飾，在在脈注綺交於「何以書」之義上。作者固因事而屬辭，讀者乃藉辭以觀義。辭文，遂成爲作者與讀者中間溝通之媒介。因此，文學辭章於經學義理，固不容輕忽；於史學事實，亦備受珍視。唐劉知幾《史通‧敘事》稱敘事尚簡、用晦、致曲，要皆修辭之工夫。清章學誠《文史通義》，長於評論史學，然亦兼談〈文德〉、〈文理〉〈古文公式〉、〈古文十弊〉；《章氏遺書》更有〈論課蒙學文法〉一文。雖史學貴眞尙實，亦不能不講究文采，此之謂文史通義。

博士論文，類聚群分，析爲《左傳導讀》、《左傳之文學價值》、《左傳文章義法撢微》三本分冊，取其便於各取所需，選用閱讀。出版流佈以來，不覺已歷三十八個寒暑！黃永武教授於本書初版

〈序〉曾言：「在舊的寶藏裏發現新的價值，在新的方法下重整舊的經驗，經過新舊互激兼融後，重新展現一個全新的面貌和肯定的位置，這是本書的貢獻所在。」由於《左傳》研究融合新舊，別出心裁，故專著流傳以來，直接採用爲教材者有之，大學部指定《左傳導讀》，研究所採用《左傳之文學價值》、《左傳文章義法撢微》。臺港兩地研究生，有闡說專著之某一節，即成博士論文者；有補徵獨立引文，舖陳某一章，即成學位論文者。或引述專著心得成果，作爲中國文學史教材，如北京大學袁行霈教授主編之《中國文學史》，《左傳》文學介紹部分，可見一斑。北大教授常森，著有《二十世紀先秦散文研究反思》一書，下編論先秦散文研究之代表性成果：「二十世紀後半期，可推錢鍾書《管錐編》有關內容、譚家健《先秦散文綱要》、《先秦散文藝術新探》，郭預衡《中國散文史》，以及張高評《左傳導讀》、《左傳之文學價值》、《左傳文章義法撢微》等。」拙著三種，皆名列代表性成果之中，與錢鍾書等齊名，備感光榮與欣慰。

陝西師範大學張新科教授，主編《《左傳》學術檔案》，《左傳之文學價值》入選其中，列爲「《左傳》研究重要論著評介（一九一九～二〇〇九）」八家之一，與民初以來之康有爲、劉師培、高本漢、徐中舒、童書業等學人並列。評介意見以爲：作者博通古今，功力深厚；「全書的視野是極爲開闊的，作者將如此廣闊的內容，進行了具體的分類，容納于全書之中，系統而全面。章節分明，而又邏輯嚴密，條理清晰，體例工整而嚴謹。」又評介本書：見解精闢，論述充分，分析細緻深入，令人信服。全書觀點明確，表達簡潔有力，概括性強；尤其文辭優美，古雅活潑；讀之、品之，是一種享受云云。

《左傳導讀》，作爲教材，綜論清代乾嘉以來，至於二十世紀前半葉之學界成果。發蹤指示，期待學者精益求精，盈科而後進。惟四十年來，繼志述事，發皇斯學者不多。尤其〈左傳之學術價值〉一章，經學價值之研究，有待踵事增華；史學之探索、子學之發微，猶是一片學術處女地。傳火傳薪，十分盼望來者之興起。

《左傳之文學價值》，昭示研究議題，如文體發凡、古文義法、駢儷文章、《左傳》引詩、小說筆法，皆略示椎輪，尚有遺妍。至於《左傳》之敘事傳統、傳記文學、談說藝術、描寫本色、外交縱橫學，或有助於明體達用、利用厚生；或可作前瞻議題，便於創獲學術生長點。有志之士，曷興乎來！

《左傳文章義法撢微》，揭示語文表達若干法門。無論表情達意、口才訓練、說服行銷、文章寫作，多可以作爲進階法門。尤其探討中國之敘事傳統，《春秋》之書法，《左傳》之屬辭比事，《左傳》之文章義法，有關屬辭約文「如何書」之法，已提示若干。參考借鏡，或能觸發無限。一書在手，可以拾階而升。他日登堂入室，有厚望焉。

關於《春秋》經傳研究之自我評估，可以參看〈《春秋》經傳的研究思路與特色——張高評教授訪談錄〉，載《寶雞文理學院學報》第三十九卷第一期，二〇一九年二月。

臺北五南圖書公司，在楊董事長領導下，高瞻遠矚，雄於視野，或許有鑑於此，黃副總編遂來函洽談《左傳》三書重版問題。三本舊著既已出版近四十年，若能趁機訂誤補闕，推陳出新，庶幾可以與時俱進，有益於知識之流通，與斯學之發揚與推廣。於是欣然同意所請，交付五南出版發行。作者自校，逐字逐句推敲，逐段逐篇檢視，進行全書之巡禮與對話。自校已作，大有如見故人，如數家珍之感；優游涵泳之餘，思路之辯證對話，已悠然重返當年研究之語境。綜觀《左傳》研究三書，研擬探論之選題，或只作發蹤指示，或已然凸顯綱領，或緣心得分享而拈出專題，或因有餘不盡而提供遺妍開發，要皆懇懇款款，指出向上一路；如椎輪之於大輅，期盼同道踵事而增華，精益以求精，止於至善而後已。

學術研究，追求卓越創新，可大可久。顧炎武著《日知錄》，標榜「其必古人之所未及就，後世之所不可無，而後爲之。」已提示著述之大方針。蘋果電腦創辦人賈伯斯言：「創新的關鍵字，是借用與聯結。但前提是，你得先知道別人做了什麼！」有見於此，本人著有《論文選題與研究創新》、《研究綜述與論文選題》兩本專著，作爲倡導與推轂。《研究綜述與論文選題》卷上，刊載〈臺灣近五十年來《春秋》經傳研究綜述〉、〈《春秋》經傳研究與創意研發〉二文，列舉富於前瞻性、創新性、值得研發之研究選題。卷下，規劃兩大欄目：其一，《春秋》經傳研究選題舉例，擬定十二項之研究專題，涉及層面或大或小，條列凡三三〇筆以上。文繁，此不贅述。

《研究綜述與論文選題》卷下，其二，〈《春秋左氏傳》研究選題舉例〉專欄，開闢十大特色之課題：（一）《春秋》之書法研究，大小研究選題三十三。（二）學風世變與《春秋》研究，列舉選題三十二。（三）學科整合與《春秋》學研究，提示研究選題十一。（四）《左傳》與《春秋》經之關係，論文選題凡二十。（五）歷史敘事與《左傳》研究，選題二十五。（六）《左傳》之文學研究，選題三十三。（七）《左傳》之評點學研究，有十八題。（八）《左傳》之接受史研究，有十七題。（九）學科整合與《左傳》研究，三十題。（十）域外《左傳》學研究，十七題。上述臚列之論文選題，百分之八十以上，多屬於顧炎武所云：「古人之所未及就」，至於是否爲「後世之所不可無」，當然見仁見智。學術乃公器，一得之愚，願與學界分享之。

今四校將畢，書出有日矣！回顧過往之心路歷程，瞻望未來之學術走向，爰贅數語如上。是爲序。

張高評

序於府城鹽水溪畔　二〇一九年七月

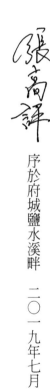

例言

一、《左傳》全文凡一萬八千餘字，於唐朝號稱大經。由於篇幅繁重，故舉例引用，勢不能悉錄原文。今皆濃縮傳意，撮舉標題，下附某公某年，以示出處。原書具在，檢尋可得也。

二、前人謂「君子曰」非《左氏》原文，又謂解經文字爲後儒所附益，更謂獲麟後之文不類《左氏》，說並無稽難信從。夫秦漢人倣製三代鼎彝，百世下縱知爲贗，亦當珍爲法物，況其爲眞品者乎？今悉等夷齊觀，以示葆重。

三、撰寫本文，茲事體大，參考四部典籍繁多，苟欲明徵博引，勢所不能。故唯取精用宏，融入篇中，而不挪擡另提。非敢剽竊掠美也，參之書目可詳。

四、克羅齊云：「藝術作品有其整一性與不可分性」。今將《左傳》析分爲多章以探論之，彼此仍絲牽繩貫，脈絡潛通。猶分說有機體爲心、腦、神經、筋肉，方便稱說深論而已，各自完整自足，有其獨立之生命焉。

五、本文中編下編，剖論《左傳》之文學價值，與文章義法，所謂某法某例者，未免以今律古，落入言詮，又不免割裂支解原典之病。王維《山水訣》云：「妙悟者不在多言，善學者還從規矩」；此特便於賞析論述耳，誠非得已也，甚勿拘泥執著。

六、《左傳》義經、體史、而用文。有清以前，學者多論其經學、史學；明季以降，評點家桐城派稍稍及其文學；民國以還，始注意《左傳》之諸子學。然皆擇焉而不精，語焉而不詳。今博采諸家，斷以己意，擷長補短，歸於至當。雖不敢言能集其大成，然碩學先進研治《左傳》之總成績，蓋略備於是焉。

七、評點《左傳》之作夥頤，要數王源《左傳練要》、方苞《左傳義法舉要》、馮李驊《左繡》、姜炳章《讀左補義》、林紓《左傳擷華》、吳闓生《左傳微》諸書，最為精善要妙。諸家所論矩度，要不越乎此。本文下編所述，即以此六書為參證也。

八、欣賞無異于創造，人各爲方，如其面焉，故同篇文章可有多種賞析之角度。泛覽諸家，比觀而會通之，可以得其大全。

九、爲便於論說，不得不設章立節；章節條目之間，皆彼此貫串融通。爲避免內容重出，故論述多採詳略互見之法，綜觀會通可也。

十、本文稱引古今著者，爲免名號茲多，徒生殽亂，故大抵直書本名不諱。唯當代碩彥與師承，間或稱先生本師云。參考書目中，一概直呼姓名，便於考察也。

十一、論述稱說，爲求持之有據，必須注明取材來源，此爲學術論文之規範。《左傳》原典，凡二百五十五年敘事，人與事繁夥如麻，故本書注明出處，以不見諸註釋爲宜。要之，皆作當句雙行夾注，一目瞭然。

十二、凡引用古今典籍者，亦雙行夾注於當句之下。其有考辨釋疑，補苴說明者，方闌入注釋中，便利參覈也。

十三、參考書籍之版本作者，皆彙編於書後。翻檢即得，篇中不一一標明。

十四、本書每立一說，輒綱舉一目；綱舉一目，則必先定義界，然後鉤稽梳理，備列衆證，比較剖析，反覆發明，所以防孤證與武斷也。人見其猥煩之病，我明其詳審之利。

十五、本書引文，以《十三經注疏》本《左傳注疏》爲主。篇題文字，則參考《古文正宗》、《左傳事緯》、《左傳評》、《春秋左傳詳節》、《左傳擷華》等書，間或出以己意杜撰。蓋以文具首尾爲一篇，不全以公年爲分合。杜預《集解》之前，《左傳》原本前文後文連通一貫，無《春秋》經文橫隔其中也。蓋古春秋記事成法，固原始要終，本末悉昭也。

第一章

《春秋》經傳概論

「春秋」者，本史書之通名，初不爲《魯史記》之專稱。蓋古者邦國諸侯皆有史官，亦各有其國史。就載記所見，有所謂《夏殷春秋》、《晉春秋》、《魯春秋》、《汲冢瑣語》《周春秋》、《燕春秋》、《宋春秋》、《齊春秋》與《百國春秋》《墨子·明鬼》之目，《魯春秋》特其中之一耳①。

周道既衰，諸侯縱，大夫專，陪臣竊命，四夷交侵，人道悖于下，天運錯乎上，災異薦臻，民生不遂。孔子生於其間，閔然有憂世之心，栖栖皇皇，思濟天下之溺。然干七十餘君，莫之能用。孔子知言終不用，道終不行也，故與左丘明西觀周室，論史記舊聞，得百二十國寶書；以魯周公之國，禮文備物，史官有法，故託於魯而次《春秋》②。假筆削以行權，藉史事以明義，上明三王之道，下辨人事之紀；正名分，定褒貶，誅亂臣，討賊子，重兵權，惡世卿，禁外交，嚴閨闈；防微愼始，斷疑誅意，尊王攘夷，繼絕存亡；遏人欲之橫流，存天理于將滅；欲以撥亂世而反之正。其事則齊桓、晉文，其文則史，孔子曰：「其義則丘竊取之矣」③。其事其文易知，其義竊取難瞭；蓋有所褒諱貶損，微言大義，不可以書見也④。

初，孔子將修《春秋》，與左丘明乘如周，觀書於周史。歸而修《春秋》之經，丘明爲之《傳》，共爲表裏⑤。孔子著經，未暇作傳；既卒，而弟子又莫能繼其志，故左丘明乃論本事而作《傳》，明孔子不以空言說經也。或先經以始事，或後經以終義，或依經以辯理，或錯經以合異，具論其語，成《春秋左氏傳》，所以明聖經而發大義也⑥。自左氏既歿二百餘年，經既遭焚，書亦廢滅。漢興，惠帝除挾書之律，北平侯張蒼乃獻《春秋左氏傳》⑦。而魯恭王壞孔子舊堂，得逸春秋三十篇，蓋《左氏傳》也《論衡·案書》。天漢之後，孔安國獻之，會巫蠱之難，未及施行，藏于秘府，伏而未發。迨成帝時，劉歆校書中秘，得《左氏傳》，多古字古言，大好之。歆引傳解經，轉相發明，由是章句義理備焉。及歆親近，欲建立《左氏》，議下，諸博士或不肯置對，謂「《左氏》爲不傳《春秋》」《漢書·楚元王傳》。孝平時，歆附莽，《左氏》遂得立《漢書·儒林傳贊》。光武中興，韓歆、陳元爭立《左氏》學，《公羊》之徒上書詆《左氏》，《左氏》之學雖立而旋廢《後漢書范升傳》，又，陳元傳。孝章之世，賈逵、李育，復相爭辯。時《左氏》雖不立於學官，然治之者每擢高位《後漢書賈逵傳》，又李育傳，又儒林傳·序。降及桓靈，鄭玄與何休、羊弼輩亦復交相駁難焉。而康成答何休，義據通深，由是古學遂明《後漢書何休傳》，又鄭玄傳。自是之後，《左氏》顯而《二傳》微矣。終兩漢之世，《左氏》雖未獲建立，而私家傳述，代有其人。溯自左丘明、吳起，以至於賈護、劉歆，經師傳授，信而有徵⑧。特以其篇第博大⑨，故書不廣傳于漢初。學者既罕聞見，宜乎其疑怪而不之立也章太炎《春秋左氏疑義》一。

仲尼歿而微言絕，七十子喪而大義乖。左氏雖親見夫子，傳其《春秋》，先著竹帛，其奈《左氏》晚出何？《左氏》既遭戰國寖藏，後百餘年，口說流行，故有《公羊》、《穀梁》、《鄒氏》、《夾氏》之傳。四家之中，鄒氏無師，夾氏未有書，其學皆不傳於後。魯人穀梁赤作《春秋》，殘略多有遺文。又有齊人公羊高，緣經文作傳，彌失本事矣；而《公羊》、《穀梁》竟立於學官（參《漢書·藝文志》，桓譚《新論》）。蓋廢興由君上之好惡，盛衰關臣下之辯訥，通經所以致用，利祿之途使然也⑩。

《公羊》、《穀梁》之師傳，皆自卜商。齊人公羊高者，嘗受《春秋》於子夏，以傳其子平。而平傳子地，地傳子敢，敢傳子壽。至漢景帝時，公羊壽乃與齊人胡母子都著於竹帛，《漢志》著錄《公羊傳》十一卷者是也（徐彥《公羊傳疏》引戴宏決疑論序，何休《公羊解詁》同）。至傳中引「子沈子曰」（隱公十一年、莊公十年、定公元年）、「子公羊子曰」（桓公六年、宣公五年）、「子司馬子曰」（莊公三十年）、「子女子曰」（閔公元年）、「子北宮子曰」（哀公四年）、又有「魯子曰」（莊公三、二十三年，僖公五、二十、二十四、二十八年）、「高子曰」（文公四年、昭公二十五年），蓋皆《春秋》傳經之師（詳陳槃《左氏春秋義例辨·綱要》二、三〈傳之先後問題〉），而壽及胡母子都博采其義以爲附益，是傳義亦不盡出公羊子也。《公羊》之爲《春秋》傳，大旨在明於解經，而疏於徵事。考其解經之方，不出二端：其一曰義例凡例，爲《春秋》之書法，字義之訓詁；見《春秋》修辭學之大凡⑪，存古代語法之資料（詳鄭奠等編《古漢語語法學資料彙編》）；其二曰事理之闡發，明微言大義之指歸，此其所長也。及蔽者爲之，深文周訥，遇事曲解；拘于義例，穿鑿諂成；甚者迷信神話，雜引讖緯⑫，是直以《春秋》爲非常異義可怪之論，災祥占驗之書矣⑬。破碎書法，變亂口義；此通而彼窒，左支而右絀，厚誣聖經，莫此爲烈，故曰：

「董仲舒，亂我書」《論衡·案書》；故曰：「何休，公羊之罪人也」[14]，其於孔聖傳經之心法，亦已遠矣！

自漢武好《公羊》，《公羊》之學大興；於是董仲舒以《春秋》決獄《史記·儒林列傳》，公孫弘以《春秋》白衣為天子三公《史記·儒林列傳》，漢武帝嘗引《春秋》復仇之義撻伐匈奴[15]，雋不疑以《春秋》之義執成方遂[16]；即如王莽移鼎，改行新政，固本《周官》之禮，亦摻《春秋》之義《漢書·王莽傳》。元、成之後，《公羊》分為嚴、顏二家，復由二家分為數派。雖枝葉茂盛，然是末師而非往古，用後說而捨先傳，微言於是乖，大義從此離。自董仲舒始以《春秋》災異之變推陰陽詳董仲舒《膠西集·春秋陰陽》，至何休引讖緯以注《公羊》，迷經亂道，深受撻伐，於是漸趨於敗亡。初何休著《公羊墨守》、《穀梁廢疾》、《左氏膏肓》，以攻《左傳》、《穀梁》；鄭玄乃著《發墨守》，《起廢疾》，《鍼膏肓》，操戈反向，以攻何休，休見而歎服。康成注經，既會通《三傳》，合採今古文，後之學者翕然從風，古文之家法於焉澌亡，《公羊》今文學亦寖衰矣。自是之後，垂二千年，《公羊》幾成絕學。洎清乾隆中，武進莊存與《春秋正辭》出，同邑劉逢祿著《春秋公羊經傳何氏釋例》和之，《公羊》學始復甦。清末，《公羊》學與革命排滿之風結合，竟亡滿清，大有造於中華民國之建立，是又拜其微言大義之賜矣！[17]蓋何休所倡之「三科九旨」，所謂即存三統、張三世、異內外，自成一套政治哲學，革命家因勢而利用之，有以促成之也。

《穀梁傳》之作者，頗有異說：或曰穀梁子名赤桓譚《新論》，又應劭《風俗通》，或曰名俶字元始阮孝緒《七錄》，楊士勛《疏》，或曰名寘王充《論衡．案書》，或曰名喜《漢書藝文志》顏注，非一人有四名也。此四名者，實傳《穀梁》之學者也，猶如《公羊》氏之世世相傳，非即一人也。故穀梁子之時代，各書不同如此⑱。蓋《穀梁傳》始於魯人穀梁赤，受經于子夏，爲經作傳，以授荀卿。荀卿亦傳《左氏》，而授《穀梁傳》於齊人浮丘伯，浮丘伯身當漢初高帝、惠帝間，《穀梁》之著於竹帛，殆其時也。至題其書曰《穀梁》者，亦是著竹帛者題其祖師之名⑲，《漢書．藝文志》著錄《穀梁傳》十一卷者是也。其傳指在解經，與《公羊》同。其傳文輒往復詰難以盡其義，亦與《公羊》同。然傳義有與《公羊》同者，亦有與《公羊》異者；而與《公羊》異者，或並存其義，或直斥其非。《公》、《穀》皆解正《春秋》，春秋所無者，《公》、《穀》未嘗言之。準此立說，故詆《左氏》爲不傳《春秋》⑳。

《穀梁傳》，魯學也，說多純謹，與《公羊》齊學之恢詭殊科《漢書．儒林傳》。故自鄭玄、啖助、趙匡、陸淳、胡安國、葉夢得等，皆盛稱其釋經之義理精深說詳後文，蓋其體例甚精，而義理甚正，與《公羊傳》多非常異義可怪之論不同俞曲園江孔德孝廉穀梁條例序。而下筆矜慎，於事實不甚明了者，常出以懷疑之詞，不敢武斷章太炎《國學略說》此其所長也。蓋《穀梁》最爲晚出，故多監省《左氏》、《公羊》而正之晁說之春秋三傳說。而所知之事少，故務從簡略，專尋究經文經義；穿鑿謬誤，於是乎多，此其所短也㉑。《穀梁》之學，自荀卿、毛亨、浮丘伯、申公等相傳授，至漢宣帝時，帝好《穀梁》，而《穀梁》之學大盛，立於學官。於時瑕邱江公傳子至孫爲博士，周慶丁姓皆爲博士，申章昌亦爲博士《漢書·儒林傳》。夫漢以前盛行《公羊》，漢之後流行《左氏》，《穀梁》特暫盛於宣帝、元帝之間，二三十年而已。蓋《穀梁》之義，不及《公羊》之大；敘事又不若《左氏》之詳，故雖監省《左氏》、《公羊》立說，較二家爲平正，卒不能與二家鼎立皮錫瑞《經學通論》。當時名家，除列爲博士者外，若榮廣、皓星公、蔡千秋、尹更始、劉向等，頗極一時之盛詳《漢書·儒林傳》。魏晉之間，注《穀梁》者，雖十餘家，然多無可觀，故皆淪亡[22]，今惟范甯《穀梁集解》傳世。至於隋唐，已無師說，蓋是時治《春秋》者，無復專門之學矣。幸楊士勛取范注爲之義疏，始延其一線生機。歷宋元明清，幾成絕學。迄有清中葉，始稍振其緒，頗呈興復之象[23]。

溯夫孔子託魯史而修《春秋》，據行事，仍人道，因興以立功，就敗以成罰，假日月以定曆數，藉朝聘以正禮樂《漢書·藝文志》。上記隱，下至哀之獲麟，凡十二公。書成，游夏之徒不能贊一辭。蓋史記事從實，而是非自見；《春秋》以書事而寓王法，往往多微言，雖隱諱而是非亦終在夫子。《春秋》多因舊史，則是非亦與史同；但有隱微及修飾舊史文字處，始是聖人用意，如書「天王狩于河陽」之類。然《春秋》於魯史記，有因有革，亦有止用舊文，而亦自有意義者，如書趙盾弒其君、崔杼弒其君之類。蓋在魯史，則有史官一定之法；在聖經，則有孔子筆削之旨。魯史春秋有例，夫子春秋無例；非無例也，以義爲例，隱而不彰也㉔。《朱子語類》載朱熹之說，謂《春秋》「都不說破」、「蓋有言外之意」㉕，故微辭隱義難知。自魯史云亡，學者不復得見，以驗聖經之所書。孔子之意遂隱而不彰，是以《三傳》異門各戶，家自爲說。後儒承之，踵事增華，變本加厲，齗齗相爭，垂二千年，道術將爲天下裂！

觀古今說《春秋》者，自《左》、《公》、《穀》三傳而外，無慮百什家。求其大概，凡五變焉：「其始變也，三家競爲專門，各守師說，故有墨守、膏肓、廢疾之論。至其後也，或覺其膠固已深，而不能行遠，乃倣《周官》調人之義而和解之，是再變也。又其後也，有惡其是非淆亂，而不本諸經，於是擇其可者存之，其不可者舍之，是三變也。又其後也，解者衆多，實有溢于三家之外；有志之士，會粹成編，而集傳集義之書愈盛焉，是四變也。又其後也，患恆說不足聳人視聽，爭以立異相雄：破碎書法，牽合條例，譁然自以爲高；甚者分配易象，逐事而實之，是五變也」㉖。橫生枝節，巧出義理，其疑誤難通有如此者。故文中子謂：「九師興而《易》道微；《三傳》作而《春秋》散」；韓愈亦云：「《春秋》三傳束高閣，獨抱遺經究終始」㉗；於是啖助、趙匡倡議不信《三傳》之說，回歸原典，有以也夫！雖然，《三傳》之外無論矣，《三傳》容有偏蔽，詞旨容有失當與違礙，然其於羽翼聖經之大端則不謬。豈可因其小疵，而遽廢其大醇哉？《三傳》皆有得於《經》而有失焉，此不能爲《三傳》諱也。學者苟能據《左氏》事實，而兼採《公》、《穀》大義，比觀而會通之，則庶乎其不差矣。

歷代治《春秋》之學者亦已夥頤，茲參考劉師培《經學教科書》所言，參以己意，自三國以來，擇其尤要者，述之如下：專言春秋經者，杜預《春秋釋例》，晉劉炫之《春秋述異》、《春秋攻昧》、《春秋規過》，張仲之《春秋義例略》，唐趙匡、啖助、陸淳之《春秋集傳纂例》、《春秋微旨》，宋孫復《尊王發微》，王晳《皇綱論》，劉敞《春秋權衡》，葉夢得《春秋傳》，陳傅良《春秋後傳》，黃仲炎《春秋通說》，家鉉翁《春秋詳說》，元程端學《春秋或問》；或以己意說經，或棄事以言理，或棄傳而言經，皆抨擊《三傳》者也。清儒說經，仍襲宋儒之以義理說經，如張自超《春秋宗朱辨義》、方苞《春秋通論》、《春秋直解》，俞汝言《春秋平義》。而毛奇齡《春秋傳》、《春秋簡書刊誤》、《春秋屬辭比事記》、惠士奇《春秋說》、顧棟高《春秋大事表》、張應昌《春秋屬辭辨例編》，或雜糅三傳，以禮為說；或精博有餘，而體例未嚴；然多以屬辭比事推求《春秋》竊取之義，此其大要也。

治《左傳》者，有晉杜預《春秋經傳集解》，服虔《左氏注》，崔靈恩《左氏經傳義》，唐孔穎達《左傳義疏》，宋蘇轍《春秋集傳》，魏了翁《左傳要義》，呂祖謙《左氏傳說》，元趙汸《春秋師說》，明傅遜《左傳屬辭》，清顧炎武《杜解補正》，惠棟《左傳補注》，洪亮吉《左傳詁》，馬宗璉舊注疏證》。清末民初，章太炎、劉師培專論《左氏》學之作獨多，承前啓後之功不可沒。其它漢晉六朝，唐宋元明清之《左傳》學，詳方孝岳《左傳通論．源流篇》。

《左傳補注》，梁履繩《左通補釋》，姜炳璋《讀左補義》，李貽德《賈服古注輯述》，劉文淇《左傳

治公羊學者，有唐徐彥之《公羊疏》，清孔廣森之《公羊通義》，凌曙《公羊禮說》、《公羊禮疏》、《公羊問答》，陳立之《公羊正義》，莊存與之《春秋正辭》，劉逢祿之《公羊何氏釋例》，《何氏解詁箋》。而宋翔鳳、魏源、龔自珍、王闓運等，亦皆以《公羊義》說《春秋》，間或排斥《左》、《穀》。民國以來，則有王樹榮之《紹邵軒叢書》七種，陳柱之《春秋三傳異同評》、《公羊家哲學》、楊樹達《春秋大義述》，此皆《公羊》學之專著也。

治《穀梁》學者，有唐楊士勛《穀梁疏》，清侯康《穀梁禮證》，柳興恩《穀梁大義正》，王闓運《穀梁申義》，張慰祖《穀梁大義述補闕》，許桂林《穀梁釋例》，鍾文烝《穀梁補注》。清季以來，則有廖平《重訂穀梁春秋經傳古義疏》、《起起穀梁廢疾》，柯劭忞《春秋穀梁傳注》，陳槃《讀穀梁札記》，戴君仁《春秋辨例》，王熙元《穀梁范注發微》，凡此，皆治《穀梁》學之要著也。世有欲治《春秋》學者，苟得此以爲津筏，可以觸類而長，左右逢源矣。

註釋

① 參考唐孔穎達〈春秋序疏〉、唐劉知幾《史通·六家》。《孟子·離婁下》云：「晉謂之《乘》，楚謂之《檮杌》，而魯謂之《春秋》，其實一也」；則乘與檮杌，又皆爲史書之異名也。若夫《公羊傳》所謂「不修春秋」（莊公七年），則指魯之春秋，即夫子據以筆削者也。

② 參考《史記·十二諸侯年表序》，〈太史公自序〉，《漢書·藝文志》，元程端學《春秋本義·自序》。又，柳詒徵《國史要義·史原第一》以爲：魯之《春秋》所以能獨見周禮者，蓋魯之《春秋》，最重人事，不載一切神話，其體最爲純潔，其書最有關於政治，故孔子據《魯史紀》而作《春秋》，韓愈以「謹嚴」二字目之。孔子所以託於魯而次《春秋》之故，由此可知。

③ 戰國孟軻者，漢趙岐注，清焦循疏，沈文倬點校：《孟子正義》，卷十六，〈離婁下〉，臺北：文史哲出版社，頁五七四。

④ 宋葉夢得《春秋傳·序》，《通志堂經解》第二六五冊，元趙汸《春秋集傳·自序》亦云：「策書之例十有五，而筆削之義有八：一曰存策書之大體，二曰假筆削以行權，三曰變文以示義，四曰辨名實之義，五曰謹華

夷之辨，六曰特筆以正名，七曰因日月以明類，八曰辭從主人。」此微言大義所以難明也。

⑤ 語本《嚴氏春秋》所引《孔子家語·觀周篇》文，見《經典釋文·序錄》，《太平御覽》卷六百十。《嚴氏春秋》，漢嚴彭祖作。嚴氏本專修《公羊》，復推《左氏傳》與經相表裏，《隋書·經籍志》有《嚴彭祖春秋左氏圖》十卷，知漢初說經，固無畛畔也。嚴氏所引《家語》爲眞本，與王肅僞撰者不同。

⑥ 周左丘明傳，晉杜預注，唐孔穎達疏《春秋左傳注疏》，卷首，〈春秋序〉，頁十一。

⑦ 據《漢書·張蒼傳》，張蒼獻書，當在孝惠四年之後，孝景五年之前。而其所獻之《左氏春秋》，必非得自孔壁。〈房鳳傳〉，王先謙《漢書補注》，謂蒼、誼實《左氏》始師，非緣壁中所得；或壁中者與現行本同。此說至當，蒼、誼所傳乃百家言，固與王官學不同也。

⑧ 漢劉向《別錄》、《漢書·儒林傳》。自賈護、劉歆傳《左氏》，後漢名儒若賈徽、賈逵、孔奮、孔嘉、鄭興、鄭衆、陳元、服虔、穎容、謝該、韓歆，皆明《左氏春秋》。清劉逢祿《左氏春秋考證》疑之，以爲授受皆劉歆所臆構，條例亦劉歆所竄入，盜憎主人，不足爲怪。章太炎《春秋左傳讀敘錄》駁之，可參看。

⑨ 《左傳》於唐代號稱「大經」，依日本竹添光鴻《左氏會箋》所計，《春秋左傳》凡十九萬四千五百〇八言，其中《春秋》經約一萬八千字。然宋本《春秋經傳集解》則視今本爲多，凡十九萬八千三百四十八言。總之，論字數，《春秋左氏傳》於十三經中，最爲重大，故稱爲「大經」。

⑩ 漢班固《漢書·儒林傳》，晉范甯《穀梁集解·序》曰：「廢興由於好惡，盛衰繼於辨訥」，幸與不幸，有如

此者。

⑪ 錢鍾書曾稱：「《春秋》之書法，實即文章之修詞」；「《公羊》、《穀梁》兩傳，闡明《春秋》美刺「微詞」，實吾國修詞與最古之發凡起例。詳《管錐編》，《全後漢文》卷一，頁九六七、九六八。詳參張高評：《比事簡辭與古文義法——方苞「經術兼文章」考論》，附錄二，〈《春秋》書法與修辭學——錢鍾書之《春秋》觀〉，頁五一五～五三六。

⑫ 如仲孫何忌之稱仲孫忌（定公六年），其爲闕文無疑，而《公羊》以爲「譏二名，二名非禮也」。則昭三十二、定三、定八、定十、十二年，哀元、二、三、六、十四年之稱仲孫何忌，又作何說？何以前後經文皆不刪而此獨刪？古人之以二字爲名者甚夥，孔子弟子即多有之，何夫子不予更正？其爲牽強傅會可知。抑有進者，傅會之不足，則更迷信神話，雜引讖諱。詳參章太炎《國學略說》。何休《解詁》，更好引讖緯之說：注疏「西狩獲麟」，以爲乃赤帝代周而有天下之象云云；又解《春秋》撥亂反正說，而有演孔圖之署；大違孔子不語怪力亂神之教，何休眞《公羊》之罪人也。推究其故，蓋漢初武帝崇好方術，迷信災異，公孫弘爲逢迎上意，卒用《公羊》妖妄之說，利祿之途使然也。然積重難返，違離其本，一至於此，不亦惑乎？

⑬ 宋呂大圭《春秋五論》，文津閣《四庫全書》本，〈論二〉、〈論三〉、〈論五〉，總頁五八七～五九〇，北京：商務印書館。蓋漢儒言占驗者，齊學爲盛，太史公稱燕齊多怪迂之士（貨殖列傳），章太炎謂瀛堧之地言多恢詭（《訄書．原學》），而《公羊》齊學，故好言祥異占驗。董仲舒《春秋繁露》多說陰陽五行，何氏《解詁》輒詳災異占驗，要皆《春秋》之別傳，與大義無關。

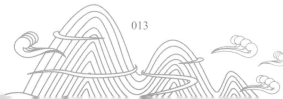

⑭見元程端學《春秋本義》論公羊之妄。文淵閣《四庫全書》本，卷首，《春秋本義·綱領》，頁三一～四十，總頁三十～三十一。又見《古今圖書集成》卷一百九十一，《春秋》部，第五七一冊之四七頁。

⑮《漢書·匈奴傳》云：漢既誅大宛，威震外國，天子意欲遂困胡，乃下詔曰：「高皇帝遺朕平城之憂，高后時單于書絕悖逆。昔齊襄公復九世之仇，《春秋》大之」；唐顏師古《注曰》：「《公羊傳》莊四年春，齊襄公滅紀，復讎也。襄公之九世祖昔爲紀侯所譖，而烹殺于周，故襄公滅紀也。九世猶可以復讎乎？曰：雖百世可也」。

⑯《漢書·雋不疑傳》：有一男子詣北闕，自謂衞太子，公車以聞。京兆尹雋不疑叱從吏收縛，曰：「諸君何患於衞太子？昔蒯聵違命出奔，輒拒而不納，《春秋》是之。衞太子得罪先帝，亡不即死，今來自詣，此罪人也」，遂送詔獄。案：雋不疑所引《春秋》之義，見哀公三年《公羊傳》。劉知幾依此例，嘗評《公羊傳》之決事謂：「《公羊》釋義，反以衞輒爲賢，是違夫子之教，失聖人之旨；獎進惡徒，疑誤後學」，此決事近乎穿鑿之弊也。詳參唐劉知幾著，清浦起龍釋：《史通通釋》，卷十四〈申左〉，頁四二〇。

⑰梁啓超《清代學術概論》，又錢穆著《中國近三百年學術史》下冊第十一章〈龔定菴〉、第十四章〈康長素〉各節。

⑱《穀梁》之作者，各家說法不一，桓譚《新論》、應劭《風俗通》，皆以爲名赤；阮孝緒《七錄》，則以爲名俶，字元始。《漢書·藝文志》顏《注》云：名喜。而《論衡·案書》又云穀梁寘。豈一人有四名乎？抑如公羊之祖孫父子相傳，非一人乎？皮錫瑞《經學通論》據《四庫提要》及徐彥《公羊傳疏》之說，定「《公

羊》、《穀梁》二傳，當爲傳其學者所作」，其說甚是。而崔適《春秋復始》竟以爲《穀梁傳》係劉歆所造，謂：「歆造《左氏傳》，以纂春秋之統，又造《穀梁傳》爲《左氏》驅除。故兼論則申《左》，並論《公》、《穀》則右《穀》」，其說誣枉專斷，不足採信。傳隸樸《國學概論》頁一二六，有駁文，可參證。又，近人洪業作《春秋經傳引得．序》稱：「《公羊》、《穀梁》，皆爲希姓，是否雙聲疊韻共切一字，同隱一人，宋來學者間或爲說。」參羅壁《識遺》卷三、《四庫全書總目．公羊》〈提要〉，廖平《何氏公羊春秋》再〈續十論〉，皮錫瑞《春秋通論》，錢玄同〈重論經今古文學問題〉，杜綱百公〈羊穀梁爲卜商或孔商訛傳異名考〉。諸說雖言之鑿鑿，然失之無徵，不可考案。

⑲ 何人著《穀梁傳》於竹帛？可參余嘉錫《四庫提要辨證》卷十，陸賈「新語」條。又李日剛〈撰穀梁傳之著於竹帛及傳授源流考〉，又參王熙元著《穀梁范注發微》。《漢書．古今人表》列穀梁子於周赧王初年時，然則穀梁子不得事子夏，云子夏授穀梁子者，自是託尊之重言。故今據徐彥《公羊傳疏》語，以爲題書名穀梁者，乃著竹帛者追題其祖師之稱；而著竹帛者或瑕丘江生也。又陳槃《左氏春秋義例辨》以爲：《公》、《穀》二傳同源而異流，二傳之初，所共本之材料凡九：傳曰，其一傳曰，或曰，或說曰，其一曰，子沈子曰，子女子曰，子公羊子曰，穀梁子曰，詳原書〈綱要〉二。

⑳ 說詳本篇第五章〈左氏不傳春秋〉節，見後。《公羊》、《穀梁》除傳義外，間亦敘事。如《公羊》隱元年〈春王正月傳〉，又〈鄭伯克段傳〉，〈宋繆公傳〉，〈翬帥師傳〉，〈衞人立晉傳〉，〈鄭人來輸平傳〉皆是，惜公羊所知之事太少，又有不確者。穀梁述事亦少，鍾文烝《穀梁補注》，於隱公十一年傳下，舉全傳述事者祇二十七條。亦緣後代傳聞，所知之事少，故事從簡略，不得不專尋究經文經義之闡發耳。說詳陳澧《東

塾讀書記》卷十。

㉑《穀梁》所知之事少，故解經多穿鑿謬誤，例詳清陳澧《東塾讀書記》卷十。

㉒見於《隋書．經籍志》者，魏晉之間，注《穀梁》者，有唐固、麋信、孔衍、江熙、程闡、徐邈、劉兆、徐乾、胡訥、鄭嗣、張靖、郭琦、聶熊、沈仲義等十餘家，多無可觀。故皆淪亡。惟范甯之《集解》，獲傳於後焉。

㉓王熙元撰《六十年來之穀梁學》第二章，〈穀梁學者著述總目〉。

㉔語本元黃澤《春秋解》。邵雍曰：「聖人之經，猶天道焉，渾然無迹。書實事而善惡自見」。呂大圭《春秋論》所謂：「《春秋》有日則書日，有月則書月，名稱從其名稱，爵號從其爵號；與夫盟則書盟，會則書會，卒則書卒，葬則書葬，戰則書戰，伐則書伐，弒則書弒，一因其事實，而吾無加損焉，故曰：其事則齊桓晉文，其文則史，其義則丘竊取之矣。」要之《春秋》自必有義，然義不在例上見，黃仲炎、黃震、朱子亦皆有說，詳戴君仁《春秋辨例》「結論」。

㉕宋黎靖德編，王景賢點校：《朱子語類》卷八十三，〈春秋．綱領〉，頁一一四九、二一五二。北京：中華書局，一九八六年。

㉖語見明宋濂《春秋屬辭．序》。清楊繩武亦云：「大約自唐以前，說經者各據傳，則《三傳》互有主客；自唐以後，尊經者多棄傳，則三傳漸若贅瘤」（《春秋大事表．序》）。其論不若宋濂之明切可觀。趙汸《春秋集

傳》，倡「必知策書之例，然後筆削之義可求」之說，因批評學者治《春秋》之弊病，曰：「《春秋》存策書之大體，而治乎內者，恆異乎外也；則謂之夫子法書者，不足以言《春秋》矣。知春秋假筆削以行權，而治乎外者，恆異乎內也；則謂之實錄者，不足以言《春秋》矣。知一經之體要，議而弗辨；則謂《春秋》賞人之功、罰人之罪、去人之族、黜人之爵、褒而字之、貶而名之者，亦不足以論聖人矣」。此針對宋人言春秋之病，執一端以論春秋，此通而彼窒，左支而右絀者也。詳參趙汸《春秋屬辭》，卷八，〈假筆削以行權〉，《通志堂經解》本，頁一四八〇一～一四八二六。

㉗不信三傳之說，創於啖助、趙匡；盧仝與啖、趙同時，蓋亦宗二家之說者。其後析爲三派：孫復《尊王發微》以下，棄傳而不駁傳者也。劉敞《春秋權衡》以下，駁三傳之義例者也。葉夢得《春秋讞》以下，駁三傳之典故者也。下至於元，程端學撰《春秋三傳辨疑》，乃兼三派而用之，且併以《左傳》爲僞撰。變本加厲、罔顧其安，至是而橫流極矣。說見《四庫全書總目》經部「春秋類三」提要《春秋三傳辨疑》。又，陳澧《東塾讀書記》亦謂：不信《三傳》，始於唐人，而遠溯其源，則《春秋繁露》已有無傳而著之語矣見竹林篇。然董生之說已不可通，況後儒乎？且後儒去傳解經者，彼其所著之書，亦傳之類也，非經也。使古之三傳可去，何不竝去其自著之書乎？」蘭甫之駁極是。

第二章
《三傳》之得失與會通

第一節 《三傳》得失議

《春秋》本是記載之書，記事而提其綱要，以著得失，明大義焉耳。學者但考據事實，以求聖人筆削之旨則可矣。然自《左傳》、《公羊》、《穀梁》三傳釋經，已有不同，難以歸一。此固親見與傳聞有別，要亦傳事與傳義之途殊科也。蓋左氏身爲史官，有見於史，故常主史據事以釋經，而不斤斤於筆削之有義；《公》、《穀》有見於經，故多據經望文以生義，而不知其文之則史。朱熹曾言：「《左氏》是史學，《公》、《穀》是經學。史學者，記得事卻詳，於道理上便差；經學者，於義理上有功，然記事多誤。」①朱子之說，自有其代表性。

《三傳》去聖未遠，已多異同，矧後世之學《三傳》者乎？故主《左氏》則非《公》、《穀》，主《公》、《穀》則非《左氏》，二者勢同水火，不能相一。其有兼取《三傳》者，則臆決無據，流遯失中。其厭於尋繹者，則欲盡捨《三傳》，直究遺經。分異乖離，莫知統紀。使孔聖經世之書，闇而不明，鬱而不發，則其來久矣。夫《三傳》所記，本多不謬，後之學者妄加損益，轉相傳授，乃寖失本眞；故事多迂誕，而理或舛駁，此非《三傳》咎也。學者於《三傳》苟忽焉而不習，則無以知《經》；

習焉而不察，擇焉而不精，則《春秋》之宏意大旨，簡意明白者，將沮於僻說，厄於偏論，此其所以言愈滋而旨愈晦也與？《三傳》釋經，既有得有失，去三短、集三長，神而明之，學者之能事也。於是臚陳諸家之說，始於兩漢，迄於近代，類聚而群分之。原始要終，頗見本末。即器以求，其道不遠。爰述《三傳》先後與得失之大較，而以會通終焉：

一、論《三傳》先後

《三傳》成書之先後，諸家頗多異說：孔子與左丘明如周觀史記，丘明論本事以作傳。及末世口說流行，故有《公羊》、《穀梁》、《鄒》、《夾》之傳，班固之言也（《漢書．藝文志》）；《左氏》傳世後百餘年，穀梁赤爲《春秋》殘略，公羊高緣經作傳，桓譚之言也（《新論》）；左丘明親見夫子，而公羊、穀梁在七十子之後，劉歆之言也（《漢書．楚元王傳》）；《穀梁》、《公羊》，語地則與魯産相違，論時則與宣尼不接，安得以傳聞之說，與親見者爭先乎？劉知幾之言也（《史通．申左》）。《左氏》先著竹帛，故漢儒謂之古學（徐彥《公羊傳疏》）；《三傳》相較，皆《左氏》義長，知手錄之本確於口授之經也，《四庫全書總目》之言也；

《左氏》之義，或似二家，由後之襲前，非前之取後也，章太炎之言也（《春秋左傳讀敘錄》）；凡此皆《公》、《穀》後於《左傳》之說也。

吾嘗疑《左氏》出於戰國之際，或在《公羊》、《穀梁》後，蓋亦聞日月爲例之說也，此宋葉夢得《左傳讞》之語。《公》、《穀》所傳者其文，而《左傳》所載者其事；自漢人以《春秋》文例竄入《左氏》，而文與事大變。古人列《春秋》，皆先《公羊》；後世則先《左氏》，而皆未得也。今則以《穀梁》居先，《公羊》次之，《左氏》又次之；此唐晏之說（《兩漢三國學案·春秋序》）。《左傳》於三傳中最晚出，《公羊》、《穀梁》未見《左傳》，《左氏》經有抄襲自二家者，陳槃本其師顧頡剛之言也（《左氏春秋義例辨》）。凡此，皆以爲《左氏》後於《穀梁》、《公羊》者也。

《穀梁》近孔子，《公羊》正當六國之亡，鄭玄之言也（《禮記·王制》疏引《釋廢疾》）；《左氏》傳經在春秋時，《穀梁》在六國，《公羊》起於秦末，章太炎之言也（《春秋左傳讀敘錄》）；《左傳》記事無蓋詞，《穀梁》於郭公諸條始著蓋詞，《公羊》所著則以十餘計。則《穀梁》後於《左傳》，《公羊》後於《穀梁》，劉師培之言也（《左盦集》卷二春秋三傳先後考）；此皆《穀梁》後於《左氏》而先於《公羊》之說也。

公羊高受之於子夏，穀梁赤乃後代傳聞，唐陸德明之言也（《經典釋文·序錄》）；《穀梁》晚見《公羊》之說，而竊附益之，故多兩存其說，劉原父之言也[2]；《穀梁》晚出於漢，因得監省《左氏》《公羊》之違畔而正之，宋晁說之之言也（春秋三傳說）；《穀梁》在《公羊》之後，研究《公羊》之說，或取或駁或不取，或與己說兼存之，故較《公羊》爲平正，清陳澧之言也（《東塾讀書記》卷十）；《穀梁》在《春秋》之後，曾見《公羊》之書，所謂一傳即《公羊傳》，清皮錫瑞之言也（《經學通論》），《公羊》學在西漢最先，誼最古，道最質。《穀梁》次之，少文而近人情。《左氏》最後出，文彩最優，最近人情，而曲學阿世之譏，難乎免矣，晚清沈曾植之說也（《海日樓札叢》）。二傳淵源雖同，然著錄之時代，則《公羊》早于《穀梁》，陳槃之言也（《左氏春秋義例辨》）。凡此，皆《公羊》先於《穀梁》之說也。

《三傳》成書之先後，諸家雖多異辭，揆諸事理，固當首《左傳》，次《穀梁》，後《公羊》。故劉師培先生以爲：「《二傳》之中，如《公羊》五始義，夙爲《左傳》所具；譏二名例，《左傳》指更名言；譏世卿義，《左傳》只指世位言，亦爲《左傳》所有。惟《公羊》得之口述，解釋遂歧。自斯而外，有稍聞《左傳》之說，昧其詳者：如崔氏出奔，《穀梁》言舉族而出；崔杼弒君，《穀梁》言莊公失言；淫於崔氏大夫宗婦覿用幣，《公羊》言當用棗栗腶脩，即本《左傳》御孫說是也。有稍聞《左傳》之說而致訛者：如蔡侯朱奔楚，《左傳》有立東國之文，《穀梁》稍聞其說，遂改朱爲東，謂即東國齊仲孫來；《左傳》所記，有不去慶父諸言，《公》、《穀》稍聞其說，又以本經有仲孫蔑諸文，遂以仲孫爲慶父是也，此均二傳晚出之證」《左盦集・春秋三傳先後考》。又云：《左傳》記事無蓋詞，《穀梁》於郭公諸條始著蓋詞，《公羊》所著則以十餘計。蓋詞而外，《公》、《穀》兼用或詞，《公羊》所云其諸與或者同，亦有直言無聞者③。又宣夫人公子喜諸條，《左傳》所載至詳，《公羊》則均言未知。宣二年勇士，《左傳》明言靈輒，《公羊》則言勇士某。故凡公羊所謂「無聞」、「未知」、「某」、「或」、「其諸」諸疑詞，皆代遠年荒，昧其究竟之言，此即劉歆所謂傳聞與親見不同也④。

《左傳》所以特詳明眞切者，實因左氏爲史官，徧閱國史，孔子嘗與同觀周室，故能成此簡帙重大之傳。蓋成此傳，自非史官不能得如此之詳，非及孔氏之門，則信聖人不能如此之篤趙汸《春秋師說》。語地則魯產，論時則接聖，故《左氏》於三傳最爲早先。試考之《漢志》著錄，亦以《左氏》冠《公》、《穀》、《鄒》、《夾》之上。蓋古經傳本皆單行，作傳者以先後爲次，自當首丘明。《公》、《穀》著於竹帛時已在後，即高、赤傳經初祖，亦不能先於丘明，故班氏以是爲次。況《春秋》本無例，《三傳》義例皆漢經師所爲，初非其舊，安可執此以論《三傳》之先後？知葉夢得、唐晏說之無稽也。而陳槃所謂《左氏經》鈔襲二家者，蓋顛倒爲說也⑤。

《公》、《穀》二傳皆後於《左氏》，而《公羊》成書又晚於《穀梁》。鄭康成《起廢疾》以《穀梁》爲近孔子，《公羊》六國時人。此但就其祖師而言，於理推之，誠然。穀梁子上接尸佼，下授荀卿，蓋與孟子淳于髡輩同時[6]。《穀梁傳》稱正棺兩楹之間，然後即位，其說出於沈子（定公元年傳）。言沈子者，在朋友同儕之際，與自舉穀梁子同（隱公五年傳）。《公羊》稱子沈子著其爲師，則不煩數數題其名號（隱公十一年傳、莊公十年傳、定公元年傳），此亦《公羊》後於《穀梁》之證。故《公羊》傳於「何危耳」節（隱公三年），「因誰之力」節（隱公十年），「其不日何以始乎此」節（莊公十年），「爲桓公諱」節（僖公十七年），「何賢乎季子」節（襄公二十九年），「曷謂存陳」節（昭公九年傳），均襲用《穀梁》之說，而外加詮釋，此因《穀梁》所已言而補其義也。《公羊》既晚出，徒聞《左》、《穀》緒論，故其釋經難免乎剽竊與譌謬。而習聞緒論、踵事增華，故於衛人立晉（隱公四年傳），陳侯鮑卒（桓公五年傳），紀伯姬戍陳諸條，皆較《穀梁傳》爲詳審。

再以《公》、《穀》二傳多傳疑之詞而言，《穀梁》之蓋詞六，《公羊》之蓋詞十有八；《穀梁》之或詞十一，《公羊》之或詞十四，此亦《公羊》後於《穀梁》之旁徵也。若夫陸元朗、劉原父、晁說之諸論，以爲《公羊》先《穀梁》；陳蘭甫、皮鹿門本之，謂《穀梁傳》「伐於餘邱」（莊公二年），「子叔姬卒」（文公十二年），有「其一曰」，「其一傳曰」之文，力主「所謂一傳，即公羊傳」；失之無據，劉申叔先生駁之甚明[7]。

二、論《三傳》得失

讀《春秋》者，當以《三傳》爲津筏；讀《春秋》而不由《三傳》，是猶入門而不由戶也。然《三傳》釋《經》，體例不同，詳略亦異，欲以優劣判之，難矣。雖然，三家之傳，各有得有失，未足相能；是以不可偏執一家，盡以爲是，而指斥其餘之非。故曰：必先知《三傳》之得失，然後可以治《春秋》。謹列舉方家之說，自後漢迄於近世，以時代爲次，有關《三傳》得失之論，原原本本，略備於是。世有欲治《春秋》者，得以覽焉。

㈠有以體制論《三傳》者：

左丘明親見夫子，而《公》、《穀》在七十子之後；傳記之於口說，往古之於末師，傳聞之與親見，其詳略不同，劉歆之言也（《漢書·劉歆傳》）。《穀梁傳》多所遺失，《公羊傳》彌離本事；《左氏》經之與傳，猶衣之表裏相待而成，桓譚之言也（《新論》《太平御覽》六百十引）。《左氏》義深於君父，《公羊》多任於權變，賈逵之言也（《後漢書·賈逵傳》）。《公》、《穀》但釋經而已，《春秋》所無，《公》、《穀》不可得而有；《春秋》所有，《公》、《穀》亦不可得而無，此今文學家之說也。《左氏》或先經而始事，或後經以終義，或依經以辨理，或錯經以合異杜預《春秋經傳集解・序》。《竹書紀年》所記，多與《左傳》符同，異於《公羊》、《穀梁》；知此二書，近世穿鑿，非《春秋》本意，杜預之言也《春秋左氏經傳集解・後序》。《左氏》解經，淺於《公》、《穀》；《公》、《穀》守經，《左氏》通史，趙匡之言也《春秋集傳纂例・趙氏損益例》。《左氏》之義有三長，而《二傳》之義有五短，劉知幾之言也⑧。日食之義，《左氏》爲長；觀社之義，《公羊》爲長；葵丘之義，《穀梁》爲長，三子之長如此者衆矣，鄭樵之言也《春秋傳》。

《左傳》其事與辭，過《公》、《穀》遠矣，元陳則通之言也《經義考引》。《左氏》得事之情實，而義理間有訛論三傳得失；《公羊》、《穀梁》大義雖有可觀，而考事益疏春秋要法，黃澤之言也。《左氏》善於考事，而義理則疎；《公》、《穀》於義理頗精，而考事則略。《左氏》理不勝文，《公》、《穀》文不勝理。《左氏》之得，《公》、《穀》失之；《公》、《穀》之得，《左氏》失之，元何異孫之言也《十一經問對》。《左氏》於二百四十二年事變，略具始終，其事與文，庶乎有考矣，其失在不知以筆削見義；《公羊》、《穀梁》以書不書發義，不知其文之則史也，元趙汸之言也《春秋左氏傳補注・自序》。《左氏》窮先，然而至大要在紀事與言，時時有所發於經，而不盡爲經役。公羊、穀梁氏，乃以其所得於夫子之門人者，而各出其意以釋之，蓋終至書爲其役，而不能盡得經之旨，此明凌稚隆之言也《春秋左傳註評測義》。

《左氏傳》敷陳事實，首尾通貫，學者得因是以考其是非；而《公》、《穀》其事出於閭巷所傳說，故多脫漏，甚或鄙倍失眞，清顧棟高之言也《春秋大事表・春秋三傳異同表・敘》。《左傳》去聖人之世近，記載最廣，考核較詳，爲大有功於《春秋》，謂孔子之意盡在《左傳》則不可；如但據《公羊》、《穀梁》，以爲得聖人之意，則大謬，清崔述之言也《洙泗考信餘錄》卷三。《左氏》條例文辭，燦然大備；而《公》、《穀》穿鑿，往往自生牴牾，優劣昭然，馬驌之言也《左傳事緯》卷首小傳。《公》、《穀》不見魯國史，多爲擬度之詞，疣贅滿行；《左氏》出，其事定矣，俞正燮之言也《癸巳存稿》卷一單伯。《二傳》今學，《左傳》古學；二傳經學，《左傳》史學；《二傳》質家，《左傳》文家；《二傳》授業，《左傳》不授業；《二傳》主孔子，《左傳》主周公；《二傳》主王制，《左傳》主《周禮》；《二傳》主緯候，《左傳》主史冊；《二傳》魯齊人，《左傳》燕趙人；廖平之言也《左傳古義・凡例》。《左氏》具論本事，《穀梁》善自節制，《公羊》始見縱恣《春秋左傳讀敘錄》；《穀梁》祇誤其事，《公羊》并妄改經《春秋左傳疑義答問》五，章太炎之言也。凡此，皆以體製論《三傳》得失者也。

(二)有專取優長論《三傳》者：

《左氏》善於禮，《公羊》善於讖，《穀梁》善於經，漢鄭康成之言也六藝論。丘明撰所聞爲《傳》，其書善禮，多膏腴美辭，張本繼末，以發明經義，信多奇偉。《公羊傳》辭義清俊，斷決明審，多可採用。《穀梁傳》文清義約，諸所發明，或《左氏》、《公羊》所不載，亦足訂正，晉荀崧之言也《晉書·荀崧傳》。《左氏》博採諸家，敘事尤備，能令百代之下，頗見本末，因以求意，經文可知。《二傳》傳經，密于《左氏》，《穀梁》意深，《公羊》辭辯，隨文解釋，往往鉤深，唐啖助之言也《春秋集傳纂例·三傳得失議》。事莫備於《左氏》，例莫明於《公羊》，義莫精於《穀梁》；《左氏》敘事見本末，《公羊》、《穀梁》辭辯而義精；學經以傳為案，則當閱《左氏》；玩辭以義為主，則當習《公穀》，宋胡安國之言也《春秋傳·序》。《左氏》熟於事，《公》、《穀》深於禮；蓋左氏曾見國史，而公、穀乃經生也，宋呂大圭之言也春秋論。《左氏》傳事不傳義，是以詳於史，而事未必實；《公》、《穀》傳義不傳事，是以詳於經，而義未必當，葉夢得之言也《春秋傳·自序》。載事，則《左氏》詳於《公》、《穀》；釋經，則《公》、《穀》精於《左氏》，元吳澄之言也《春秋纂言》。凡此，皆專取優長論《三傳》者也。

㈢ 有單就短絀論《三傳》者：

《左氏》拘於赴告，《公羊》牽於讖緯，《穀梁》窘於日月，劉敞之言也《困學紀聞》卷六引。《左氏》失之淺，《公羊》失之險，《穀梁》失之迂，崔子方之言也《困學紀聞》卷六引。《左氏》之失專而縱，《公羊》之失雜而拘，《穀梁》不縱不拘而失之隨，晁說之之言也《春秋三傳說》。《左氏》失之誣，《公羊》失之亂，《穀梁》失之鑿，胡安國之言也《春秋傳》。《左氏》不知大義，專去小處理會，往往不會講學；《公》、《穀》考事甚疏，傳得許多說話，往往都不曾見國史，朱熹之言也《朱子語類》。以王正月爲王魯，是《公羊》之害教；以獲麟爲成文所致，是《穀梁》之附會；以尹氏爲君氏，是《左氏》之誤文，所短者若此之類是矣，鄭樵之言也《春秋傳》。曰浮妄，曰害義，曰以淺傳淺，曰書之蠹，曰空張虛義，曰悖繆，曰《左氏》未出之先，學者惟《公》、《穀》是聽，《春秋》蓋蕪塞矣。是葉適醜詆《公》、《穀》之言也《習學記言》卷九。《左氏》摭拾遺文，可據纔半耳；《公》、《穀》襲《左》而加例，說《春秋》者幾同射覆矣，郝敬之言也《春秋集解》。《三傳》之失六，一曰尊聖而忘其僭，二曰執理而近于迂，三曰尚辭而鄰于鑿，四曰億測而涉于誣，五曰稱美而失情實，六曰摘瑕而傷鍥刻，明俞汝言之說也《春秋四傳糾正》。凡此，皆單就短絀論《三傳》者也。

㈣有依憑黨同論《三傳》者：

《公羊》墨守，《左氏》膏肓，《穀梁》廢疾，何休之所著書也《後漢書·何休傳》又鄭玄傳。《左氏》爲太官廚，《公羊》爲賣餅家，鍾繇之言也《困學紀聞引》。《左氏》僅見夫子之書及列國之史，《公羊》聞夫子之義；《左氏春秋》蓋與《晏子春秋》、《鐸氏春秋》、《虞氏春秋》、《呂氏春秋》同名，所載事實，本非從聖門出，故曰「左氏不傳春秋」；《春秋》之義，惟《公羊》師得之，以經非記事之史也，此劉逢祿之論（《左氏春秋考證》）。《春秋》之傳在《公》、《穀》，《公》、《穀》之法與《六經》通；《左氏》思所以奪《公》、《穀》者，以《公》、《穀》多虛言，故以實爭奪之，事理繁博，文辭豐美。凡《公》、《穀》釋經之義，彼則有之；至其敘事繁博，則《公》、《穀》所無，康有為之言也（《新學僞經考》）。《春秋》有大義，有微言；大義在誅亂臣賊子，微言在為後王立法。惟《公羊》兼傳大義微言；《穀梁》不傳微言，但傳大義；《左氏》並不傳義，特以記事詳贍，有可以證《春秋》之義者，皮錫瑞之言也（《經學通論．論穀梁廢興及三傳分別》）。凡此，皆憑主觀之好惡，以低昂《三傳》者也。

㈤ 有別從文章論《三傳》者：

《左氏》豔而富，其失也巫；《穀梁》清而婉，其失也短；《公羊》辨而裁，其失也俗，范甯之言也（《穀梁傳集解．序》）。《左氏》之敘事也，或腴辭潤簡牘，或美句入詠歌，跌宕而不羣，縱橫而自得。若斯才者，殆將工侔造化，思涉鬼神，著述罕聞，古今卓絕。如《二傳》之敘事也，榛蕪溢句，疣贅滿行，華多而少實，言拙而寡味。若必方於《左氏》也，非唯不可為魯衞之政，差肩雁行；亦有雲泥路阻，君臣禮隔者矣，唐劉知幾之言也（《史通·雜説上》）。《春秋》謹嚴，《左氏》浮誇，韓愈之言也（《進學解》）。本之《春秋》以求其斷，參之《穀梁》以厲其氣，唐柳宗元之言也（《答韋中立論師道書》）。《左氏》辨理則意密，程藝則旨深，信樞管文字莫能相爲競尚矣，明孫應鰲之言也（《春秋左傳注評測義·總評》）。《左氏》之爲言也，在而殊體焉：敘儀節也，典而方；敘兵戎也，森而武；敘諫説也，若爲刺，若爲譏；敘辭命也，藻而嫻於度，奕奕乎備哉。而《公羊》則不然：無之而不游浪焉，無之而不灑宕焉，無之而不裔廷焉。明張寶王之言也（見古今《圖書集成》卷一七九《閔伋三訂公羊傳》）。

孔子作《春秋》，若無《左氏》爲之傳，則讀者何由究其事之本末？《左氏》之功不淺矣。匪獨詳其事也，文之簡要，尤不可及，清朱彝尊之言也（《經義考·春秋》二）。《左氏》之傳，史家之宗也，馬得其奇、班得其雅、韓得其富、歐得其婉，有其一體，皆赫然文名於後，清姜炳璋之言也（《讀左補義·綱領下》，本王鏊左傳詳節語）。《左氏》尚禮，故文；《公羊》尚智，故通；《穀梁》尚義，故正。《左氏》森嚴，《公》、《穀》刻劃。《公羊》堂廡較大，《穀梁》指歸較正；《左氏》堂廡更大於《公羊》，而指歸往往不及《穀梁》。微而顯，志而晦，婉而成章，盡而不汙，懲惡而勸善，左氏釋經有此五體，其實《左氏》敘事，亦處處皆本此意，劉熙載之言也（《藝概·文概》）。《穀梁》下筆矜慎，《公羊》頗有刻薄之語，章太炎之言也

《國學略說·經學略說》。《左氏》一書，傳孔門微言，為百世文章宗祖；釋經則異於《公》、《穀》，實錄則高於《史》、《漢》，至其俶詭譎變之旨，連犿離奇之觀，又悉出於行文之妙，曠古今絕無儔對者，曾克耑之言也《左傳微·序》。凡此，皆以文章論《三傳》者也。

㈥有獨斷《左傳》之得失者：

或專稱其優長，如漢盧植曰：丘明之傳《春秋》，博物盡變，囊括古今，表裏人事。魏高佑曰：《左氏》屬辭比事，兩致並書，可謂存史意，而非全史體。魏張曜曰：《左氏》之書備序言，事惡者可以自戒，善者可以庶幾。晉王接曰：《左氏》辭義富贍，自是一家書，不主為經發。晉賀循曰：《左氏》之傳，史之極也。文采若雲月，高深若山海并見《經義考》引。宋朱熹曰：看《春秋》，且須看得一部《左傳》，首尾意思通貫，方能略見聖人筆削，與當時事意《朱子語類》卷八十三。宋鄭樵：「春秋得仲尼挽之于前，左氏推之于後，故其書與日月並傳，不然！則一卷事目，安能行于世？」《春秋傳》宋呂祖謙曰：《左氏》一書接三代之末流，《五經》之餘派，學者苟盡心於此，則有不盡之用矣《春秋左氏傳說》。宋家鉉翁曰：《經》著其略，《傳》紀其詳；《經》舉其初，《傳》述其終；使《左氏》不為此書，後之人何所考據以知當時事乎？不知當時事，何以知聖人意乎？《春秋詳說·自序》

元黃澤曰：事實而理訛，後之人猶有所依據以求經旨，是《經》本無所損也。使非《左氏》事實尚存，則《春秋》益不可曉矣趙汸《春秋師說．論三傳得失》。又曰：說《春秋》者多病《左氏》浮夸，然豈無眞實？苟能略浮夸而取眞實，則其有益於經，正自不少。豈可因其短而棄所長哉？若欲舍《傳》以求經，非惟不知《左氏》，亦且不知經趙汸《春秋師說．論三傳得失》。元馬端臨曰：自《三傳》中所取出之經文，既有乖異，復有增益；然擇其差可信者而言之，則《左氏》爲優《文獻通考》卷一八二。陳澧云：當知所謂道德仁義，憲章墳典，故實文獻，經學德行名言，皆出於孔子之前，賴有《左傳》述之，至今得以考見，此《左氏》之功之大者《東塾讀書記》十。錢穆先生謂：《左傳》是一部史學上更進一步的編年史，孔子《春秋》只是開拓者，《左傳》纔是編年史的正式完成《中國史學名著．春秋三傳》。又曰：我們要研究古史，研究西周，研究商和夏，先要有個準備工作，有一個靠得住的基礎和標準，那麼一定要看《左傳》。諸位要讀《二十四史》，《左傳》又是讀《二十四史》之基準《中國史學名著．春秋三傳》。凡此，皆就體製稱揚《左氏》之優長者也。

又有稱美《左氏》敘事之特出者，如宋朱熹曰：《左氏》所傳《春秋》事，恐八九分是。《三傳》唯《左氏》近之《朱子語類》卷八十三。元黃澤曰：學《春秋》，只當以《三傳》爲主；而於《三傳》之中，又當據《左氏》事實，以求聖人旨意之所歸。蓋於其中，自有脈絡可尋，但人自不肯細心推求爾趙汸《春秋師說．論學春秋之要》。清楊椿曰：《左氏》見聞之廣，紀述之詳，後之人讀之，常能發爲至論，況其自爲之？焉有所見之不明，所敘之失實，若昔賢所譏者乎？《春秋大事表．序》劉熙載曰：《左氏》敘事，紛者整之，孤者輔之，板者活之，俗者雅之，枯者腴之；翦裁運化之方，斯爲大備《藝概》卷一。凡此，皆就《左傳》之優長而言之，所謂棄短而取長者也。

或有但論《左傳》之短絀者，如魏隗禧曰：《左氏》相斫書耳，不足精意也⑨。宋王晢曰：《左氏》雖附經而作，然於經外自成一書，故有貪惑異說，采掇過當，至於聖人微旨，頗亦疎略《春秋皇綱論》。宋劉安世曰：《左氏》不識大體，只是時時見得小可底事，便以爲是《宋元學案．元城學案》。宋陳傅良曰：《左氏》是一箇審利害之幾，善避就底人，所以其書有貶死節等事，其間議論有極不是處《朱子語類》卷八十三引。宋朱熹曰：《左氏》之病，是以成敗論是非，而不本於義理之正。嘗謂《左氏》是個猾頭熟事趨炎附勢之人⑩。宋洪邁曰：《左傳》議論遺辭，頗有害理者，以文章富豔之故，後人一切不復言⑪。宋呂大圭曰：《左氏》雖曰備事，而其閒有不得其事之實。觀其每述一事，必究其事之所由，深於情僞，熟於世故；往往論其成敗而不論其是非；習於時世之所趨，而不明乎大義之所在《春秋或問》。宋呂祖謙曰：《左氏》生于春秋時，視周室如列國，如記周鄭交質，此一病也。又好以人事附會災祥，此二病也。記管晏之事則盡精神；纔說聖人，便無氣象，此三病也⑫。凡此諸說，皆論《左傳》之短失者也。

要之，《三傳》皆有得而又失焉，瑕不揜瑜，瑜不揜瑕；愛而知其惡，惡而知其美，學者之能事也。明乎此，則治《春秋》者，其庶幾乎？

第二節　《三傳》會通議

《三傳》之釋《春秋》經，皆有所得，并有所失，已敘述如上。《三傳》於經，雖多發明，然經旨之大全，聖人之微義，則未盡覩，是以不該不徧，不能相通。故習《公》、《穀》則攻《左氏》，習《左氏》則伐《公》、《穀》；各持一傳之義，以相抗衡，尤以《公羊》、《左氏》相攻最甚。既乖孔子作經之本心，各爲其所欲焉以自爲方，道術將爲天下裂也。

自劉歆請立《左氏》，博士以《左氏》不傳《春秋》詆之，而今古文之爭起，《左氏》、《公羊》之相攻若仇，亦由此始。其後，韓歆、鄭衆、賈逵亦倡立《左氏》，而范升、陳元、李育等更相非折，勢同水火⑬。及大儒鄭玄出，既師第五元先習《公羊》，又從張恭祖受《左氏春秋》，復西事馬融傳其經學；於是解《禮》多主公羊說，而《鍼膏肓》《起廢疾》，兼主《左氏》、《穀梁》，遂開治《春秋》兼采《三傳》之嚆矢。東晉荀崧，請立《公》、《穀》博士，觀其持論，亦《三傳》並重。而晉范甯《穀梁集解》，於《三傳》多加貶辭，謂：「《左氏》以兵諫爲愛君，是人主可得而脅也；以納幣爲用禮，是居喪可得而婚也；《穀梁》以拒父爲尊祖，是爲子可得而叛也；以不納子糾爲內惡，是仇讎可得而容也。《公羊》以廢君爲行權，是神器可得而闚也；以妾母爲夫人，是嫡庶可得而齊也」《穀梁集解・序》。晉范甯注《穀梁》，號爲忠臣；不惟不曲從其短，而兼采《三傳》，不主一家，下開啖助、趙匡、陸淳之會通《三傳》，上異漢儒家法專門之學派，蓋經學至此又一變矣。

溯夫周季漢初之儒，凡治《春秋》，均《三傳》並治，非惟荀卿之書可徵，即陸賈《新語》，毛公說《詩》，亦皆《三傳》互引。足證《三傳》同說《春秋》，故前儒治經，左右採獲，不囿於一家之言如此⑭。既知《三傳》同說《春秋》，又知《三傳》有得有失，然後可以治《春秋》。學者治《春秋》，可以一傳爲主，而不可偏執盡以爲是：一傳之獨得，在所必取；一傳之大失，固所必廢，祇是平心看事理事情事勢，準於大公至正，量度而參取之，則治《春秋》庶乎其不差矣。

自唐陸淳本啖助、趙匡之說，雜采《三傳》而不盡信《三傳》，以意去取，作成《春秋集傳纂例》，變專門爲通學，《春秋》經學至此又一大變⑮。宋儒治《春秋》，如孫復、孫覺、劉敞、崔子方、葉夢得、呂本中、胡安國、呂大圭、家鉉翁，皆衍此派之著者也。其中尤以劉敞之會通爲優，胡安國之兼取爲最顯，然亦不能無譏於後世云⑯。蓋宋儒說《春秋》，雖本啖、趙、陸一派，要不如啖、趙、陸之精純平允也。

尋學者所謂雜採諸家，會通《三傳》者，要皆如程子所謂「以傳考經之事迹，以經別傳之眞僞」，則盡抉經傳之藩籬，而化歸於一者矣。又如胡安國所云：「事按《左氏》，義採《公羊》、《穀梁》之精者」（《春秋傳·序》）。北宋蘇轍《春秋集解》，「其說以《左氏》爲主；《左氏》之說不可通，乃取《公》、《穀》、啖、趙諸家以足之」，已著先鞭；南宋洪咨夔《春秋說》，「多從《左氏》，而間亦參取於《公》、《穀》」[17]。元明之際，黃澤、趙汸師徒治《春秋》，亦循會通之緒。黃澤曾謂：「以《經》證《傳》，亦復以《傳》證《經》，展轉相證，此爲說《春秋》要法」。又曰：「左氏雖見國史，識本末，然所好惡與聖人異者常多。《公羊》、《穀梁》大義雖有可觀，而考事益疏，亦非可據以求經旨者。然《三傳》去古未遠，三家之註，義例雖不同，然猶勝於近代去聖久遠，遂乃肆意創爲新奇，一切泛濫不根之說者」（趙汸《春秋師說·論學春秋之要》）。趙汸之說《春秋》，恢宏其師黃澤之說，以《左氏傳》爲主，注則宗杜預；《左》有不及者，以《公羊》、《穀梁》二傳通之；杜所不及者，以陳傅良《春秋後傳》通之。作《春秋左氏傳補注》十卷，大旨謂：杜偏於《左》，傅良偏於《穀梁》。若用陳之長以補杜之短；用《公》、《穀》之是，以救《左傳》之非，則兩者兼得。筆削義例、觸類貫通；傳注得失、辨釋悉當；不獨有補於杜解，爲功於《左傳》；即聖人不言之旨，亦灼然可見（《四庫全書總目》提要·經部春秋類三），此《春秋》家言會通者，最持平之論也。

治《春秋》所以必需會通者，蓋《春秋》之學，簡嚴而閎大；惟其簡嚴，故立論易刻；惟其閎大，故諸說皆通（《經義考．陸深語》）。《左氏》、《公羊》、《穀梁》所以異門各戶者此也，而聖人所以傳經之旨晦矣。況《三傳》有得而有失乎？欲取片言折獄，則惟兼取而會通之。《四庫全書總目》所謂「用長補短，以是救非」；事按左氏之的，義取《公》、《穀》之精，如胡安國《春秋傳》、趙汸《春秋師說》所爲，此治《春秋》之正法也。蓋三傳各有指歸，無庸強合：《公》、《穀》有《公》、《穀》之義例，《左氏》有《左氏》之義例，各自爲方，學者須觀其會通而不可紊也。而其所以治之之序，則當首《左傳》，而次《公》、《穀》。蓋事外無理，理在事中；《左氏》主傳事，《公》、《穀》主傳理。黃澤所謂：學《春秋》以考據《左傳》國史事實爲主，然後可求書法。能考據事實而不得書法者，亦尚有之；未有不考據事實，而能得書法者也（論學春秋之要）。又云：凡《左傳》於義理，時有錯謬，而其事皆實。若據其事實，而虛心以求義理至當之歸，則經旨自明（論學春秋之要）。黃澤此說，最爲醇正，堪稱治《春秋》之指津焉，固學者所當在意者也。

註釋

① 《朱子語類》又載：「問三傳優劣？」曰：「《左氏》曾見國史，考事頗精，只是不知大義，專去小處理會，往往不會講學。《公》、《穀》考事甚疎，然義理却精。二人乃是經生，傳得許多說話，往往都不曾見國史。」宋黎靖德編，王星賢點校：《朱子語類》卷八十三，〈春秋·綱領〉，頁二一五二。

② 劉敞《春秋權衡》謂：莊二年《穀梁傳》：「公子慶父帥伐於餘丘」云：「此似晚見《公羊》之說而附益之。」隱二年無侅帥師入極，八年無侅卒，《穀梁傳》皆兩說，劉敞亦以爲《穀梁》見《公羊》之書而竊附益之。清儒陳澧《東塾讀書記》，皮錫瑞《經學通論·春秋》亦申此說，以爲文十二年《穀梁傳》所謂「其一傳」，明是《公羊傳》。劉師培、洪業有駁論，詳本節註五。

③ 《穀梁》之蓋詞五，《公羊傳》之蓋詞遠較《穀梁》爲多，凡十八。《穀梁》之或詞十一，《公羊》之或詞反較《穀梁》爲少，凡四。例詳《十三經索引·春秋經傳引得》。程師旨雲《春秋要領》，主《穀梁》後於《左傳》之說，云：「就春秋戰事計之，見於《春秋》經文者凡二十三戰，見於《左氏傳》者又加十一戰，共三十四戰。僖公二十二年，《穀梁傳》曰：《春秋》三十四戰，蓋合經文及《左傳》一併計之耳。余以證明《穀梁後于《左傳》，而《左氏》紀事，又爲《穀梁》所採輯矣。」詳見《春秋要領》〈春秋三傳之先後〉。

④劉師培《左盦集》卷二〈春秋三傳先後考〉、章太炎《春秋左傳讀敘錄》、陳槃《左氏春秋義例辨・綱要》。

⑤章太炎《春秋左傳讀敘錄》；劉師培《左盦集卷》二、〈春秋三傳先後考〉；陳槃《左氏春秋義例辨・綱要》。

⑥據《漢書・古今人表》，尸子在孟子之後；張西堂《尸子考證》疑現行尸子爲二人所作；孫次舟以爲尸子較穀梁子晚，可見此尸佼非商鞅同時人。說參王熙元《穀梁范注發微》。

⑦《釋文敘錄》言：《穀梁》後於《公羊》，陳澧《東塾讀書記》，皮錫瑞《經學通論》本之，說見劉師培〈春秋三傳先後考〉。又，近人洪業《春秋經傳引得・序》，持反對之說，以爲《二傳》相同文字如此，未可遽斷其爲彼此因襲也。又曰：「《二傳》不相爲謀，不相菲薄不相師，其所依用之典籍有相同者，有不同者耳。」

⑧劉知幾《史通・申左》云：《左氏》之義有三長，而《二傳》之義有五短。其文繁多，徵引不便。今據劉虎如撰《史通導讀》，敘其要旨如下：舉《左傳》之三長：一、筆削凡例，皆得周典。二、廣舉他國，每事皆詳。三、凡所採摭，實廣聞見。又謂《公羊》、《穀梁》有五短：一、得之傳聞。二、語乃齟齬。三、無所準繩。四、無所發明。五、獎進惡徒。劉知幾於文末謂：「若以彼三長，校茲五短，勝負之理，斷然可知」。其它，《史通・鑒識》，亦謂《二傳》方諸《左氏》，不可同年云云。

⑨語出《三國志・魏志・王郎傳》引魚豢《魏略》，皮錫瑞《春秋通論》評之曰：平心而論，以《左氏》爲相斫書，則詆之太過。亦由治《左氏》者，專取莫敖采樵，欒枝曳柴之類，有以致之（「論公羊左氏相攻最甚」

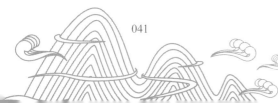

條）。章太炎先生則謂：相斫無義。復就《抱朴子·明本》篇：「儒者所講者，相研之簿領也」句，以為：相斫乃是「相研」之誤。禧以為記事之書，有如簿領，以細事相研覈者。此之詆諆，正與抱朴同類。案：相斫，即相殺，現今閩南語猶存留此一詞彙，指集體戰鬥而言。《左傳》工於敘戰，又長於敘寫謀略，將列國爭戰相殺寫得如聞如見，故隗禧指為「相斫書」。其此之謂乎？

⑩宋黎靖德編，王星賢點校：《朱子語類》，北京：中華書局，一九八六年。卷八十三，〈春秋·綱領〉，頁二二四九。章太炎《春秋左氏疑義答問》二下載：問：「郤至忠謹，其殺也，《左氏》以為民所不與；萇弘盡瘁以事國，而《左氏》錄女寬之言，以為萇弘違天，天之所壞不可支。昔人固以為疑矣。賤守節而貴苟免，孟堅之失，《左氏》得無先諸？」朱子、陳傅良、呂大圭之譏評，大致若此，《春秋左氏疑義答問》多有駁論，文繁不贅，可參看。

⑪宋洪邁《容齋三筆》謂：《左傳》議論遣詞，頗多害理，略舉數端：一為王貳于虢，一為王叛王孫蘇；謂君之于臣，不當言貳與叛。一為單襄公如晉拜成，一為趙鞅以為討；以為王使不當言拜成，諸侯之卿不當言討。又以叔向數叔魚之惡，不當言殺親益榮（卷十四）。又以為石碏大義滅親多誤後世（續筆卷十一）。宋呂祖謙、清顧亭林因之，遂以《左氏》不知《春秋》之義，背于正名之旨。案：此乃《左氏》據實直書之書法耳，劉師培《讀左劄記》、韓席籌《左傳分國集註》卷一〈周鄭繻葛之戰〉，皆有駁文，可參看。

⑫語見宋呂祖謙《春秋左氏傳續說·綱領》，謂左氏只有三般病，除却此三病，便十分好。清金聖歎《唱經堂彙稿》於〈周鄭交質〉，曾有辨駁，可參。若夫「《左氏》好以人事傅會災祥」之病，清汪中《述學·內篇》

二〈左氏春秋釋疑〉辨解亦頗精明，可互參。至於清李慈銘所謂第三病，記管晏之事所以盡精神者，蓋《左氏》欲令讀者據此以觀世變也。此乃章太炎先生所謂「《左氏》著傳，以見東周之衰，任其自侮。正與風人同旨」；詳《春秋左氏疑義答問》二下頁十一。亦即宋呂大圭所謂：「合《春秋》一經觀之，有所謂隱、桓、莊、閔之《春秋》，有所謂僖、文、宣、成之《春秋》，有所謂襄、昭、定、哀之《春秋》。觀隱、桓、莊、閔之《春秋》，固已傷王迹之熄；觀襄、昭、定、哀之《春秋》，尤以傷霸業之衰也。」詳呂大圭《春秋論》〈論世變〉。

⑬ 清皮錫瑞《春秋通論》：「論公羊、左氏相攻最甚，何、鄭二家分左右袒，皆未盡得二傳之旨」條。

⑭ 章太炎《春秋左氏疑義答問》一。又，劉師培《劉申叔先生遺書》〈春秋三傳先後考〉，亦言及此，可參閱。

⑮ 晉劉兆者，與杜預同時，而治《春秋》不主墨守，以《春秋》一經而三家殊途，乃思三家之異，合而通之，作《春秋調人》七萬餘言，皆論其首尾，使大義無乖。時有不合者，舉其長義以通之。又爲《春秋左氏解》，名曰《全綜》，《公羊》、《穀梁》解詁皆納經傳中，朱書以別之，似已合三傳爲一書矣。同時又有晉范毓其人，撰《春秋釋疑》，亦合《三傳》爲之解注者，惜二人書皆不傳，殆杜預所謂「膚引《公》、《穀》，適足自亂者乎」？今所存雜采三傳者，遂不得不推啖、趙、陸三家爲代表矣。

⑯ 宋儒治《春秋》，衍陸淳等雜采三傳者，如孫復春《秋尊王發微》，劉敞《春秋權衡》、《春秋傳》、《春秋意林》、《春秋傳說例》。孫覺《春秋經解》，崔子方《春秋經解》、《春秋本例》、《春秋例要》。葉夢得《春秋傳》、《春秋考》、《春秋讞》。呂本中《春秋集解》，胡安國《春秋傳》，高閌《春秋集注》，陳傅

良《春秋後傳》，呂大圭《春秋或問》，附《春秋五論》。家鉉翁之《春秋經傳詳說》，皆卓然成家，著有成書者。《四庫全書總目》卷二十六，《提要》稱：劉敞《春秋傳》，皆節錄《三傳》事蹟，斷以己意，其褒貶義例，多取諸《公羊》、《穀梁》，皆不免於膠固。其經文雜用《三傳》，不主一家，每以經傳連書，不復區畫，頗病混淆。又好減損《三傳》字句，往往改竄失眞。宋代改經之例，敞導其先，宜其視改傳爲固然矣。然論其大致，則得經意者爲多。胡安國《春秋傳》，作於宋室南渡之後，故感激時事，往往借《春秋》以寓意，不必一一悉合於經旨。《朱子語錄》曰：「胡氏《春秋傳》，有牽強處，然議論有開合精神」，亦千古之定評也。明初定科舉之制，乃獨用胡安國書，元汪克寬《春秋胡傳附錄纂疏》可見。明末黃梨洲嘗評胡安國之論《春秋》，有所謂三不知者。又以胡傳與《三傳》相較，拈出胡傳不度時勢，漫爲褒貶之例二。背孔子之明訓，從穿鑿之曲說者五。附會腐語，茫無頭緒者，更所在多有，詳《南雷文約》卷四，〈陳同亮刻胡傳序〉，詳參拙作《黃梨洲及其史學》頁一五八至一五九。要之，棄瑕取瑜，擷其精粹，即可矣。

⑰清紀昀等主纂《四庫全書總目》，臺北：藝文印書館，一九七四年，卷二十六，宋蘇轍《春秋集解》提要，頁三一，總頁五五一。卷二十七，洪咨夔《春秋說》提要，頁三一，總頁五六八。

第二章 論《左傳》之作者及其與《國語》之關係

第一節　論《左傳》之作者

一、駁「左氏非丘明」

《左氏傳》之作者，爲與孔子同恥之左丘明。自司馬遷（《史記·十二諸侯年表》）、劉向、劉歆（《漢書·楚元王傳》）、桓譚（《新論》）、王充（《論衡·案書》）、班固（《漢書》司馬遷傳贊、藝文志）、許慎（《說文解字·序》）；以至于漢末魏晉大儒，若賈逵、鄭玄、何休、范甯、杜預等，率皆無異辭。左丘明實受經於孔子而作《傳》，隋唐以前，儒者更無異議。其間斷斷然爭訟不息者，但緣爭立學官而已，初不疑及作者也。

至唐趙匡等，始發聳人聽聞之論，啖助曰：「《論語》所引丘明，乃史佚、遲任之類。左氏集諸國史以釋《春秋》，後人謂左氏爲丘明，非也！」（《春秋啖趙集傳纂例》）趙匡則主：「左氏非丘明」，四致其疑：其言曰：「啖氏依舊說以左氏爲丘明，受經於仲尼。今觀左氏解經，淺於《公》、《穀》，誣謬實繁；若丘明才實過人，豈宜若此？」（《春秋啖趙集傳纂例》）。又曰：「且夫子自比，皆引往人，故曰竊比於我老彭。又說伯夷等六人云：我則異於是，並非同時人也。丘明者，蓋夫子以前賢人，如史佚、遲任之流，見稱於當時耳。焚書之後，莫得詳知。」《春秋啖趙集傳纂例》卷一。又曰：「自古豈止有一丘明姓左乎？何乃見題左氏悉稱丘明？」又曰：「近代之儒又妄爲記錄云：『丘明以授曾申，申傳吳起，起傳其子期，期傳楚人鐸椒，椒傳虞卿，卿傳荀況，況傳張蒼，蒼傳賈誼』，此乃近世之儒欲尊崇左氏，妄爲此記。而若傳授分明如此，漢書張蒼、賈誼、及〈儒林傳〉，何故不書？則其僞可知也」云云，皆見唐陸淳所編《春秋啖趙集傳纂例》卷一，〈越氏損益義第五〉。蓋欲攻《傳》之不合《經》，必先攻作傳之人非受經於孔子；欲先攻作傳之人非受經於孔子，故首就「左氏非丘明」發難。擒賊先擒王，其用心亦良苦矣，其奈強通失正何？今爲平議如下：

《朱子語類》載朱熹之言：「春秋制度大綱，《左氏》較可據，《公》、《穀》較難憑。」又曰：「左氏曾見國史，考事頗精。」又曰：「《左傳》一部載許多事，未知是與不是，但道理是如此。」又曰：「《左氏》是史學，《公》、《穀》是經學；史學者，記得事卻詳。」朱子於《左傳》，疑之中有信，信之中又疑者也，尚謂《左氏》所傳春秋事，恐八九分是，《三傳》唯《左氏》近之，則春秋事實，當準《左氏》可知[1]。《左氏》遭戰國寖藏百餘年，其中多有後人附益，致令書法不通者[2]。啖、趙、陸之輩，偶見《左傳》有乖忤處，遂誇大其失，曰誣謬實繁；以其小疵而棄其所長，此所謂因噎廢食者也。彼欲捨傳以求經，非惟不知《左氏》，亦且不知經。桓譚《新論》不云乎：「《左氏》經之與傳，猶衣之表裏，相持而成。經而無傳，使聖人閉門思之，十年不知也」《太平御覽》六百十引。誠哉斯言也！《左氏》得事之情實，而義理間有訛；其較《公》、《穀》之義理頗有可觀，而事情多誤，爲少病。蓋事實而理訛，後之人猶有所依據，以求經旨，是經本無所損也。事訛而義理間有可觀，則雖說得大公至正，於經實少所益，是經雖存而實亡也，況未必大公至正乎？使非《左氏》事實尚存，則《春秋》益不可曉矣《春秋師說．論三傳得失》。故蘇轍教人讀《左傳》，只是據其事實，而以義理折衷《春秋集解》，亦是此意。《四庫全書總目》稱：「刪除事跡，何由知其是非？無案而斷，是《春秋》爲射覆矣」卷二十六，經部春秋類一，固確切不移之論也。啖助所謂：「《左氏》博采諸家，敘事尤備，能令百代之下頗見本末。因以求意，經文可知」陸淳《春秋集傳纂例》。是啖助亦自知：解經之不可捨棄《左傳》矣。

趙匡云：「夫子自比，皆引往人」，此亦私心臆斷之言。《論語．公冶長》篇，孔子曰：「由也好勇過我，無所取材」；又〈述而〉篇子謂顏淵曰：「用之則行，舍之則藏，唯我與爾有是夫」！此二處孔子所比子路顏淵，皆非往人可知。且老彭之老，王弼已云是老聃邢昺《疏》，安可臆斷丘明非同時人？夫人自況，皆由興到；往人今人，何庸固必？而趙匡竟謂「夫子自比，皆引往人」，豈非膠柱鼓瑟乎？今仍定左氏爲孔子同時人。

以《論語》之左丘明，非作傳之左氏，啖、趙輩始爲此說，而宋儒祖述之，非有明據。章太炎先生駁之曰：異人同名者，未有相沿不辨之事；若四劉歆、三張敞、三張禹、兩劉秀、兩鄭衆、兩賈逵，名氏雖同，終無相溷之事。若左丘明果有二人，何以自漢至唐，茫不訾省？啖、趙輩所據何書，而能執此異解《春秋左傳讀敘錄》？俞正燮《癸巳類稿》卷七、錢賓四先生《先秦諸子繫年考辨》六七，於左丘明之姓名，皆有考證。謂左其官，丘其姓氏，明其名；左史即太史，丘明為魯太史，故以左氏為稱，因以《左氏傳》名其書。說雖可通，而頗欠圓融。夷考其實，左其姓氏——乃以官為姓者——丘明其名，故曰《左氏傳》，而不云丘氏傳，理有固然也。顧炎武《日知錄》有「古人二名，止用一字」之說卷二十四，不惟晉文公止稱晉重定公四年，莒展輿但稱莒展昭公元年，見于《左傳》；而魯隱省稱息魯世家，魯閔省稱開律歷志，亦屢見於《史記》、《漢書》。則左丘明自可省作左丘，此《史記·太史公自序》、〈報任安書〉所以可稱「左丘失明」之故也。且考史遷文法，自屈原放逐以下十句，句各四字，蓋取造句整齊排比，而少顧事實。故如不韋遷蜀，世傳《呂覽》；韓非囚秦，〈說難〉〈孤憤〉；皆與《史記》本傳自相違背。夫述八事，而譌誤者二，存疑者二，蓋是一時興到，涉筆成趣之文也。故「左丘失明，厥有《國語》」，吾斯亦未能信！何況〈十二諸侯年表·序〉述丘明著傳，本末原委，其詳若彼，何可誣也？

陸德明所敘《左氏》傳授，本於劉向《別錄》，孔穎達亦徵引之，而趙匡乃致疑焉。《經典釋文》

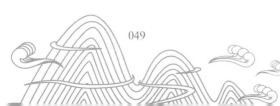

本《別錄》爲說，《左氏》傳授歷歷可徵，詳參章太炎《春秋左傳讀敘錄》、《左氏疑義答問》卷一，劉師培《左盦集》〈左氏學行於西漢考〉，本節〈劉歆作左傳說〉皆有駁文。至於《漢書．張蒼賈誼傳》，不述傳授源流者，蓋傳有專主，又本非經生，於體不必瑣瑣記一經之傳授，是以文略，但敘其平生大事耳。即〈儒林傳〉，亦止於略敘孔子以來之傳授，於《詩》、《書》、《禮》、《春秋》諸經，皆未遠徵。《左氏》傳授之徵，亦不見《史記》；此猶《史記》於詩家不言毛公，言申公無詩傳耳。并是史文之省略脫漏，固不可執是反疑傳授之眞也。

自趙匡輩捨傳求經，倡「左氏非丘明」之說，憑臆偏詞，遂導宋元以來疑經穿鑿之先路。王安石有《春秋解》一卷，證「左氏非丘明」者十一事，陳振孫《直齋書錄解題》謂出依託，今未見其書，不知十一事者何據？《朱子語類》謂：「秦始有臘祭，而《左氏》謂虞不臘矣，是秦時文字分明。」又謂：「《左氏》敘至韓魏趙殺智伯事，去孔子六七十年，決非丘明」③。葉夢得亦謂：「紀事終於智伯，當爲六國時人」④。迨鄭樵作《春秋傳》，特立「左氏非丘明辨」一篇，列舉八驗，以實其說。其言曰：

> 孔氏所稱左丘明，姓左名丘明，斷非左氏明矣！今以《左氏傳》質之，則知其非丘明也。《左氏》終紀韓魏智伯之事，又舉趙襄子之謚，則是書之作，必在趙襄子既卒之後。若以為丘明，自獲麟至襄子卒，已八十年矣。使丘明與孔子同時，不應孔子既沒七十有八年之後，丘明猶能著書。今

左氏引之，此左氏為六國人，在於趙襄子既卒之後，明驗一也。《左氏》戰于麻隧，秦師敗績，獲不更女父。又云：秦庶長、鮑庶長、武帥師，及晉師戰于櫟。秦至孝公時，立賞級之爵，乃有不更庶長之號；今《左氏》引之，是左氏為六國人，在於秦孝公之後，明驗二也。《左氏》云：「虞不臘矣」，秦至惠王十二年初臘，鄭氏蔡邕皆謂：臘於周即臘祭。諸經並無明文，惟呂氏〈月令〉有臘先祖之言，今《左氏》引之，則左氏為六國人，在於秦惠王之後，明驗三也。《左氏》師承鄒衍之誕，而稱帝王子孫。案齊威王時，鄒衍推五德終始之運，其語不經。今《左氏》引之，則左氏為六國人，在齊威王之後，明驗四也。《左氏》言分星，皆準堪輿。案韓魏分晉之後，而堪輿十二次始於趙分曰大梁之語。今《左氏》引之，則左氏為六國人，在三家分晉之後，明驗五也。《左氏》云：左師展將以公乘馬而歸，案三代時有車戰無騎兵，惟蘇秦合縱六國，始有車千乘騎萬匹之語。今《左氏》引之，是左氏為六國人，在蘇秦之後，明驗六也。《左氏》序〈呂相絕秦〉，〈聲子說齊〉，其為雄辨狙詐，真游說之士，捭闔之辭，此左氏為六國人，明驗七也。《左氏》之書，序晉楚事最詳，又多楚語，如「楚師熸」、「猶拾瀋」等語，則左氏為楚人，明驗八也。據此八節，亦可以知左氏非丘明，是為六國時人，無可疑者。又見鄭樵《六經奧論》卷四

鄭樵「左氏爲六國人」之八驗，乍看頗似近理，細察乃知臆斷不足信。其第一驗稱：自獲麟至趙

襄子之卒，已八十年。此乃誤以趙籍受命爲諸侯之年，作襄子逝世之年，錯認史實使然。依劉向《別錄》，左丘明作傳以授曾申，《檀弓》稱曾申爲曾參之子；設使丘明之年與曾參相若，則趙襄子卒時，左丘明不過八十一歲。方之子夏、伏生，猶未爲老。若此，則不獨趙襄子之卒在所必見，雖目擊韓趙魏列爲諸侯可也[5]。鄭樵以「左氏爲六國人」之第二驗，稱：秦孝公時立賞罰之爵，始有「不更」、「庶長」之官名。然據《史記・秦本紀》及《通鑑綱目》，知庶長之爵，爲秦舊有，非商鞅首創。依《漢書・百官公卿表》：秦爵二十，商鞅所分，用以論功行賞，其四曰不更。爵乃秦人祖法，初不由於新立。鄭樵見二十爵中，有不更庶長之名，遂以爲秦孝公時商君所立，失之不察。李慈銘謂：就令左氏爲六國時人，亦不得以後日之官制追紀前事[6]，誠可謂片言解紛，一語破的。其第三驗稱：秦惠王十二年始臘，而左氏有「虞不臘矣」之文（僖公五年）。考《史記・秦本紀》稱：惠文君十二年始臘。張守節《史記正義》稱：秦惠文王始效中國爲之。明古有臘祭，秦至是始用，非至是始創，鄭說之不足據可知[7]。

其第四驗稱：《左氏》稱帝王子孫，爲師承鄒衍之誕。案《左傳》明言五德者，唯鄭裨竈對子產問陳復封而遂亡，及郯子論以鳥名官二則。二則所述，均注所出，明是史有所本，非左氏虛造。此與鄒衍之採洪範五行，用諸帝運更代者殊科。且鄒衍乃虞卿同時人，虞卿既在左氏之後，鄒衍焉得在前？故知鄒衍之學實出自《尚書・洪範》及《左氏》，緣後之襲前，非前之取後也[8]。其第五驗，以《左氏》準堪輿十二次，以言趙分，遂指左氏之時代在三家分晉之後。案《周禮．保章氏》：掌天星，以志星辰日月之變動，以觀天下之遷，辨其吉凶。以星土辨九州之地，所封封域，皆有分星，以觀妖祥。又《史記．天官書》，亦載分野之說，述五帝三王以來。是十二分野之名，乃古人以天星定地域之制，相沿甚古。知《左氏》襄公二十八年所記分野，不必因襲六國人之說也⑨。其第六驗稱：三代時有車戰無騎兵。按：服牛乘馬，早見於《易．繫辭下》；來朝走馬，見於《詩．大雅》。《左氏傳》載：左師展將以公乘馬而歸（昭公二十五年），是乘馬而非騎兵。故謂三代無騎兵則可，謂三代無乘馬則不可也。迨秦始皇欲一統天下，六國地形高低不一，不利於車戰；秦鄰近西域，爲征戰天下，遂發展騎兵馬戰。秦始皇陵出土兵馬俑，可作佐證。

其第七驗，以《左傳》敘〈呂相絕秦〉，〈聲子說齊〉，爲游說之士捭闔之辭。春秋之時，崇尚辭令，孔門四科，言語居一；修辭立誠之訓（《易．乾文言》），情信辭巧之論（《禮記．表記》），旨遠辭文而曲中之言（《易繫．辭下》）；言之無文，行而不遠之說（《左傳襄公二十五年》），皆其證也。故曰：不有祝鮀之佞，而有宋朝之美，難乎免於今之世矣」（《論語．憲問》）。孔子稱鄭國外交辭令之制作，程序有四：「爲命，裨諶草創之，世叔討論之，行人子羽修飾之，東里子產潤色之」（《論語．憲問》）。可見《春秋》之尚辭命，早蔚爲風氣。章學誠謂：「縱橫之學，本於古者行人之官。觀春秋之辭命，列國大夫聘問諸侯，出使專對，蓋欲文其言以達旨而已。」

《文史通義・詩教上篇》蓋春秋聘問專對之重詞命，其極也遂衍爲戰國之宏肆。詳《左傳之文學價值》〈詞令〉章所述。《左傳》雖雄辯，然其文從容溫雅，一本於聖人之言，羞稱功利，語少詭譎，下開《國策》之縱橫，豈謂捭闔啓迪《左氏》乎？此又倒果爲因之謬說也。

其第八驗，以左氏序晉楚事最詳，又多楚語，遂以左氏爲楚人，而非魯君子。考《左傳》敘晉、楚事最詳者，蓋春秋大患在楚，堪敵之者唯晉。晉、楚稱霸，繫乎世變，其政治地位之升降，霸業之成敗興衰，天下侯國與之推移，故《左氏》詳敘如此。春秋大勢之起伏，得以考見焉。況晉《乘》、楚《檮杌》、魯《春秋》，《百國春秋》之最完善者。孔子既依魯史作《春秋》，丘明據以作《傳》、晉、楚兩國史書以完備稱善，遂見徵引，故敘晉、楚事特詳，此歷史編纂學之必然。因採晉、楚原書史事文句，故多楚語。若以偶引楚語便爲楚人，則《史記》所載，亦多楚語，若遂指司馬遷爲楚人，恐無此理。矧夫晉、楚爲大國，載事之詳多，此又常理也，何可疑乎？鄭樵八驗之不足信，由此可見矣！

鄭樵而外，陳振孫《直齋書錄解題》[10]，劉安世《元城語錄》[11]，程端學《春秋本義》[12]，崔述《洙泗考信餘錄》[13]，梁啓超《古書眞僞及其年代》[14]，亦多推衍啖、趙「左氏非丘明」之說。雖言之鑿鑿，要皆皮傅無理。唯瑞典漢學家高本漢（Bernhard Karlgren），撰有〈左傳眞僞考〉一文（On the nature and Authenticity of the Tso Chuan. Göteborgs Högkolas Arsskrift, XXXII, 1926, 3），以七項文法作比較，證明《左傳》之語言，自成一文法組織，與《論語》、《孟子》之魯語系統有別，因而推定「左氏非魯君子」所作[15]。衞聚賢作〈跋左傳眞僞考〉，以爲高氏所考「於」「于」之分別，但有時間性，而無空間性[16]。胡適雖批評衞氏之論武斷不確，結論大錯。然自法國馬伯樂（Henri Maspero）評文亦謂：以虛字用法，別古時方言，不可盡信。乃舉《春秋》用「及」之例，證其近於《左傳》而遠於魯語。然則，豈著《春秋》者不用魯語乎[17]？

疑經牽附之風，肇自宋儒，中歷元明，學者攻駁《左氏》者亦頗多，類皆涉及傳經問題。下至清乾道間，劉逢祿作《左氏春秋考證》二卷，大興翻案之說。清末得今文學家廖平、康有爲、崔適之附和張皇，於是厭棄唐宋「左氏非丘明」說之曖昧，進而直謂劉歆作《左傳》矣。風氣所激，勇於立說之士紛紛創發新論，穿鑿謟成，譁然相高，多有疑及前人所未疑者。計自劉逢祿以下，說《左傳》之作者，以爲非左丘明者，不下十餘家，考其流派，大致有四：其一，以爲劉歆所作，劉逢祿、康有爲等主之。其二，以爲吳起所作，姚鼐、郭沫若主之。其三，以爲子夏所作，衞聚賢主之。其四，以爲張蒼或其門客所作，洪業主之。玆分別述說如下：

㈠劉歆作《左傳》說

元人吳萊，作〈春秋舉傳論序〉，謂《左氏》之文，有西漢末人雜立凡例，廣采他說，以亂之者[18]。明人趙時春作〈史論〉，亦以爲《左氏傳》爲媚王莽者以類增竄，故失之巫蠱[19]。吳、趙二說，上可以爲宋人惡《左氏》者之承繼，下實導劉逢祿、廖平、康有爲、崔適輩疑《左》之先驅。

劉逢祿作《左氏春秋考證》二卷，以《左傳》本爲《左氏春秋》，劉歆附益改竄，以之爲《春秋傳》者。其言曰：「曰魯君子，則非弟子也；曰《左氏春秋》，與《鐸氏》、《虞氏》、《呂氏》並列，則非傳《春秋》也。故曰：《左氏春秋》，舊名也；曰《春秋左氏傳》，則劉歆所改也」；又云：「歆引《左氏》解經，轉相發明，由是章句義理始具；則今本《左氏》書法，比年依經飾《左》、緣《左》、增《左》，非歆所附益之明證乎？」因謂：左氏爲戰國時人，故其書終三家分晉，而《續經》乃劉歆妄作。凡「書曰」之文，皆歆所增益。凡例，皆歆所附益之辭。

謹案：劉逢祿之說，或本漢博士「《左氏》不傳《春秋》」之言；或本宋林栗所謂「君子曰是劉歆之辭」；或本元程端學「以左傳爲僞傳」；或有自申其說，轉相發明者。彼其以紫奪朱，盜憎主人，說多不可信據。故廖平始則倡和之，繼則游移之，終則倒戈反向[20]。雖陳槃亦謂劉歆塗附《左傳》[21]，然自劉師培[22]、章太炎[23]、日本新城新藏[24]、法國馬伯樂[25]、張以仁[26]，皆著書駁斥劉逢祿說之非。綜要言之，《左氏》自釋《春秋》，不在其名傳與否；正如《論語》命名，亦非孔子及七十子所定。《公》、《穀》釋經，皆止獲麟，而《左氏》續經終三家分晉者，或者丘明壽考如子夏、伏生，或是左氏後學據史續附。自陸氏《纂例》謂：「《左傳》一書，後儒妄有附益」；南宋林栗乃疑《左傳》「君子曰」之辭，係劉歆所竄入。今考周秦諸子如商鞅、韓非、莊周、荀卿、晏嬰，與夫司馬遷《史記》所述《左傳》，或本君子之語，或錄君子之詞，知此種體裁實先秦所共有，非《左傳》所得專也。蓋「君子曰」者，乃丘明題經之詞，亦以書法專屬經文也[27]。至於《左氏》之凡例，《漢書》但言始由劉歆發揮，非謂自造；若其自造，何引之有？況就曆法言之，《左傳》之曆法與劉歆之《三統曆》多有不合者，安得謂劉歆僞竄《左氏》乎？

康有爲撰《新學僞經考》十四卷，於《左傳》頗多考論；則更推衍逢祿之說，變本加厲，益復詭奇，遂倡言劉歆割裂《國語》而僞作《左氏傳》矣。其言曰：「歆以其非博之學，欲奪孔子之經，而自立新說以惑天下；知孔子制作文學首在《春秋》，《春秋》之傳在《公》、《穀》，《公》、《穀》之法與六經通；於是思所以奪《公》、《穀》者，以《公》、《穀》多虛言，可以實爭奪之，人必聽實事而不聽虛言也。求之古書，得《國語》與《春秋》同時，可以改易竄附。於是毅然削去平王以前事，依《春秋》以編年，比附經文。分《國語》以釋經，而爲《左氏傳》（歆〈本傳〉稱：『歆始引《傳》解

《經》』，得其實矣）。作《左氏傳微》以爲書法，依《公》、《穀》日月例而作日月例，託之古文以黜今學，託之河間、張蒼、賈誼、張敞名臣通學以張其名，亂之史記以實其事，改爲十二篇以彰其目，變改紀子帛、君氏卒諸文以易其說，續爲經文，尊孔子卒以重其事，徧僞羣經以證其說。事理繁博，文辭豐美，凡《公》、《穀》釋經之義，彼則有之；至其敘事繁博，則《公》、《穀》所無。遭逢莽篡，更潤色其文以媚莽，因藉莽力貴顯。」（《漢書藝文志辨僞》第三上）又以爲：《史記》所採，只據《春秋》與《國語》，而不及《左氏傳》（《漢書藝文志辨僞》第三上）。

謹案：《左氏》傳與《國語》，斷非一書之分合，自唐柳宗元（非國語）、趙匡（《春秋集傳纂例》）、宋司馬光（《國語說》）、葉夢得（《春秋傳》）、葉適（《習學記言》）、清崔述（《洙泗考信餘錄》）、民國馮沅君、楊向奎、孫次舟、張以仁等學者，皆已先後辨疑定讞，說詳下章〈左國關係〉。若夫《左氏微》一書，久佚不傳，其詳雖莫可考見；而康氏臆斷，其爲私言無徵可知。況漢世故書尚在，苟有殘奪，或不易知；若加增竄，墨色新舊，一望可曉。雖劉歆欲一手遮天，不可得也。而能作爲書法日月例，以竄亂之乎？《左氏》本古文，其傳授之原委，歷歷可考。章太炎辨之甚明（詳《春秋左傳讀敘錄》）。符定一《新學僞經考駁誼》謂：「漢朝制禮用《左傳》，今文家復多用《左傳》之言，即龔勝、師丹亦援引而不以爲僞，且公認爲傳《春秋》。賈誼《新書》、張敞封事引《左傳》文十事，證實賈、張實修《春秋左氏傳》。《左氏》往往與今文相合，非歆立僞。攻擊《左氏》最力之范升，亦承認左氏出於丘明。」可謂確切不移之論。《左氏》之學，戰國時已盛行於世，故《孟子》、《荀子》、《韓非子》、《呂覽》多用《左傳》，說詳劉師培《周季諸子述左傳考》，劉正浩《周秦諸子述左傳考》。司馬遷作《史記》，於春秋之事，多折衷於《左氏》，說詳劉師培〈司馬遷左傳義序例〉，劉正浩《太史公左氏春秋義述》。蓋春秋二百四十二年之事迹，後人斷無僞造之能力。

抑有進者，《左傳》之文法自成一統系，前後一致，不與他書相同，決非作僞者所能憑空臆造高本漢左傳眞僞考。況西漢之末季，古籍發現良多，民間傳習已盛，秘府藏書亦豐，縱令劉歆有僞造《左氏》之智能，恐亦難逃經學博士、校書鴻儒等之法眼；將如張霸之僞《百兩尚書》，未經獻上，眞贗已判。且漢之今文學者非無知之蠢物也，劉歆苟僞造《左氏》，欲以建立學官，漢博士焉有不大張聲伐，極力揭發之理？奈何避重就輕，但言「《左氏》不傳《春秋》」之義而已乎？矧《左傳》全書之精密條貫，博學洽聞，自非與孔子同時並世之史官不能勝任。劉歆生五百年後，祇可摭拾口碑，摘採遺文，焉能成此偉構？

錢穆撰《劉向歆父子年譜》，攻駁康有爲《僞經考》所述，宣稱不可通者二十有八端[28]。略謂：歆父向，卒於成帝綏和元年。明年四月，哀帝即位，歆爲郎中，遷光祿大夫，復領《五經》。明年，哀帝建平元年，歆請建立《左氏春秋》，及《毛詩》、《逸禮》、《古文尚書》，移書讓太常博士。大司空師丹奏歆非毀先帝所立。哀帝重逆衆心，出歆爲河內太守。故「歆領校《五經》未數月，即能偏僞諸經」，以竹簡漆書而言，其事爲不可能云云。何況，劉歆既身爲王莽國師，故僞造群經、假造《左傳》，大可不必。換言之，劉歆並無遍僞群經之時間，更無遍僞群經之必要。更何況，並無遍竄群籍之事跡。可證康有爲等所謂劉歆僞作《左傳》，遂竄亂《史記》，徧僞群經以證其說，明是誣汙妄論，從可知矣。其餘辯說，參見下文〈左傳解正春秋〉一節，不贅。

崔適著有《史記探源》及《春秋復始》二書。其中論及《左傳》，則推闡康有爲之說，以爲太史公之於《春秋》，其取之《左氏》者，乃《國語》也，當時無所謂《左傳》一書。因主《左傳》之前身爲《國語》，出於劉歆之改造，而謂：「劉歆破散《國語》，并自造誕妄之辭與釋經之語，編之《春秋》逐年之下，託之出自中秘，命曰《春秋》古文，亦曰《春秋左氏傳》。其作僞之迹，顯有四端」[29]。又謂：劉歆得《國語》，雜取傳記，附以臆說，僞造《左》、《穀》二傳，藉以破壞《春秋》，爲莽飾非，爲己文過之詭計[30]。近人陳槃著《左氏春秋義例辨》，謂：《左傳》義例十八九爲歆黨所牽附。劉氏作僞之動機有二：一者曲學阿世，希寵權奸；二者欲建《左氏傳》，與《毛詩》、《逸禮》及《古文尚書》皆列學官，取今文諸學而代之。二者相以爲利，故莫分先後也[綱要六]。

謹案：《左傳》與《國語》，原非一書；太史公之於《春秋》，所取者多爲《左傳》，此乃不刊之論，學者皆能辨之，詳本書〈左傳與國語之關係〉一節。至謂「劉歆僞造《左傳》、《穀梁》，藉以破壞《春秋》，飾非文過」，此尤臆測妄說。劉歆並無徧竄羣籍之事，此自錢穆著《劉向歆父子年譜》，已成定讞。錢先生以年譜史事證明：劉歆無徧竄羣籍之必要，亦無徧竄羣籍之時間。可謂顚撲不破之論。若謂劉歆先僞作《左傳》，又別造《穀梁》，爲《左氏》驅除；何《穀梁》之傳義同於《公羊》者多，而發明《左傳》之義反少也？作僞之術，當求密栗巧黠，何致倒行逆施如是？崔適之說，其爲誣枉可知矣。至如陳槃之說，雷同崔氏之處，駁已具前。縱劉歆有牽附《左傳》義例之動機，然墨漆新故，勢有不符。設博士求觀其書，寧不自敗？辨詳本書五章二節〈緣飾增續〉。近人胡念貽批評康、崔之徒主張「劉歆僞作左傳」說，以爲有三失：一、否認客觀、顚倒事實；二、虛張聲勢，迴避問題；三、塗抹歷史，不合情理；在在皆主觀主義之研究方法也[31]。

中土之學者，既有此巧詭之說，遂爲不學好奇者所樂道。以爲劉、康、崔諸人之論，皆言之有據，鐵案如山，不可移易矣。不知彼所立說，并牽附不足憑，譬諸春冰秋葉，莫敵烈日金風之消融與摧折也。域外之學者不察，猶捃拾劉逢祿、康有爲之說，如德國佛朗克（O. Franke），仍主劉歆增竄《左氏》而成《左傳》；日本津田左右吉，則竟謂《左傳》中之言語故事，多與西漢末之思想相映照，亦出尹咸、翟方進、劉歆之改飾，抑構造。日本飯島忠夫，則專重曆法之考證，謂《左傳》中之歲星及冬至，皆與推算不合，而與劉歆之《三統曆》相合，亦可證《左傳》有劉歆僞竄之迹云㉜。

謹按：劉歆增竄《左氏》，僞造《左氏》之說，駁論見前。飯島氏以曆法考察《左傳》，可謂另闢蹊徑。而日本新城新藏，亦以曆算研治《左傳》，力駁飯島等所謂《左傳》作於劉歆之說，證劉歆之《三統曆》，頗與《左傳》之曆法不合。法國馬伯樂（Henri Maspero），亦撰文論《左傳》曆法，攻駁飯島歲星之說㉝。雖說非完密，未足駁斥飯島之論，然《左傳》具備夏、商、周三正，不類西漢之紀年，則爲不爭之論參《日知錄》卷四，三正。不然，杜預以降之學者，研究長曆者多矣，未見疑及《左傳》之曆法者，正以《左傳》爲無可置疑也。而謂《左傳》爲劉歆所竄附改造，是何言也？是何言也？其不足信明矣！《左傳》非劉歆所僞造，可參楊寬《中國上古史導論》，附錄〈劉歆冤詞〉（見《古史辨》第六冊）。

㈡吳起作《左傳》說

劉向《別錄》載《左傳》授受源流，中有「申傳吳起，起傳其子期」之語。學者既信啖、趙「左氏非丘明」之說，因比類牽引，傅會吳起撰作《左傳》，以實其論。此說由清姚鼐發其端，章太炎、衞聚賢、錢賓四引申之，郭沫若復衍其派，於是淺薄矜奇之徒，有深信《左氏傳》爲吳起所作者矣。茲將其說臚列如後，而詳加辯難焉。

姚鼐作《左傳補注．序》，曾云：

《左氏》書非出一人，累有附益，而由吳起之徒為之者蓋尤多。據劉向《別錄》，左丘明傳曾申，申傳吳起，起傳其子期……則《左傳》源流，誠與吳起有關。吳起始仕魏，卒仕楚，故《傳》言晉楚事尤詳。而為三晉之祖，多諱其惡，而溢稱其美。又善於論兵謀，其書於魏氏事造飾尤多。魏絳在晉悼時，甫佐新軍，在七人下，安得平鄭賜樂，獨以與絳？獻子合諸侯干位，而述其為政之美。〈魏風〉至季札時，亡久矣，與〈邶〉、〈鄘〉、〈檜〉等，而札獨美之，曰以德輔此，則明主也。此與魏大名，公侯子孫必復其始之談，皆造飾以媚魏君，又忘明主之稱，乃三晉簒位後之稱，非季札時所有也。

考姚鼐倡吳起作《左傳》，其持說之故凡四：吳起爲《左傳》源流中人，一也。《左傳》言晉、楚事尤詳，二也。《左傳》占筮多驗，預言多中，三也。左氏善論兵謀，而吳起身爲將帥，四也。謹評論如下：

姚鼐之說，除第一證確乎不移外，其它不無可議。然《別錄》亦祇謂吳起傳《左氏》而已，不言吳起作《左傳》也。「傳」與「作」，指涉意涵大不相同。《左傳》源流誠與吳起有關，然吳起固非作《傳》之人也。其第二證謂：《左傳》言晉、楚事尤詳，以吳起始仕魏，卒仕楚之故。《左傳》所以詳於晉、楚之事者，說詳前文駁鄭樵第八驗，所謂晉楚爭霸云云，亦情理所當然，與吳起之仕魏仕楚無干。其第三證，謂《左傳》於三晉之祖，多諱其惡而溢稱其美，於魏氏事亦造飾尤多云云；此自《左傳》占筮多驗，預言多中，推衍成說者也[34]。《左傳》好述占驗與前知，歷歷然洞若觀火。尋其所以持論之故，不外「見乎筮龜，動乎四體」二語而已。此即清趙汝楳《易雅》所謂：「命占之要，本於身、位、時、事、占五法也」《占釋》第九。學者目爲浮夸虛誕，從後附會，非事實也。況其預言，有中有不中；由其不中，可以知其臆中者之非誣妄也。而應驗者多，不驗者少，蓋史學所以經世，故多載其驗者，尠載其不驗者焉。此史官權衡史材，據事直書者也[35]。

若夫所謂諱惡溢美，造飾魏事者，說尤不經。魏既篡晉，媚魏，則不當於晉有美辭，《傳》何以又舉箕子之言，謂唐叔之後必大邪？至於《左傳》述畢萬之占，美魏絳之褒，事實固然，豈可謂之虛媚？傳文又載魏舒干位之言，若欲媚魏，何以不削此語乎？且季札歌魏時，魏方屬晉，盟主爲晉，非爲三家之魏也[36]。其說之不通，由此知之。

姚鼐第四證謂：《左傳》善於敘戰爭，論兵謀，而吳起曾爲大將，著有兵法，故以爲《左傳》之作者。考《左傳》之敘戰，雖有六韜三略之奇；然審其意，不貴用兵，而在寢兵；不忍殘民，而在息民，故以親仁善鄰爲寶，以搆怨殘民爲惡，與春秋無義戰之旨脗合（姜炳璋《讀左補義·綱領下》）。《吳起兵法》四十八篇，見《漢書·藝文志》〈兵書略〉，屬兵權謀家。班固謂：「權謀者，以正守國，以奇用兵，先計而後戰，兼形勢，包陰陽，用技巧者也」；此與《左傳》之論兵，招携以禮，懷遠以德，止戈爲武，不殺爲仁，而歸之於寢兵息民之志，蓋迥乎不侔矣[37]。今傳《吳子》六篇之思想，或與《左傳》雷同，蓋吳起爲《左傳》授受宗師，不免沿承《左氏》之風旨著述[38]。緣後之襲前，非前之取後也。觀乎此，亦知姚鼐以吳起爲《左傳》作者之不可信憑矣。

章太炎《春秋左傳讀》，推尋《左氏傳》命名之故，以爲與吳起傳《左氏》有關。據《韓非子·外儲說右上》曰：「吳起，衛左氏中人也」，又〈內儲說上〉載：衛嗣君以左氏易胥靡。此二左氏，皆衛之都邑名。因謂：《左氏春秋》者，固以左公名，或因吳起傳其學，故名曰《左氏春秋》。猶詩傳作於大毛公，而毛詩之名因小毛公而題與？以左氏名《春秋》者，以地名也。則猶齊詩、魯詩之比與？或曰：本因左公得名，及吳起傳之，又傳其子期，而起所居之地，爲左氏學者群居焉，猶齊之稷下，因名其地曰左氏。以人名地，則黨氏溝之比也。因有以韓非之文證《左傳》爲吳起所作者，發此二義正之[39]。案：鄭樵《通志·氏族略》云：「《論語》之左丘明，居於左丘，以地爲氏。」《元和姓纂》：

「齊國臨淄縣有左丘」，而氏丘義通（錢賓四說），則左丘即左氏也。章氏之說塙然不可移易，足令倡吳起作《左傳》說者杜口矣。

其後，衞聚賢著《古史研究》，《左傳》之研究，說《左氏傳》命名之由，亦以爲左氏人所傳：「吳起爲衞國左氏邑人（《韓非子外．儲說右上》），家傳《左傳》，不以姓著，而以故里之地名者，示其不忘本也。西漢中葉，師說傳授之風盛，此書由左氏人傳，故名《左氏春秋》」（《古史研究》第一輯）。錢穆《先秦諸子繫年考辯》（吳起傳左氏春秋考），《中國史學名著》（《春秋三傳》）因之，乃謂：「余考諸韓非書，『吳起，衞左氏中人也』。然則所謂《左氏春秋》者，豈即以吳起爲左氏人故稱，而後人因誤以爲左姓者耶？」吳起爲傳授《左傳》之人，非《左氏傳》之作者，此可由《左傳》之內容覘之，形式之命名所由不足憑也。

郭沫若撰《青銅時代》，其第九述吳起，亦主張《左氏傳》爲吳起所作。以爲吳起曾遊魯，去衞，奔楚，仕魏，必當嫺習各國史乘，《左氏春秋》殆吳起就各國史乘所纂集而成者。《呂氏春秋．樂成篇》有史起，爲魏文侯之史官，吳起即若人也。吳起乃衞左氏人，以其鄉邑爲名，故其書冠以左氏。後人因有左氏，故以左丘明當之。而傳授系統中，又不能忘情於吳起云云[40]。其立說泰半本諸姚、章、衞、錢之論而附會之，可無置辯。惟郭氏以《呂覽》之史起，即作《左傳》之吳起。證史起乃魏文侯之史官，非魏襄王時人；曾爲鄴令，引漳水以灌田，民大得其利，此則頗有可議。案：郭氏引《左傳》襄公二十五年孔《疏》，以為孔穎達所見本正作「文侯」，不作襄王；作「吳起」不作史起。阮元校勘記既已明言：「吳乃史字之誤」；《呂覽．樂成篇》畢沅引梁仲子說，亦以為《左傳》襄公二十五年《正義》引此書，吳起固作「史起」，與今本異許維遹《呂氏春秋集釋》引。梁玉繩《呂子校補》更駁高誘注，以為「西門豹，文侯用為鄴令，史起亞之，此語不知何據」許維遹《呂氏春秋集釋》引。畢沅復推尋學者所以疑襄王為文侯者，因孟子見梁襄王「望之不似人君」之語；然以一見定其終身不能從善，此言亦過。是史起為魏襄王史官，吳起為魏文侯大將，前後四世，不得並時，要非一人可知也。

且吳起歷仕魯、衞、楚、魏，半生戎馬倥傯，四載楚尹，見害時才六十歲而已，安得忙中偷閒著此博大之偉構耶？當知古人是竹書簡牘，篇帙重大，不若書諸紙張之便利快捷；何況古代史官有其傳承，吳起既非史官，春秋列國史料將不可得而見。欲成此《左傳》，是閱多少文字？將耗費多少歲月？主吳起作《左傳》者，曾一考其生平，而謀慮及此乎？未嘗深思，率爾操觚，特一人之私言耳，豈大道之公論哉？

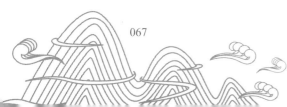

㈢子夏作《左傳》說

衞聚賢撰〈左傳之研究〉一文，載《國學論叢》一卷一、二號，後收入《古史研究》第一輯，極言子夏著作《左傳》之說。衞聚賢以爲：《左傳》之著者非左丘明，乃卜子夏。蓋《左傳》之作者，係文學家，特長於軍事智識，且長於《易》，又長於《詩》。又謂：依《左傳》分國記事詳簡之比較，晉占第一，是《左傳》爲晉國之作品。復就「邾」、「捷」、「仍」方音之研究，證《左傳》爲山西產品。更以《左傳》全部與獲麟以後各國記事詳簡之統計，衞在獲麟以後位居第一，從以定著者籍貫在衞。於是推論：具有上列著者之本能及環境者，厥爲子夏。子夏之本能，長於文學、軍事，工於《易》、《詩》，與《左傳》著者相同，故著者爲子夏。子夏與孔子、魯季氏、左丘明有關係，曾至楚，與晉魏有關，籍貫爲衞，所在地爲晉，其環境均與《左傳》著者相符，故著者爲子夏。而子夏生平與《春秋》有關，有參與、接受、研究、傳授《春秋》之事，此所謂《春秋》，亦即《左傳》也。子夏著《左傳》，後世所以竟失其名者，衞氏以爲：遠因爲派別不同，因而排擠；近因由於視左字過重，因而致誤[41]。

謹案：衞聚賢所舉二證，明《左傳》著者非魯國（山東）人，胡適之〈左傳眞僞考提要與批評〉已駁其非：衞氏之證，一從《春秋》、《左傳》、《國語》分國記事詳簡之統計，知《左傳》著者所在地爲晉國。但晉乃大國，故佔《左傳》篇幅最多，約百分之二十六，魯以小國佔百分之十三以上，不爲少矣。《國語》紀晉事亦最多，佔百分之四十以上，而衞氏卻不斷其著者在晉。其紀魯事遠不如《左傳》之詳，卻信其作者爲魯人，故此項證據，無甚用處[42]。二從方音證《左傳》作者非齊、魯人，所舉方音三例，皆有可駁：何以知《公羊》、《穀梁》為山東人？不過據《漢書．藝文志》小註耳。郱字與捷字，《公羊》異於《左傳》，而《穀梁》同於《左傳》。仍字則《公羊》同於《左傳》，而《穀梁》異於《左傳》。同於《左傳》則不取，異於《左傳》則取之，故於郱字與捷字，皆僅取《公羊》之異，而不顧《穀梁》之同；而於仍字，則不顧《公羊》之同，而僅取《穀梁》之異。故於郱、捷兩條下，《左傳》與《公羊》不同，便為山西話之證；而與《穀梁》同，卻非山東話之證。及至仍字條下，《左傳》與《公羊》同，卻又非山東話之證；而與《穀梁》不同，卻便可證其為山西話。此種任意去取，豈非甚危險之推論方法耶？故衞氏言：《左傳》非山東人作，不過大膽之假設，其證據不充分。復案：仍字方音之例，衞氏於《國學論叢》第一卷〈左傳之研究〉內有之，然在《古史研究》中，則自行刪去，殆知己說之矛盾也。至於衞氏所以指子夏為《左傳》之作者，胡適以為鄉土感情使然，蓋衞聚賢乃山西人也。

衞氏考察《左傳》著者之環境，既不通如彼，而考論作者之本能，亦有待斟酌。《論語》載孔門專擅文學者兩人——子游、子夏，故孟子言，孔子作《春秋》，游、夏之徒不能贊一詞。今衞氏但取子夏為說，未免失之偏執。且孟子既言，游、夏不能贊《春秋》之一詞，何以子夏又能作《左傳》？子夏《易傳》，即《漢志》之《韓氏》二篇，為漢韓嬰（字子夏）所作，非卜子夏也。自荀勖錯會《七略》

之言，而《七錄》、《隋志》、《釋文》因之，遂致此謬。如係子夏所傳，《漢志》不應言商瞿而不及卜商也張心澂《僞書通考》。不然，司馬遷、劉向、劉歆、班固，何以皆未一言卜子夏長於《易》也？子夏不作〈詩序〉，自韓愈、歐陽脩、蘇轍、程大昌諸儒，皆已辨之甚明[43]。蓋子夏嘗言《詩》於仲尼，仲尼稱之，故漢以後之爲《詩》者附會之。所謂子夏長於《詩》，本無古據[44]。衞氏更以爲：《左傳》之著者、特長軍事智識，而子夏亦長於軍事。觀其舉例，獨持《韓詩外傳》之孤證：謂子夏與公孫悁論勇於衞靈公前，公孫悁號爲勇士，但不若子夏處有三[45]。謂子夏自述用勇之經過，正與孟子所謂北宮黝之養勇，不膚撓，不目逃正同。是知子夏有勇過人，「故敘述軍事精確詳明」云云。其孤證之不足立說，固無論矣；以子夏自述用勇，即許爲「有勇過人」，又推衍其「敘述軍事精確詳明」，未免過度解讀。若謂善於口辯論勇，即能敘述軍事精確詳明，恐無此理。不然，專擅此道者莫若孟軻，豈謂孟軻敘述軍事能精確詳明，有如《左傳》者乎？是又不通之論也。

《左氏傳》之作者，確爲左丘明。所以誤爲子夏者，章太炎以爲別有三因：一曰子夏壽考，爲魏文侯師，而左氏亦卒於魯悼之後，遂致疑誤也。二曰左氏失明，子夏亦失明，以此傳譌也。三曰左氏之學，後傳吳起，起始仕魏，爲西河守，而子夏亦老於西河，遂疑言《春秋》者，出於子夏也。左丘明名氏，惟見《論語》及〈觀周〉篇，而子夏爲衆所著聞，若人言《春秋》之學，傳自魏之西河，其本師則耆壽而失明者，但不記其姓名，則鮮不臆定爲子夏矣。雖有子夏等求周史記，左丘明、子夏造膝親受《春秋》，《春秋》屬商諸說之鑿鑿，要皆無意之傳譌。若夫戴宏謂：公羊出於子夏，則是有心之作僞矣《春秋左傳讀敘錄》。

由是知子夏不作《左傳》，遑論《公羊》之出於子夏矣。莊子云：「重言十七，所以已言者」，謂藉先達之言，以屈人之說也。噫！異端妄說之惑世，未嘗不由於此也。

(四) 張蒼作《左傳》說

民國十三年，孫德謙撰〈左傳漢初出張蒼家說〉（載《學衡》三十期），民國二十六年，洪業撰《春秋經傳引得．序》，關於《左傳》之作者，就孫德謙說而張大之，乃出以上諸人懸想之外，竟疑《左傳》一書，或出於張蒼，或出於蒼之門客所作者矣。

洪業據《左傳》之「邦」「盈」二字，似曾避漢高帝、惠帝之諱，乃定《左傳》之成書，殆在漢惠帝時（西元前一九四～一八八年）；而張蒼之時代與之相當。更以爲《左傳》簡編浩瀚，除據《春秋》底本外，必廣博參校採擷諸書；而張蒼秦時爲柱下史，明習天下圖書計籍，論收書之備，蒼家足當之。撰《左傳》者，曾排比《春秋》長曆，而好律曆之人，此在漢初，唯蒼足擬之。《左傳》中又頗有涉及五德終始之說者，更似其書之出於蒼或其門客矣《引得・序》頁九十二～九十五。其所持說，大要如是。

謹案：兩漢人臨文不諱，陳垣《史諱舉例》，胡適〈兩漢人臨文不諱考〉，已證成其說。漢碑所載，《史記》所述，不避邦、盈、恆、啓之例夥頤，是其徵也。古今避諱既有寬嚴之別，固不得因有避諱字而遽下斷語也。今洪業偶見《左傳》似曾諱邦、盈二字，遂遽以斷《左傳》之成書，殆在惠帝時，不亦鹵莽滅裂乎？此不知漢人臨文不諱之誤也。《左傳》簡帙重大，記載眞確，苟非當時史官，徒恃參採兔園藏書，必不能得如此之詳切；非與孔氏同恥，則信聖人不能如此之深篤！今觀《孟子》、《莊子》、《荀子》、《韓非子》、《呂覽》諸書，多稱引《左傳》，而目之曰《春秋》，其人其書皆在張蒼之前。是張蒼未嘗作《左傳》，特以秦博士之淵富，自荀卿傳授《左氏》而已。

張蒼雖好律曆，然《左傳》一書，遠非律曆之學所可範疇，又頗涉史學、兵學、禮學、文學、《詩》、《書》、《易》，有非《春秋》三百年後之張蒼所可想像杜撰者。漢惠帝時之張蒼，誠能以收書之備，撰作《左傳》；何以武帝時史遷作《史記》，猶云書闕有間；諸侯《史記》，中經放絕？張蒼與史遷年代相近，何以史公不言張蒼作《左傳》？此不能令人無疑也。若夫《左傳》中頗有涉及五德終始說者，乃鄒衍學說之濫觴詳本篇第六章第三節。張蒼之時代與董仲舒相若，其時五德終始說已深中人心，何《左傳》所述唯此數則？視《春秋繁露》若天淵矣！基此而論，張蒼特《左氏》之傳授先師耳，未嘗作《左傳》也。且《左傳》文字，有春秋之風，與漢初古文絕不相類！說詳下節〈《左傳》成書之時代〉。

㈤其它（左史倚相、子貢）

倡言「左氏非丘明」者，有清以來，或主劉歆作《左傳》，或主吳起，或以爲子夏，或以爲張蒼，而宋元時，或指爲左史倚相。《朱子語類》載：「或云左氏是楚左史倚相之後，故載楚史較詳。」宋黃仲炎《春秋通說》本之，乃謂：「楚左史倚相，能讀三墳五典八索九丘，蓋今《左氏傳》，即楚左史也。古者史世其官，則傳是書者，倚相之後也。故《左傳》載楚事，比他國爲特詳，是得其實」（自序）。元程端學亦云：「《左氏傳》，或謂左史倚相作者，近是。謂左丘明者，非也」（《春秋三傳辨疑》）。

謹案：郭沫若亦以爲：左丘明，即是楚左史倚相（《青銅時代．述吳起》）。惟以左史倚相爲《國語》之作者，而以吳起當《左傳》之作者，是其不同也，可以無論。左氏決非楚左史倚相，章太炎駁之甚明。其言曰：

若《春秋》，則孔子自作，異於古書，欲求其義，非親炙則無所受；欲詳其事，非史官不與知，蓋有覩其事而不知其義者矣，倚相、史儋之屬是也。若未覩其事而求解義，猶未鞫獄而先處斷，斯誠曠古之所未聞。左丘明與孔子偕觀《史記》，造膝密談，自知其義，惜乎倚相、史儋之徒不遇孔子也（《春秋左傳讀敘錄》）。

若夫見《左傳》載楚事較他國爲特詳，遂以爲楚史倚相之所作，恐無此理。元趙汸《春秋師說》（卷上〈論三傳得失〉）嘗駁之曰：「近世學者以《左氏》載楚事頗詳，則以左氏爲楚人，此執一偏之說，而未嘗虛心以求故也。凡作史必須識大綱領，周雖微弱，終爲天下宗主，故當時作史，必須先識周事，其次莫如晉、楚。國大而各有所屬，若得晉、楚之事，則諸國之事自然易舉矣。然晉、楚之事，詳於周者，蓋周室微弱，號令不及於諸侯，而事權皆出於晉，其次則楚，故晉、楚之事，多於周也」。又云：「今止以晉、楚之事言之，則城濮之戰、邲之戰、鄢陵之戰，及趙武屈建公子圍爲宋之盟，均載晉、楚之事；辭意之間，多與晉而抑楚。而晉自文公以後，世爲盟主，其與諸國盟會事最爲多，而謂楚事最詳，其亦不思之甚」（又見《古今圖書集成》春秋部卷一九三引）。蓋左丘明作傳，所以明孔子之經，若不博采諸國之史，則此傳何由可成？今若以爲載楚事詳，遂謂之楚人，其亦未嘗深求其故矣。黃澤之論，鞭辟入裏，足出惑者之迷津焉。至於程端學之說，以攻駁《三傳》爲主，甚者以《左傳》爲僞撰，《四庫全書總目》《春秋三傳辨疑》提要已斥其妄構虛辭，厚誣先哲（卷二十八頁八）。大抵先存一必欲廢傳之心，而千方百計以求其瑕纇；求之不得，則以不可信一語概之。若斯之論，自鄶以下，無譏焉可也。

此外，《左傳》之作者，胡秋原疑爲子貢。蓋以子貢爲行人，嘗變五國之興衰以存魯，而《左傳》末篇記吳、越事甚詳。且子貢與傳《左氏》之吳起同鄉故也（詳《古代中國文化與中國知識份子》）。果爾，則《左傳》又何爲與《春秋》不異，同稱魯爲「我」乎？何以不稱衞爲「我」？《左傳》之博大宏富，有非史官不能成者；行人長於言語專對而已，何與於修纂歷史之事哉？片面致疑，大多類此。《左氏傳》之作者，仍當以史遷所謂之魯君子左丘明爲是。

二、論左氏爲丘明

《左氏傳》之作者，爲與孔子同時之魯太史左丘明。《論語》所謂「左丘明恥之，丘亦恥之」者是也。《左氏傳》爲魯君子左丘明所作，此說首見《史記．十二諸侯年表序》，其言曰：

> 七十子之徒，口受其（孔子）傳指，為有所刺譏褒諱挹損之文辭，不可以書見也。魯君子左丘明，懼弟子人人異端，各安其意，失其真，故因孔子《史記》，具論其語，成《左氏春秋》。

其後，班固《漢書》亦謂「孔子因魯史記而作《春秋》，而左丘明論輯其本事，以爲之傳」司馬遷傳贊；又曰：「丘明恐弟子各安其意失其眞，故論本事而作傳，明夫子不以空言說經也」《藝文志．六藝略》。晉杜預《春秋左氏經傳集解》，唐陸德明《經典釋文》序錄本之，咸以爲《左傳》爲左丘明所作，諸說斑班可考，歷歷可稽。自唐啖、趙輩濫發疑似之論，謂左氏非丘明，於是好異穿鑿之徒接迹踵武。至宋乃有王安石、朱熹、葉夢得、鄭樵之牽附；而元之程端學，清之劉逢祿、康有爲、崔適，民國之梁啓超，亦倡和之。其謬妄偏蔽，具見前文。雖然，眞理隱晦之際，亦不乏通儒達人之特立，以爲學海之中流砥柱者。謹臚舉其說於後，以見左氏之確爲丘明，而左丘明確爲《左氏傳》之作者也。

元趙汸著《春秋師說》，載其師黃澤之言曰：「夫子修《春秋》，蓋是偏閱國史。策書簡牘，皆得見之，始可筆削。」又曰：「策書是重事，史官不以示人，則他人無由得見。如今國史，自非嘗爲史官者，則亦莫能見而知其詳。」又曰：「左氏是史官，曾及孔氏之門者。古人是竹書，簡帙重大，其成此傳，是閱多少文字？非史官不能得如此之詳；非及孔氏之門，則信聖人不能如此之篤。」（論三傳得失）

案：古者政教合一，學在王官，書在官府，欲得誦習，自非易易。故韓宣子，晉世卿也，必俟至魯觀書於太史氏，始得見《易‧象》與《魯春秋》（《左傳》昭公二年）；季札，吳公子也，亦必聘魯，乃得一聞諸國之詩與樂（《左傳》襄公二十九年）；卿大夫尚且如此，其它庶民，更無論焉。信夫戰國前無私家著作之事，而六經皆先王之政典也[46]。故知著作之事，爲史官所專，他人無從與焉。子夏、吳起之非《左傳》作者，由此又得一明徵。左丘明身爲魯太史，得見國史策書，今考《左傳》之文，有捨經而別載他事者，可以驗知。又與孔子同觀周室，篤信聖道，故能整比簡篇，著成偉構。而孔子之修《春秋》，亦因左丘明而得覩國史，始可筆削。黃澤所謂：「古人是竹書，簡帙重大，其成此傳，是閱多少文字？非史官不能得如此之詳」云云，證諸晉所出土之《汲冢竹書》及《穆天子傳》，與夫近世所出之《居延漢簡》、銀雀山《竹簡兵法》、上海博物館楚竹書、清華大學戰國楚簡，其說乃顛撲不破！

又考史之爲字，《說文》云：「記事者也。从又持中」。諸家於此，頗表異義㊼，說雖不同，要之不離圖籍典藏者近是。老子爲周守藏史，司馬氏世典周史，是其驗也。左丘明爲魯史官，故得見各國之史乘、文籍、家傳、卜書、夢書、雜占書，及縱橫、小說、諷諫諸文獻。周官有五史，析其職性有八：曰執禮、掌法、授時、策命、典藏、正名、書事、考察。歸納于一，則曰禮《國史要義．史原》。左丘明爲魯史官，故《左氏傳》頗詳禮制。鄭玄謂：「《左氏》善於禮」六藝論；蘇軾云：「孔子因魯史爲《春秋》，一斷於禮」《經義考》引趙坊稱：「《春秋》以禮法脩辭」《春秋屬辭》卷四，張其淦據以作《左傳禮說》，劉師培因而撰〈古學出於史官論〉，皆有所見而然也。

或以左丘明爲孔子弟子，則又不必然。〈十二諸侯年表〉謂其「懼弟子人人異端」，〈仲尼弟子列傳〉亦不載其名氏，而《左傳》引述孔子語則稱「仲尼曰」，足見左氏非孔子弟子明矣。據論語同恥之言，蓋是朋友之情誼也。清俞正燮撰《癸巳類稿》，有〈左邱明作左傳論〉一文，略云：

> 自唐趙匡、啖助、陸淳，以私心測聖，反謂《論語》左丘明，如老彭、伯夷之屬，為古之聞人。或以文論之，謂《左氏》浮夸，後人因疑《左傳》。至悼四年《國語》事，遠出孔子後，疑丘

明之年。不悟傳書附益，古多有之；丘明可續經，曾申、吳起何不可續傳？又謂丘明惡巧言，必不作《左傳》。又言為經作傳，何得不在弟子之列？不知盛德傳經，不當誣以巧言。史策（所傳，本）有巧言，豈得使丘明改佞為忠、飾狂為聖？丘明既有世職，何嘗廢君臣之義，棄祖父之官，假館孔氏，從之出遊？世之儒者讀經傳，尚不明其趣，奈何言竄改史冊及不忠孝之事，以追教古大賢也。

案：俞正燮論左丘明作《左傳》，頗有特識。《左傳》之作者，爲與孔子同恥之左丘明，非古之聞人，說已見前〈左氏非丘明〉一節中。於文論之，《左氏》雖浮夸，特豐潤之華豔耳，非指虛浮之誇大也。觀《左氏》文章之簡直峻健、渾厚精明，多閒適之情，詼詭之趣，眞乃春秋時文字。或以爲戰國時文字者，非也，遑論秦漢！《左氏》之文風如此，說詳下文〈時代〉一節。左氏有續經附益，亦猶《史記·司馬相如列傳》有揚雄之語，不能執此遂指司馬遷爲後漢人也，說詳下文〈傳經〉一節。夫所謂「良史」者，不虛美，不隱惡，據事直書，美惡乃見。若師心自用，逞意予奪，則事失其眞，尙安用史乎？丘明雖惡巧言，然秉筆直書，則如鑑空衡平，一本於事實之眞而傳言，此不害其平居與孔子同恥也。俞氏又謂丘明世守史藏，無暇遊學孔門，此可聊備一說。其後章太炎本之，而謂「孔子言與左同恥，則是朋友，而非弟子」，說詳下文章氏論《左傳》作者條。

《四庫全書總目》提要論《左傳》之作者爲左丘明，最具代表性：

> 自劉向、劉歆、桓譚、班固，皆以《春秋傳》出左丘明，左丘明受經於孔子。魏晉以來，儒者更無異議。至唐趙匡，始謂左氏非丘明。蓋欲攻傳之不合經，必先攻作傳之人非受經於孔子；與王柏欲攻《毛詩》，先攻《毛詩》不傳於子夏，其智一也。宋元諸儒，相繼並起，王安石有《春秋解》一卷，證左氏非丘明者十一事；陳振孫《書錄解題》謂出依託，今未見其書，不知十一事者何據？其餘辨論，惟朱子謂虞不臘矣，為秦人之語。葉夢得謂紀事終於智伯，當為六國時人，似為近理。然考《史記．秦本紀》稱：惠文君十二年始臘。張守節《正義》稱：秦惠文王始效中國為之，明古有臘祭，秦至是始用，非至是始創。閻若璩《古文尚書疏證》，亦駁此說……則臘為秦禮之說，未可據也。《左傳》載預斷禍福，無不徵驗，蓋不免從後傳合之。惟哀公九年稱：趙氏其世有亂，後竟不然，是未見後事之證也。經止獲麟，而弟子續至孔子卒，傳載智伯之亡，殆亦後人所續。《史記．司馬相如傳》中有揚雄之語，不能執是一事，指司馬遷為後漢人也。則載及智伯之說，不足疑也。今仍定為左丘明作，以袪眾惑。至其作傳之由，則劉知幾躬為國史之言，最為確論。」《經部．春秋類》一

案：《四庫全書總目》提要所論趙匡、王安石、朱熹、葉夢得等之疑誤，具見前文〈左氏非丘明〉

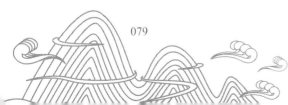

之駁辯中，不贅。而謂「左傳載預斷禍福，無不徵驗」云云，頗足商榷。顧炎武《日知錄》曾有剴切之論，曰：「昔人所言興亡禍福之故，不必盡驗，《左氏》但記其信而有徵者耳，而亦不盡信也。」因舉三良殉死、季札聞齊風鄭風、渾罕言滕國先亡、衞遷帝丘卜年三百諸條，皆未嘗徵驗，是左氏所記之言亦不盡信也卷五左氏不必盡信。日人狩野直喜《左氏辨》，推衍顧炎武之論，謂：「左氏預斷秦孝公以前事皆有驗，孝公後概無徵」云云，此但可謂《左氏》之預言有中有不中，而不可因而遂斷左丘明為六國人也，說詳下文〈緣飾增續〉節。若夫《左氏傳》之作者，必為左丘明者，蓋其時魯國文籍最備，丘明躬為太史，乃得博總群書。除《魯春秋》之外，若《周志》、《晉乘》、《鄭書》、《楚杌》之比，莫不畢覽，於是薈萃修纂成編，化成一錄。向使丘明非太史，專憑聞見，獨詢孔氏，何以能殫見洽聞若斯之博也？

清姜炳璋著《讀左補義》，亦以為《左傳》乃魯太史左丘明所作。其言曰：「夫事必徵其可據，國史非史官不能見，夫人以為然也。左氏非世為史官，安能得如此之詳？非稟命于君，安敢以國史示人？非親炙之久，信聖人安得如此之篤？皆事理之確鑿可據者。班固《藝文志》謂：『左邱明，魯史官也。』是也。正樂必謀之樂官，脩《春秋》必謀之史官。史官欲成夫子之志，請于君為之；猶哀公使孺悲學士喪禮於孔子也。不然，夫子安得而見國史？且反魯後，不過歲月間，其成之能如是之速哉？」

《綱領下》躬承聖教，又曰：「左氏親見當時策書，而知聖經大義所在，因以列國記載之事，詳敘於編，以闡其義。杜預所謂『博采衆記』是也。」《綱領下》，親見策書

案：姜氏以《左傳》之作者爲魯太史左丘明，說蓋本《杜預春秋經傳集解．序》、劉知幾《史通．申左》、黃澤論三傳得失，而稍加恢廓補苴之。以爲左氏乃魯史官而篤信聖經者，故得與聞聖人之《春秋》；亦猶師摯爲樂官，而得與於正樂也。師摯未經執贄于門牆，左氏安必入室而稱弟子？故史公以爲魯君子，而不入弟子之列傳也。其說持之有故，言之成理，亦足成一家之論焉。

劉師培《左盦集》卷三，有〈劉氏《論語正義》「左丘明姓氏駁議」〉一文，論辨左丘明之姓氏頗詳，其言曰：「《論語．公冶長》：『左丘明恥之』，即劉歆所謂丘明好惡與聖人同也。孔注云：『左丘明，魯太史』，本《班志》爲說，未爲失也。惟丘明姓氏，說者各殊……俞正燮《癸巳類稿》卷七，左丘明子孫姓氏論云：廣韻十八尤丘字注，引《風俗通》云：『魯左丘明之後』，丘明子孫爲丘姓，義最古無疑。丘明傳《春秋》，而曰《左氏傳》者，以爲左史官言之，其說最長。……丘明爲魯太史，故以左氏爲稱；丘明以左史傳《春秋》，與《玉藻》「左史記動」合。……又《元和姓纂》「左」字注云：『臨淄有左丘明後』，《急就篇》「左地餘句」顏注云：『魯太史後，遂爲姓』，則丘明之後，亦有以

官爲氏者，惟不得以左爲丘明之姓，更不得以左丘爲複姓耳。」又見《春秋左氏傳答問》

案：劉師培之辨左丘明之姓氏，蓋據《癸巳類稿》之說而補之。以爲《論語》之左丘明，與失明之左丘明，確爲一人。左其官，丘其姓，明其名。其稱左丘明，正如司馬遷爲史遷之例。其不稱丘氏傳者，以孔門弟子諱言丘也。其說持之有故，頗可信據。錢穆亦謂：「古人居丘稱某氏，氏丘義通，如乘丘漢稱乘氏，則左丘氏即左氏耳」《先秦諸子繫年考辨》、吳起傳左氏春秋考。錢氏此說，以爲氏左義通，左丘氏即左氏，別成一解，亦頗可取。或曰：左其姓，丘明其名，故其書曰《左氏傳》，亦猶《虞氏春秋》《呂氏春秋》之類也。而顧炎武《日知錄》卷二十四有「古人二名，止用一字」之說。以爲晉文公重耳或稱晉重《左傳》定公四年，莒展輿但稱莒展《左傳》昭公元年，叔振鐸止稱叔振《國語・晉語》。故《史記・自序》謂「左丘失明，厥有國語」，左丘明自可省爲左丘。此說之直捷明達，爲諸說之冠，最可據依。

餘杭章太炎先生撰《春秋左傳讀敘錄》，專駁諸家之誣枉疑難，闡明《左氏傳》之必爲左丘明所作。其言曰：「左氏本是史官《藝文志》云：「左丘明，魯太史」，受學不需師保。藝文志所謂『據行事，仍人道，因興以立功，就敗以成罰，假日月以定曆數，藉朝聘以正禮樂』者。」以國史策書，史官不以示人，則他人無由得見；丘明既爲魯太史，故「孔子將修《春秋》，與左丘明乘如周，觀書於周史，歸而修《春秋》之經，丘明為之《傳》，共為表裏。」據《嚴氏春秋》引《家語．觀周篇》蓋《春秋》《左傳》，本孔子與丘明同作具修者，「若《春秋》則孔子自作，異於古書，欲求其義，非親炙則無所受；欲詳其事，非史官則不與知。」可見「左氏與孔子同時，而未嘗委質列籍，故弟子傳不見」。或以《論語》之左丘明，非失明之左丘明；章氏駁之曰：「何以古今人表但有一左丘明邪？……且異人同名者，未有相沿不辨之事。……若左丘明果有二人，何以自漢至唐，茫不訾省？啖、趙輩所據何書，而能執此異解？」至於《傳》稱魯悼及知伯者，「或左氏壽考，如子夏為魏文侯師。或悼字乃弟子所改，俱不可知。」

案：章氏據《嚴氏春秋》所引，倡「經傳同修」之論：以《春秋》與《左傳》，乃孔子與丘明同作具修、相持而成者⑱。能發人所未發，足成一家之言。其證《論語》之左丘明，即失明之左丘明，亦即作傳之左丘明，亦有特識。至其言左氏或壽考，與子夏為次比；八十之年，未為大耋，何知不親見夫子？何以未能著書？說見《春秋左氏疑義答問》一所論亦頗宏通，並皆可取。蓋百歲上壽，書傳所錄，古尚多有之，《史記》所載老子，固無論矣；即以〈六國年表〉所稱：子夏一百一歲，為魏文侯師；《史記》《漢書．儒林傳》稱：伏生年九十餘，晁錯往受《書》經；方之左丘明之八十餘歲，既未為老耄，則其能著書可知。左氏既壽考如此，非獨趙襄之卒勢所必見，雖目覩三家分晉可也。

黃岡熊十力，著有《讀經示要》一書，雖講論《三傳》，唯據《公羊》；然論《左傳》之決為左丘明所作，亦有可觀者焉。其言曰：「自趙匡以後，辨左氏者多不以左氏爲《論語》之丘明。余以爲論經籍者，當徵諸《史記》。史公世爲史官，博識舊聞，且生當漢初，去古未遠，其所記述，自可信據。」因據〈十二諸侯年表〉，謂「史公以作者爲魯君子左丘明，此與《論語》之左丘明當是一非二。」又曰：「據孔子所稱美之辭，則丘明是一嚴正之史家，劉歆謂其好惡同於聖人是也。」又曰：「丘明之傳，大抵不依弟子所受孔子口義，而只就孔子所因史記原本，考訂其本事，以存舊史之眞。其自稱《左氏春秋》，殆與孔子《春秋》並行，實非爲孔子《春秋》作傳也。孔子制萬世法，是爲經學；丘明則保存史實，只是史學」第三講二，春秋與尚書。

案：熊十力據《史記》爲說，確認《左傳》之作者爲左丘明，即《論語》所載與孔子同恥之左丘明；乃魯之史官，非孔門弟子。其說甚是！蓋漢興百年之間，天下遺文古事，靡不畢集太史公《史記．太史公自序》；史公依舊聞爲說，自可信據。惟熊十力言《左傳》非《春秋》經之傳，只是史學，不免以公羊學之觀點立說，非篤論也。

其它，如日本安井衡之《左傳輯釋》，竹添光鴻之《左傳會箋》，英國理雅各（James Legge）之The Ch'un Ts'ew with The Tso Chuen，大略依從舊說，謂《左傳》成於丘明。《左傳》文中有顯然不似定、哀時之言者，則以爲後人所加而已。

要而言之，《左氏傳》之作者確爲左丘明。國史非史官莫能見而知其詳，一也。古無私家著述之事，惟史官躬與國史之修，二也。左氏集百二國寶書而爲傳，非史官不能成此重大之簡篇，三也。左丘明爲魯太史，故《左傳》稱魯爲「我」，稱魯君爲「公」，諸侯大夫至魯國稱「來」；且太史受學不需師保，能躬閱國史策書，四也。史德據事直書，與修德之惡夫巧佞殊科，作《傳》之左丘明與同恥之左丘明乃一非二，五也。左氏與孔子同時，以修《春秋》必謀之史官，故丘明不入弟子之列，六也。左其姓，丘明其名，故曰《左氏傳》，而《史記》稱左丘者，蓋古人二名，止用一字。或曰：左其官，丘其姓氏，明其名；其不稱丘氏傳而曰《左氏傳》者，或孔門弟子之諱言，或傳其學者爲左氏人，七也。《左傳》預斷禍福，有驗有不驗；占驗所以多中者，記以爲經世而已，八也。《傳》稱魯悼之謚及智伯之亡，或《左傳》有後人之附續，或是左氏壽考，九也。《左氏》之文章，婉切簡莊，渾厚遒峻，典則華瞻，溫文儒雅，固是春秋文風；與戰國文字之縱橫恣肆，機變詐諼不同，十也。總此十事，左丘明之爲《左氏傳》作者，豈不昭昭可信乎！是太史公以爲魯君子，《別錄》《七略》以爲魯太史，《論語》稱其同恥，而班彪謂在定、哀之間，亦下及悼、元之世者也。若夫《史記·太史公自序》所謂「左丘失明，厥有《國語》」之左丘，與作《左氏傳》之左丘明，是否同爲一人？《左傳》與《國語》，是否爲一書之割裂？說詳下章，此不具論。

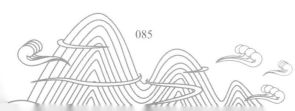

第二節 論《左傳》與《國語》之關係

自《史記・十二諸侯年表》稱：「魯君子左丘明，成《左氏春秋》」；而〈太史公自序〉與〈報任安書〉亦云：「左丘失明，厥有《國語》」。於是漢魏學者，自班固、王充、韋昭以下諸家，率皆指《左傳》與《國語》（以下簡稱「左國」）同為左丘明一人所作[49]，蓋因司馬遷之言而然也。

《左傳》與《國語》，號稱《春秋》內外傳，舊說謂同為左丘明一人所作；為問左丘明既傳《左傳》矣，何以又作《國語》乎？唐宋學者以為：左氏雅意未盡，故別著外傳以繼之。若曰：左丘明集其典雅令辭，與經相發明者，以為《春秋傳》。其高論善言，則為《國語》。凡《左傳》與《國語》有事同而辭異者，以其詳於《左傳》而略於《國語》，詳於《國語》而略於《左傳》，此孔晁之言也（魏了翁《春秋左傳要義》引）。丘明將傳《春秋》，乃先采集列國之史，因別分之，取其精粹者為《春秋傳》。而先所采集之稿，因為時人所傳，命曰《國語》，非丘明之本志也，此司馬光之言也（《文集》卷七十八，國語說）。南宋李燾本司馬光之說，亦以為言（《十通・通考》引）。彼等以《左》、《國》二書，同為一人所作，同為一書之化分；特《左傳》所取者精華，而國語惟得糟粕而已。

以上諸說，出於推想臆測居多，全無實據。輾轉遞變，至清乾嘉間劉逢祿撰《左氏春秋考證》，遂厭棄空言，而直指《左傳》即是古文《春秋國語》矣。其後廖平著《左傳古義凡例》，更倡劉逢祿之說，而謂：「《左傳》採用《國語》，多本右史之文，而又參以聞見」；又稱：「《國語》蚤出，《左傳》晚興；張、賈所見，皆爲《國語》。其稱《左氏春秋》者，即謂《國語》，不謂《左傳》」《今古學考》下。迨康有爲《新學僞經考》出，益變其本而加厲，竟直謂《左》、《國》原是一書，後經劉歆割裂《國語》，乃化分爲二矣。其言曰：「左丘明所作，史遷所據，《國語》而已，無所謂《春秋傳》也。」又曰：「歆以其非博之學，欲奪孔子之經，而自立新說以惑天下……求之古書，得《國語》與《春秋》同時，可以改易竄附。於是毅然削去平王以前事，依《春秋》以編年，比附經文，分《國語》以釋經，而爲《左氏傳》。」又曰：「蓋《國語》藏於秘府，自馬遷、劉向外……時人罕見，歆故得肆其改竄。」《漢書藝文志辨僞》第三上可謂極盡誣枉牽附之能事矣！康氏之說出，頗得崔適之推闡，謂劉歆破散《國語》，並自造誕妄之辭，與釋經之語，編入《春秋》逐年之下。託之出自中秘，命曰《春秋》古文，亦曰《春秋左氏傳》。其作僞之跡顯然可指云云。崔適弟子疑古錢玄同，張皇其意，復補苴康氏之說，綦言《左》、《國》所以同爲一書，而《左傳》所以出於《國語》之故，其言曰：

> ㄅ、《左傳》記周事頗略，故《周語》所存春秋時代底周事尚詳。ㄆ、《左傳》記魯事最詳，而殘餘之魯語所記多半是瑣事。ㄇ、《左傳》記齊桓公霸業最略……而〈齊語〉則專記此事。ㄈ、

〈晉語〉中同於《左傳》者最多，而關於霸業之犖犖大端記載甚略，《左傳》則甚詳。ㄉ、〈鄭語〉皆春秋以前事，〈楚語〉同於《左傳》者亦多，關於大端記載亦甚略。ㄊ、〈吳語〉專記夫差伐越而卒致亡國事，《左傳》對於此事之記載，又是異常簡略，與齊桓霸業相同。ㄋ、〈越語〉專記越滅吳之經過，《左傳》全無。論獲麟後讀經及春秋例書，又見重印新學僞經考序於是據此八驗，以論《左》、《國》關係，遂謂：「此詳則彼略，彼詳則此略，顯然是將一書瓜分爲二。」至於二書同記一事，則《國語》文辭瑣屑而支蔓，「《左傳》大都沒有，這更顯出刪改痕迹」云云。自此說一出，《左》、《國》同爲一書之說，《左傳》割裂《國語》之論，甚囂塵上，極爲一般無知愛奇之徒所樂道。以爲康有爲、錢玄同諸氏之論，皆證據確鑿，不可移易矣。夷考其實，康、錢所立，論據并單薄不足恃。尋其持說，大要凡三：劉歆欲奪孔子之經，而自立新說以惑天下，故將《國語》化分爲二，一也。《國語》一書，時人罕見，故時人不知其分，二也。左丘明僅作《國語》，未著《左傳》；《史記》僅依《國語》，未據《左傳》；古既但有《國語》而無《左傳》，故《國語》不能自《左傳》分出。況二書所載，詳略互見，化分之跡顯然，三也。此康、錢諸氏以《左》、《國》爲一書化分之說也。其說偏蔽，誣謬實繁，誠一家之私言，非大道之公論也。故前後經崔述、朱一新、馮沅君、衛聚賢、楊向奎、童書業、孫次舟、孫海波、洪業、卜德諸學者之辨誣考鏡；以及新近張以仁之繩愆糾謬，乃知「《左》、《國》二書，非一人所作」，「《左》、《國》二書，非一書之化分」。《左》、《國》關係，乃告定讞。謹就此二端，論辨如後：

一、論《左》《國》非一人所作

《左傳》、《國語》二書，非一人所作，此自晉唐儒者多能言之：《國語》非左丘明所作，凡有共說一事，而二文不同，必《國語》虛而《左傳》實。其言相反，不可強合，晉傅玄之言也（《左傳》哀公十三年孔疏引）。謂《國語》非左丘明作，此隋劉炫《春秋攻昧》之說也（《左傳》襄公二十六年正義引）。謂《國語》非出左氏，此唐柳宗元〈非國語〉之說也。謂《左傳》、《國語》，文體不倫，序事又多乖剌，定非一人所爲，此趙匡之言也（陸淳《春秋集傳纂例》）。《春秋傳》作左氏，而《國語》爲左丘氏，則不得爲一家；文體亦自不同，其非一家書明甚，此宋葉夢得之言也（《春秋考》）。二書雖相出入，而事辭或多異同，文體亦不類，意必非出一人之手，陳振孫之言也（《直齋書錄解題》）。《國語》之目，決非丘明所自造，宋庠之言也。凡此諸說，於「《左》《國》非一人所作」之說，已作發凡起例之論，唯未獲麕會，頗待商榷者多。又未能剖明曲直，詳究原委。今謹將崔述以下諸家所論，申述於後，藉用取資焉：

崔述考論古史，多富科學精神，其《洙泗考信餘錄》論「《國語》非左氏作」，識見尤爲卓犖可觀。其言曰：

《左傳》之文，年月井井，事多實錄；而《國語》荒唐誣妄，自相矛盾者甚多。《左傳》紀事簡潔，措詞亦多體要；而《國語》文詞支蔓，冗弱無骨，斷不出於一人之手明甚。且《國語》，周、魯多平衍，晉、楚多尖穎，吳、越多恣放，即《國語》亦非一人之所為也。蓋《左傳》一書，采之各國之史，〈師春〉一篇，其明驗也。《國語》則後人取古人之事而擬之為文者，所以事少而詞多；《左傳》一言可畢者，《國語》累章而未足也，故名之曰《國語》。語也者，別於紀事而為言者也。黑白迥殊，雲泥遠隔。而世以為一人所作，亦已異矣。（卷三左子）

案：崔東壁作《洙泗考信錄》此書，在嘉慶中，早於劉逢祿《左氏春秋考證》數十年；而康有爲《新學僞經考》，則更瞠乎其後矣。可見其說乃就書論書，不涉辯難。然獨具隻眼處，後儒亦莫之能追。觀其論《左》、《國》二書，非一人所作，以三端：曰事辭，曰資材，曰體裁，而知二書相逕庭。其論雖稍嫌空泛，然發蹤指示，揭示綱目，以待善繼者，其功亦足多！

瑞典漢學家高本漢撰《左傳眞僞考》，專就文法之比較，以研究《左傳》。嘗檢尋《尚書》、《毛詩》、《大小戴記》、《莊子》、《左傳》與《國語》之虛字，比較其異同。而謂：《國語》之文法雖與《左傳》相近，然解作「像」時，《左傳》用「如」，而《國語》「如」「若」混用，故以二書非一人所作。蓋二書若同為一人之作，其遺用助詞不當若是之歧異也。美國學者卜德撰〈左傳與國語〉一文，亦以二說證《左》、《國》非一人所作：《左傳》最好引詩，《國語》則否。一也。《左傳》不多言上帝，較《國語》所言只占四分之一，二也。

案：高本漢之說，雖不無可議，然以文法比較《左》《國》二書，開啓之功，終不可沒。其後馮沅君撰〈論左傳與國語的異點〉，近人張以仁撰〈從文法語彙的差異證國語左傳二書非一人所作〉，皆以文法論證，實拜高氏導先之賜也。若夫卜德氏據學識修養與用語習慣二端之異，以證二書非一人所作，其研究之方法頗可取，惜例證薄弱，楊向奎氏譏其「無甚精義」（論左傳之性質及其與國語之關係），非公論也。

馮沅君撰〈論左傳與國語的異點〉，亦以文法之歧異，證二書非一人所作。以為：「于」「於」之使用比例，《左》、《國》有相反者：(一)作為地名前置詞時，《左傳》中「于」比「於」多五倍，《國語》中「於」比「于」多四倍。作為處所補詞時，《左傳》中「於」與「于」相同，而《國語》則多十六倍。(二)《左傳》中「與」「及」並用，「及」尤通行；《國語》中「與」比「及」多六倍。(三)《左傳》中不用「邪」字，《國語》則偶用「邪」字。(四)表示了無辨法之意，《左傳》中只用「若何」，不用「奈」；而《國語》則兼用「奈」字。

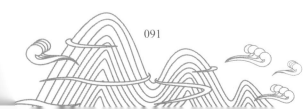

案：馮沅君考究《左》、《國》文法，頗能補高本漢之缺漏，推闡發明之處亦多。雖然，亦不免有所疏漏，學者藉引得、檢索之助，多所指正。如據「不知天之棄魯耶」昭公二十六年一條，證《左傳》有「耶」字。據「河魚腹疾奈何」宣公十二年，「不然奈何」昭公五年二例，證《左傳》有「奈」字。其它如用字次數之比例，亦多有出入。凡此皆所據版本有異，致諸家統計有別，要無傷結論之一致同歸也。

近年，張以仁撰〈從文法語彙的差異證國語左傳非一人所作〉，除覆按高本漢之說外，又提出新證，以比較《左》、《國》之文法。且師法卜德之意，就語彙運用之差異，以證二書作者決非一人。說曰：(一)《左傳》多用「不如」一〇二見，罕用「不若」一見；《國語》則「不如」二三見、「不若」二二見兼用。(二)當作連詞解爲「和」時，《左傳》「與」「及」二字皆經常使用，而「及」字較通行。《國語》則「與」字較通行「與」「及」爲六八：二九。(三)《左傳》介詞「於」「于」皆經常使用，爲一九與一七之比。《國語》則「於」較「于」通用約爲九：二。(四)介詞「於」「于」之用法，《左》、《國》亦不同：甲、置於地名之前，表示行爲所在之地者，《左傳》多用「于」五〇一見，少用「於」九七見；《國語》則二者皆常用「于」「於」爲五九：六三。乙、表示地位所在或動作所止者，《左傳》「於」「于」皆經常使用一九七：一八二；《國語》則「於」較爲通用「於」「于」爲一五九：三二。(五)《左傳》以「耶」作疑問詞只一見，或係刊鈔流傳之誤；《國語》凡九見。(六)《國語》較《左傳》，更熟練於「奈何」一詞之運用。(七)作「像」解時，《左傳》全用「如」；《國語》則「如」「若」並用。以上七證，係張氏覆按高氏之說者。

張以仁又提出若干新證，分三類言之：(一)《左》有《國》無：舉嘻、烏乎、呼、每、毋、悉、稍、旃、矣哉、今而後、無寧等爲證。(二)《國》有《左》無：舉僅、趣、詎非、而已矣數例爲證[50]。(三)二書皆有而用法不同：舉諸、猶、惡、緊、思、疇、居、而、仍、精、元、鎭、意、裨等字爲證[51]。凡此，皆循高氏之舊轍，而別有發明者。張以仁又師法卜德研究之途徑，於《左》、《國》二書作語彙之探討比較，嘗就百姓、天王、純固、神祇、鬼神，與「淫」相偶之詞，郵與尤、泰與汏或汰等名詞，作一番考察[52]，知二書用法不同，益信二書作者決非同一人也。

案：張以仁之論，雖循前賢舊軌，然發明與創獲獨多。所謂前修未密，後出轉精者，此之謂也。《左傳》與《國語》所載，既同爲春秋史事，而重出三分之二，此康、錢之徒疑二書爲一人所作，又誤爲一書所化分之由也。而張以仁藉二書文法語彙之歧異，論證《左》、《國》二書非一人所作，蓋有以二種語文撰作兩本題材類似，而文法語彙絕異之鉅著者矣；未聞有以同文而能創作兩本題材類似，但文法語彙若是懸殊之偉構者也！張以仁所推論，誠不刊之言也夫！

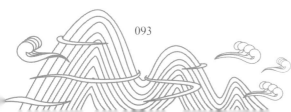

二、論《左》《國》非一書之化分

自康有爲著《新學僞經考》，謂《左傳》一書，乃劉歆自《國語》析出者；又謂史遷所據，乃《國語》，非《左傳》。其說之誣謬，當時朱一新曾駁之曰：「《左氏》與《國語》，一紀言，一紀事，義例不同，又多複見。若改《國語》爲之，則《左傳》細碎之事，將何所附麗？且《國語》見採於史公，非人間决不經見之書。歆如離合其文以求勝，將啓諸儒之爭，啓人口實，愚者不爲。……史記多采《左傳》，不容不見其書。或史公稱《左傳》爲《國語》者則有之；謂歆改《國語》爲《左傳》，殆不然也。」（《佩弦齋文存》）謹案：《史記》多采《左傳》，不取《國語》，劉師培〈史記述左傳考〉，〈司馬遷左傳義〉二文已發其微；劉正浩《太史公左氏春秋義述》十二卷已證成其說，無可置疑。而先儒多有稱《左傳》爲《國語》者，除太史公外，郭璞注《爾雅》亦以爲言[53]。《左傳》既爲太史公作記所據依，其不爲劉歆割裂明矣。

其後，瑞典學者高本漢作〈左傳眞僞考〉，以文法證《左》、《國》二書最爲接近；林語堂則就古代語音，證《左》、《國》屬同一方音。雖然，二氏並未明斷《左》、《國》即是一書。且高、林二氏所持論，證據不足，學者已指摘其失，可以不論[54]。自馮沅君撰〈論左傳與國語的異點〉一文《新月雜誌》一卷七期，肯定《左傳》與《國語》並非一書。學者聞風興起，於《左》、《國》之歧異，多所論證。如衞聚賢〈讀《論左傳與國語的異點》以後〉《新月雜誌》一卷七期，〈國語之研究〉《古史研究》第一輯；孫海波〈國語眞僞考〉《燕京學報》第十六期，童書業〈國語與左傳問題後案〉《浙江圖書館館刊》四卷一期，楊向奎論〈左傳之性質及其與國語之關係〉《史學集刊》第二期，孫次舟〈左傳國語原非一書證〉《責善半月刊》一卷四、六、七期，張以仁〈論國語與《左傳》的關係〉《中央研究院歷史語言研究所集刊》第三三本，〈從文法語彙的差異證《國語》《左傳》二書非一人所作〉《中央研究院歷史語言研究所集刊》第三四本上。諸家說或不同，而謂《左》、《國》原非一書，則無異辭。可謂百慮而一致，殊途而同歸者矣。茲鉤勒諸家精髓，條例說明於後，以論證《左》《國》非一書之化分。

《左》、《國》原非一書之化分，可以十驗明之：一曰宗旨異趣，二曰體裁殊類，三曰文風迥別，四曰記載乖違，五曰文法不一，六曰語彙差異，七曰歷正異數，八曰名稱不同，九曰卜筮存闕，十日《史記》據依：

㈠宗旨異趣

崔述《洙泗考信錄餘錄》云：「《左傳》一書，采之各國之史；〈師春〉一篇，其明驗也。《國語》則後人取古人之事而擬之爲文者，是以事少而詞多。《左傳》一言可舉者，《國語》累章而未足也，故名之曰《國語》。語也者，別於紀事而爲言者也。黑白迥殊，雲泥遠隔。」美人卜德（Derk Bodde）亦云：「這兩部書的宗旨是不同的！《左傳》是一部有系統的歷史記載。……然而《國語》不是通史，它只是好些演說詞的合編」左傳與國語。《左傳》之歷史價值，遠勝於《國語》。《左傳》著重於史實之記述，與《國語》之摭拾片面史實，渲染其中之倫理精神不同。是以《左傳》敘事年月井井，而《國語》之時間記載，則含混而籠統，此其著述之宗旨異趣故也。

《左》、《國》二書，著述宗旨既異其趣，故於人物之褒崇，亦多相左。《左傳》之所推崇，類多博物君子：於晉，推崇叔向；於周，推崇萇弘；於齊，推崇晏子；於鄭，推崇子產。《國語》則大異其趣，所推崇者多爲知禮之人：於周，推崇單襄公；於楚，推崇左史倚相；於魯，推崇公父文伯之母。二書宗旨之不同，由此可見。且夫《國語》之所褒揚，《左傳》或惡之，左史倚相是也；或忽之，公父文伯之母是也。《左傳》之所褒獎，《國語》或惡之，萇弘是也；或忽之，叔向是也。《左》、《國》二書之宗旨迥殊，思想異趣，有如此者，而可謂一書之化分乎？

韋昭《國語解·敘》嘗發明《國語》著述之旨趣，云：「探測禍福，發起幽微，章表善惡。」黃震《日抄》亦謂：「《國語》事必稽典型，言必主恭敬。」今試考《國語》二十一卷，二百四十餘事，或嘉忠孝，或尙勤儉，或美智勇，或錄嘉言懿行，或測禍福成敗，無一不寓勸善之意，倫理教化之色彩特重。《左傳》則爲記事之書，據史直書，自見美惡，無勞諷勸。故《左傳》雖不乏善行美事之敘述，然志不在此，是以多微婉不彰。此《左》、《國》二書著述之宗旨不同也，故所專主亦隨之而異。近人褚傳誥《文學蜜史》評《國語》云：「其詞多繁蕪蔓衍，亦略類諸子之書。故一變而爲戰國縱橫險譎。」與《左傳》之文旨固不同也。

復就《左》、《國》二書之思想而言，亦大異其趣：《左傳》揚春秋之風，標榜尊王攘夷；《國語》卻有〈周語〉三篇，貶天子與諸侯同列。且《國語》之〈魯語〉多經生儒家言；〈齊語〉但言管仲，多法家言；〈晉語〉則較重功利、法制、與縱橫思想，而近於史學；〈越語〉、〈吳語〉，單言范蠡、文種，多權謀與權術；〈楚語〉、〈鄭語〉所載，又與前述諸篇不同。可知《國語》之爲書，蓋非一時一人之作，乃纂集異時多人所記以成書者。與《左傳》全篇一貫之思想相較，非唯不類，亦且相悖。而謂《左傳》由此而出，可乎？柳宗元〈與呂道州溫論非《國語》書〉云：「嘗讀《國語》，病其文勝而言尨，好詭以反倫，其道舛逆。」又〈非國語．後序〉亦謂《國語》：「繁蕪蔓衍者甚衆，背理去道，以務富其語。……〈越〉之下篇尤奇竣，而其事多雜，蓋非出於《左氏》。」（《柳河東集》卷四五）可見柳宗元已疑《左》、《國》非一書矣，以二書之宗旨不同也。至如《左傳》思想之大凡，詳本書第六章第三節〈左傳之諸子學價值〉，此從略焉。

㈡ 體裁殊類

《左氏傳》為編年體之史，乃參考孔子《春秋》經所編修之史書，故于大事之記載，頗存歷史之眞實。《國語》則為雜記體之史，乃纂集各國之名論逸事而成書，喜載故事寓言，倫理教化之目的重於其它。要而言之，《左傳》偏重歷史記事，國語傾向記言載語，此其差異之最著者。劉知幾著《史通》，深知其異，故〈六家〉篇中《左傳》與《國語》劃然為二家。今考〈周語〉三卷，所載盡長篇偉論，記事寡而載語詳，此與《左傳》之重記事，體裁自不相同。〈魯語〉所記多瑣事，而《左傳》載魯事特詳；方之後世史書，一為雜史，一為正史，其體裁之不同科如此。〈齊語〉所記，多君臣問答之辭，亦與《左傳》之以記事傳人為主者不同。〈鄭語〉但載史伯答鄭桓公之詞，乃記言體，與《左傳》之主記事者亦異。惟〈晉語〉、〈吳語〉、〈越語〉，記事記言相參，體例不純。要之，三者所記事，異於《左傳》者甚夥，固不可謂《左》、《國》本一書之化分也[55]。

《國語》之以記言為主，不專載事，前人已有言之者。劉熙《釋名》云：「《國語》，記諸國君臣相與言語謀議之得失也。」宋戴表元云：「此書不專載事，遂稱《國語》。」《經義考》引 考諸《說文解字》：「論難曰語」，則知其書以載列國君大夫之嘉言善語為主，與《左傳》之以記事為主者殊科，從可知矣。且古代記事之書，其名稱曰《春秋》，或曰志，曰世，曰乘，曰檮杌，未有稱語者。今既稱語，似《論語》，近語錄體，其不為記事之書明矣。復考諸《國語．楚語上》，申叔時教太子葴，有「教之語，使明其德，而知先王之務用明德於民也」之文。此所謂「語」，蓋《國語》一類之書。則《國語》專載嘉言令辭，使明其德；固與《左傳》之主敘事傳人，體裁不倫也。體裁不倫如此，安能合為一編？56

劉向《戰國策書錄》，有「事語」一種，蓋敘事、記言兩載。今考馬王堆出土文獻帛書《春秋事語》，以記言為主，兼及記事。其記言部分，不見於他書，從而可考「語」書之體。由此可推，《國語》自是記言體，與歷史敘事體之《左傳》不可同日而語。

㈢ 文風迥別

晉傅玄嘗云：「《國語》非丘明所作，凡有共說一事，而二文不同，必《國語》虛而《左傳》實，其言相反，不可強合也。」《左傳》哀公十三年傳《疏》引 清崔述《洙泗考信錄餘錄》亦云：「《左傳》記事簡潔，措詞亦多體要。而《國語》之詞支蔓，冗弱無骨。」《左》、《國》文風之迴別，於此可見。

質而言之，《左》、《國》文章之風格，多有不同。《左傳》之文，渾厚遒峻，而《國語》則深閎傑異；《左傳》精要而富豔，《國語》則駁雜而支蔓；《左傳》敘事多文緩而周，《國語》則煩促而碎；《左傳》之文，多委婉而昭明，《國語》則直率而晦澀；《左傳》之文，昌明博大；《國語》之文，委靡繁絮。《左》《國》之文風迴別若此，其不爲一書之分化也，復何疑乎？

㈣記載乖違

《國語》體屬雜文，而自《漢書．律歷志》始稱《春秋外傳》。東漢以來，遂相沿不改。考《國語》上包周穆王，下暨魯悼公，與春秋時代首尾皆不相應，其事亦多與《春秋》無關。《四庫全書總目》提要稱《國語》：「係之《春秋》，殊爲不類。」《史部雜史類．國語》與《左傳》之傳經，號爲內傳，實不可同日而語也。

孫海波曾統計《左》、《國》二書之記事，得重出者六十餘事。遂謂：「果皆爲《國語》舊文，何《左氏》紀事之重煩憒憒若是？作僞者既已將《國語》所有錄入《左傳》，至其賸殘，不當沓紛複見，是明《左》、《國》本爲二書。」國語眞僞考童書業再補苴十二事，張以仁更列舉二書全同之事十六證，同述一事而史實有異者一百九十三證。蓋事同而辭異者，必二書所據之史策不同，故記載各殊。若夫事辭全同者，蓋是《左》、《國》二書所據之史料相同故也（論國語與左傳的關係）。

《左傳》、《國語》二書，有事同而辭異者：據張以仁之統計，時之差異凡二十六證，地之差異凡十四證，人之差異凡三十八證，事之差異凡一一五證，具見所撰〈論國語與左傳的關係〉一文中。其例頗繁，此不贅述。

又細案《左傳》、《國語》二書所載史事，或《國語》有而《左傳》無，故康、錢一派以爲乃一書化分之故。康氏所謂削去《國語》平王以前事，比附經文，而成《左氏傳》云云，明是妄說。果如所言，劉歆既削去平王以前事，求合經文；曷不并削哀十四年以後事？而自暴其作僞之跡？且《國語》所載，多平王以後之事，爲《左傳》所闕如，此又何說？故知《左》、《國》原非一書，其所資材，自不盡同，是以歧異若是！

《國語》所記，凡二百四十餘事，其中除三分之一爲《左傳》所無外，其它與《左傳》重出之處，竟達三分之二強。其所重出，史實之記載，又自相異。若謂《左傳》、《國語》原爲一書之分化，寧有是理？

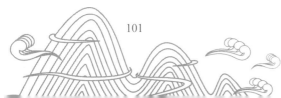

㈤文法不一

高本漢作〈左傳眞僞考〉，馮沅君作〈論左傳與國語的異點〉，張以仁撰〈從文法語彙的差異證《國語》《左傳》非一人所作〉；三家之持論容有出入，而謂《左》、《國》文法之不一，則殊途而同歸。詳已見前，不贅。《左》、《國》二書之文法既不一致，其非一書之化分可知矣。

㈥語彙差異

美國學者卜德，撰〈左傳與國語〉一文，以爲《左傳》喜言「帝」而不言「上帝」；《國語》則多言「上帝」，少言「帝」。其例證雖嫌薄弱，然以語彙之差異，定《左》、《國》非一書之化分，則頗有可取。故張以仁撰〈從文法語彙的差異證《國語》《左傳》二書非一人所作〉，即師法其說，補苴例證。就「百姓」、「天王」、「鬼神」等十餘字彙，比較其異同，皆自相異。知《左》、《國》原爲二書，非一書之分化，此自語彙之差異而言也。

㈦歷正異數

《左傳》一書，兼用夏、商、周三正；而記載晉事，則多用周正，間用夏正。考之《國語·晉語》，則多用夏正。如惠公卒，《左傳》在僖公二十三年九月，〈晉語〉則在七月「七」，本作「十」，形似而誤；軍于廬柳，《左傳》在僖公二十四年二月，〈晉語〉在二十三年十二月；盟于郇、公入晉、入于曲沃、即位、刺懷公等等，《左傳》亦多在僖公二十四年二月，〈晉語〉則在去年十二月；公宮火，《左傳》在僖公二十四年三月，〈晉語〉則在正月。……依此，《左》、《國》二書歷正之異數，亦可據以斷定《左》、《國》非一書之化分。詳參本書第六章第二節註二七，說《左傳》雜用三正。

(八)名稱不同

劉逢祿《左氏春秋考證》云：「冒曰《春秋左氏傳》，則東漢以後之以訛傳訛者矣。」夷考其實，《春秋左氏傳》一名，西漢已成立，非晚至東漢也。而西漢與先秦典籍，固多有稱《左傳》為「《春秋》」者：如《戰國策·楚策》四載：「《春秋》戒之曰：楚王子圍聘於鄭」云云；又謂：「臣聞之《春秋》：於安思危」云云；又魏策三：「故《春秋》書之，以罪虞公」；《韓非子·姦劫弒臣》云：「故《春秋》記之曰：楚王子圍將聘於鄭」云云；《韓詩外傳》四：「故《春秋》之志曰：楚王之子圍聘於鄭」云云，凡此所謂之《春秋》，皆指目《左傳》，其事迹皆見諸《左傳》，而《春秋》闕如無有也。

《國語》之見引於先秦典籍者，則但稱「記」。《韓非子·說疑篇》有：「其在《記》曰：堯有丹朱，而舜有商均……」之文，今考《國語．楚語》，亦載此文，文字雖有微殊，而大體出入不大，知韓非所謂「記」，實指《國語》也。

於先秦，《左傳》或稱《春秋之記》，或稱《春秋之志》，或單稱《春秋》，與《國語》之名曰記不同。於西漢武帝時，司馬遷纂修《史記》，《史記》中多以《春秋》稱代《左傳》，如〈五帝本紀贊〉：「予觀《春秋》《國語》」；〈十二諸侯年表序〉：「表見《春秋》《國語》所譏盛衰大指」；〈吳太伯世家贊〉：「余讀《春秋》古文，乃知中國之虞與荊蠻勾吳兄弟也。」（劉師培《左盦集》，史記述左傳考自序）由此觀之，不但《春秋》與《國語》同列並稱，而所指稱《春秋》一書，實即《左傳》。若《左》、《國》本爲一書，何勞二名並列？且以《春秋》稱代《左傳》。曰《春秋》，曰記，編年史書也，亦唯《左傳》切合其體裁。與《國語》曰語云者，體裁既殊，名稱亦自不同也。

㈨卜筮存闕

晉太康二年，汲郡人不準盜發魏安釐王冢（或言襄王），大得竹書。中有一卷，純集疏《左氏傳》卜筮事，上下次第，及其文義，皆與《左傳》同，名曰〈師春〉（《晉書．束皙傳》，杜預《春秋左氏經傳集解．後序》）。苟如康有爲、錢玄同諸人所言，《左》、《國》若原爲一書，則所謂「《左傳》諸卜筮」，當兼含《國語》之卜筮而言，實則不然。

〈師春〉一篇，既同發於魏冢，其書當不晚於魏安釐王，其時遠在劉歆之前。《左》、《國》若原爲一書，〈師春〉所載筮者繇辭若涉及《國語》，何以束晳、杜預不言？杜預謂其卜筮「皆與《左傳》同」，劉知幾則謂「無一字差舛」（《史通·申左》），《新唐書·劉貺傳》，亦稱其「錄卜筮事與《左氏》合，知按《春秋》經傳而爲也。」三書皆不語及《國語》。杜預、劉貺爲晉唐時人，親睹〈師春〉，而彼等之說如此。《左傳》、《國語》若原爲一書，〈師春〉所載當兼含二書之卜筮；而今純粹疏解《左氏傳》諸卜筮，而獨漏略《國語》，何也？《左》、《國》之原非一書，由此益信！

㈩《史記》據依

《漢書·司馬遷傳贊》：「司馬遷據《左氏》、《國語》，采《世本》、《戰國策》」，知《史記》之資材，有《左傳》，有《國語》。孫海波〈國語眞僞考〉，謂《史記》所據者爲《左傳》而非《國語》；此與康有爲、廖平等所謂史遷祇採《春秋國語》，不及《左氏傳》之誤同（《漢書藝文志辨微三》上，今古學考下）。

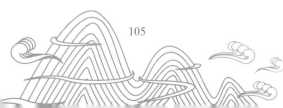

《史記》採據《左》、《國》二書之資料，類別凡三：一曰同於《國語》而異於《左傳》，二曰同於《左傳》而異於《國語》，三曰記述同一故實而內容兼取《左》、《國》二書者。例證見張以仁〈論

國語與左傳的關係〉一文。由《史記》所據《左》、《國》文字顯示：《史記》若同於《國語》，則必不同於《左傳》；若同於《左傳》，則必不同於《國語》！由《史記》之所據依，知《左》、《國》斷然爲二書，非一書之化分明矣。

試考太史公《史記》，如五帝、夏、周、秦、秦始皇諸本紀，〈十二諸侯年表〉、〈曆書〉、吳、齊、魯、燕、管蔡、陳、衞、宋、晉、楚、越、鄭、趙、魏、韓、田完、孔子諸世家，以及〈伍子胥列傳〉等篇，太史公據《左傳》述春秋史之處，與《左傳》相關文字對照閱讀，即可知史遷所據，乃是《左傳》，而非《國語》。詳參劉正浩《太史公左氏春秋義述》，又《國學導讀叢編·左傳導讀》五，「左氏春秋即左傳的說明」，及孫德謙《太史公書義法》卷下，〈據左〉。

又據《史記》之文，史遷明言：「魯君子左丘明……因孔子史記，具論其語，成《左氏春秋》」（十二諸侯年表序），又曰：「表見《春秋》、《國語》學者所譏盛衰大指，著于篇」（十二諸侯年表序）；又謂：「余觀《春秋》《國語》」（五帝本紀太史公曰）。凡此，皆《左》《國》二書並列，可見史公固不以《左》、《國》爲一書也。

由上十驗，臚列古今中外之學說而論證之。可見《左傳》與《國語》，爲性質相異之二書，斷非一書之分化。論證確鑿，夫復何疑？

註釋

①張高評〈朱熹之《春秋》觀——據事直書與朱子之徵實精神〉，臺大中文系、中國經學研究會主編《第八屆中國經學國際學術研討會論文選集》，萬卷樓圖書公司，二〇一五年，頁二五三～三九〇。

②清陳澧《東塾讀書記》十謂：「《公羊傳》有子沈子曰、子司馬子曰；《穀梁傳》有沈子曰、尸子曰、穀梁子曰之類，皆後師之語。安見《左傳》必無後人附益乎？《左傳》不可通之處，指爲後人附益，乃厚愛左氏，非攻擊左氏也。」洵篤論也。

③《朱子語類》卷八十三，又陳振孫《直齋書錄解題》〈春秋類〉。

④宋葉夢得《春秋考》三云：「《傳》終二十七年，後孔子卒十三年，辭及韓魏智伯、趙襄子之事，而稱魯悼公、楚惠王。……豈有與孔子同時，非弟子，如是其久者？以左氏爲丘明，自司馬遷失之也。今考其書，雜見於秦孝公以後事甚多。殆戰國秦漢間人無疑。」

⑤方孝岳《左傳通論》，四〈釋疑篇〉第二十五章，章太炎《春秋左傳讀敘錄》、〈春秋左氏疑義答問〉一。

⑥清李慈銘語，見《越縵堂日記．孟學齋甲集》首集下。參閱衞聚賢〈左傳的研究〉，辨「秦庶長爵」。

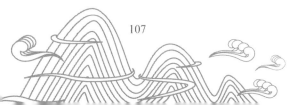

⑦《四庫全書總目》〈提要〉經部春秋類一，《春秋左傳正義》。元趙汸《春秋師說》，亦以為秦以前已有臘字，已有臘名。又衞聚賢〈左傳的研究〉亦辨之，文詳《國學論叢》一卷一、二號。

⑧傅隸樸《國學概論》，又郭為撰〈陰陽五行家思想之述評〉，又本書第六章《左傳之諸子學價值》。

⑨案：《周禮．春官．保章氏》，〈地官．大司徒〉，《史記．天官書》，皆有十二分野之名，證古已有之，不自戰國始也。日本新城新藏撰《東洋天文史研究》，曾據《左傳》哀公十七年歲在鶉火之解，以證昭公十五年之未有超辰，知與劉歆之《三統曆》不合，亦可見《左傳》自有分野，不必因襲他人之說也。

⑩宋陳振孫著，徐小蠻等點校《直齋書錄解題》，卷三，《春秋集傳纂例》十卷，上海古籍出版社，一九八七年，頁五七。

⑪清黃宗羲、全祖望編著《宋元學案》，卷二十〈元城學案〉，引元城語錄：「左氏非邱明。《論語》孔子所引，乃前世人如老彭類。」

⑫元程端學之說，見所著《春秋本義》，文淵閣《四庫全書》本；張心澂《僞書通考》，頁三五八引。

⑬清崔述之說，見《洙泗考信餘錄》，〈左子〉條所載。

⑭梁啓超亦主「左氏非丘明」，其所持論頗拾前人舊言：與孔子同恥之左丘明，乃先輩非弟子，一也。仲尼弟子列傳無左丘明其人，二也。《左傳》有魯悼、趙襄之謚，左丘明年壽既不能甚多於孔子，左丘明至是時不能猶存，三也。據此，遂以為《左氏傳》非丘明所作。

⑮高本漢依據「若」與「如」、「斯」字作「則」字解，「斯」字作「此」解，「乎」字作「於」解，「與」字作疑問語尾，「及」與「與」，「於」與「于」七種助詞作爲比較標準，得《左傳》之文法與《論語》、《孟子》之文法甚不同。故謂：《左傳》非孔子作，亦非孔門弟子作，亦非司馬遷所謂「魯君子」作，因其非魯語也。而此書文法一致，可見係一人，或同一學派中同鄉數人所作。胡適曾稱美高本漢，稱「其說根據于科學方法，顛撲不破」，見中山大學《語言歷史研究所周刊》第一集第一期。其實，乃過譽之詞，詳許冠三著《史學與史學方法》第十三章〈文獻考證實例的分析〉例四，珂羅倔倫證《今本《左傳》非魯君子左邱明作》，頁二七六～二八〇，萬年青叢書。

⑯衞聚賢〈跋左傳眞僞考〉云：「中國古籍上的『於』和『于』的分別，是有時間性的，而無空間性的。高氏以《論語》《孟子》多用『於』，《左傳》用的『於』和『于』爲一九比一七，證明《左傳》非魯國的作品。這是差了。」胡適之〈左傳眞僞考的提要與批評〉，則謂衞氏所論於「若」「如」之別，但有時間性而無空間性，有相當價值。但以「於」「于」之別，只有時間性而無空間性，則武斷而不然矣。

⑰法國馬伯樂評文（Journat Asiatique, Tome CCXII. 1928. PP159-165），乃就高本漢《左傳眞僞考》而發者。高氏考證之方法，爲中外學者所盛讚，由此可見。參閱本章第二節（二）胡秋原先生說。

⑱元吳萊之說，見《春秋經傳引得．序》，頁四八引。《淵潁吳先生文集》《四部叢刊本》，卷十一，〈春秋舉傳論序〉。

⑲明趙時春之言，見《趙峻谷文集》卷九〈史論〉，引同前註。

⑳清廖平於光緒丙戌著《今古學考》，《左傳古義凡例》、《何氏公羊春秋再續》十論；是後其說則數有改變，其經學四變記，五變記，是其證也。故《今古學考》下所云與《左傳古義凡例》六所述，自相矛盾。同一人而前後之說不同，有如此者，其立論之不足恃可知矣。

㉑陳槃撰《左氏春秋義例辨》，又作〈論左傳凡例與劉歆之關係〉。略謂：「所謂《左傳》凡例，蓋十八九爲歆黨所塗附。劉氏作僞之動機有二：一者曲學阿世，希寵權奸；二者欲建立所謂古文學，以列於學官，取今文學而代之。二者相以爲利，故亦莫分先後。」駁論見後註二八。

㉒劉師培論左傳君子曰非劉歆所增竄，見《讀左劄記》，〈司馬遷左傳義序例〉。論《左傳》未經後儒附益，見《讀左劄記》，《春秋左氏傳古例詮微》〈續經篇〉第二。其說已發大凡，未至於精密，遽歸道山。其後劉師正浩師法其意，著《太史公左氏春秋義述》，《周秦諸子述左傳考》，《兩漢諸子述左傳考》，頗發明其意，可資參閱。

㉓章太炎先生著《春秋左傳讀敘錄》，乃因劉逢祿之考證，訂其得失，辨其是非者，論多宏正，爲儒林所稱引，不贅。外此，則《春秋左氏疑義答問》一，《檢論》卷三〈春秋故言〉，於劉逢祿之說亦多所駁斥。俱見《章氏叢書》，世界書局本。

㉔日本新城新藏力駁《左傳》作於劉歆之說，其重要理由有三：㈠《左傳》已成於戰國。㈡《史記》已多引《左

傳》。(三)劉歆之《三統曆》頗與《左傳》不合。載《東洋天文學史研究》，《春秋經傳引得·序》引，頁六四～七〇。

㉕ 法國馬伯樂之論，重點有三：其一，痛駁劉逢祿、康有爲之說，證據多取於章太炎，論調則稍同高本漢。其二，論及曆法，謂《左傳》中之歲星，殆由公曆前三七五年左右推算而得（即周威烈王元年左右）。其三，《左傳》由二書參合以成者，一爲史，一爲傳，二者各有殘闕，而缺處不同，其別甚顯。見洪業《春秋經傳引得·序》，頁七〇～七四所引。

㉖ 張以仁說，見所撰〈關於左傳君子曰的一些問題〉，載《孔孟月刊》三卷三期。然《左傳》是否爲劉歆改竄？則以尚未有定論，牽涉太廣而弗論及。

㉗ 劉師培《讀左劄記》，頁八～十四；又〈司馬遷左傳義序例〉，頁十六；又〈春秋左氏傳古例詮微〉，「非從史」。又楊向奎〈論左傳之性質及其與國語之關係〉；劉師正浩《周秦諸子述左傳考·自序》，詳本書第五章〈緣飾增續〉。

㉘ 錢穆《劉向歆父子年譜》〈自序〉云：「治經學者猶信今文，疑古文，則以古文爭立自劉歆，推行自王莽。莽、歆爲人賤厭，謂歆僞諸經以媚莽而助篡，人易信取，不復察也。南海康氏《新學僞經考》持其說最備，余詳按之皆虛。要而述之，其不可通者二十有八端。」（案：錢氏所謂不可通者二十八端，敘事詳備，難以轉錄，參閱《古史辨》第五冊頁一〇一～一〇六，或《燕京學報》第七期）。錢穆作《劉向劉歆王莽年譜》

年譜原名，按諸史實，揭示不可通者二十八端，證劉歆並無徧竄群籍之事跡，亦無徧竄群籍之必要，更無徧竄群籍之時間。信能破康氏之謬說，而其他諸家不經之論，亦如秋風掃落葉矣。

㉙清崔適《史記探源・春秋古文》云：「今案其體有四：一曰無經之傳……二曰有經而不釋經之傳……三曰釋不書於經之傳……四曰釋經之傳務與公羊氏、董氏、司馬氏、劉向之說相反而已。」又謂：《史記》之文，凡與《左氏傳》同，有眞出自左丘明者，列國世系及政事典章之屬是也。其出自劉歆者有五：一、終始五德。二、十二分野。三、變象互體。四、告則書。五、官失之。

㉚說見清崔述《春秋復始》，《續修四庫全書》本，上海古籍出版社。

㉛胡念貽〈《左傳》的眞僞和寫作時代問題考辨〉，原載《文史》，第十一輯。後收入《中國古代文學論稿》，上海古籍出版社，一九八七，頁二一～七六。

㉜德國佛朗克之說，名The Ch'un Ts'ew with The Tso Chuen（The Chinese Classics, Vol. V. in 2 parts, Hougkoug, 1972）。津田左右吉之作，名《左傳の思想史的研究》，載《東洋文庫論叢》第二十二，昭和十年。飯島忠夫之作，名《支那曆法起原考》，東京岡書院，昭和五年出版。前後二書并引見洪葉《春秋經傳引得・序》。

㉝日本新城新藏之說，見《東洋天文學史研究》。法國馬伯樂之說，見所著La Composition et la date du tso tchouan. Me'langes chinois et bouddhiques, Bruxelles, Vol. I. 1931-1932. PP.137-208。二說均引見洪葉《春秋經傳引得・序》。

㉞ 案「媚魏」之說，蓋本葉夢得《春秋考》：「辭及韓魏智伯趙襄子之事，而稱魯悼公楚惠王。……豈有與孔子同時，非弟子，而如是其久者？」而姚鼐「預言」說，朱子已發其端：「《左傳》是後來人做，爲見陳氏有齊，所以言『八世之後，莫之與京』；見三家分晉，所以言『公侯子孫，必復其始』」《朱子語類》八十三又曰：「問季札觀樂，如何知得如此之審？曰：此是《左氏》粧點出來，亦自難信。」《朱子語類》八十三而劉安世亦有疑「問鼎」之說，並是姚說所本。

㉟ 清顧亭林《日知錄》卷五「左氏不必盡驗」條，嘗舉五事以明之。日人狩野直喜〈左氏辨〉，推衍此論。清姜炳璋《讀左補義．綱領下》，日人安井衡《左傳輯釋．總論》案語，徐復觀《兩漢思想史卷三》，〈原史〉，頁二三二，皆嘗辨之。詳本書第四章第一節。

㊱ 章太炎《春秋左傳讀敘錄》，頁五十一、五十二自注，歷史事實固然，無所謂虛媚也。若夫《左傳》中「處秦者爲劉氏一節」，亦可等論齊觀。考崔適所本，由於孔《疏》，實則《左傳》中敘劉姓來歷，正與敘姜、展、陳諸姓相同；若以劉姓一項爲媚漢而增，則姜姓等又爲媚誰耶？且劉歆既立漢爲堯後，而莽復自稱爲舜後，劉歆何不並插注「王爲舜後」之史迹，以成莽意？而事實不然，《左傳》但載姚、陳、嬀三姓爲舜後，而不及王姓。劉歆果爲媚莽，此又何說？參考楊寬《中國上古史導論》附錄一、〈劉爲堯後說探源〉。《古史辨》第六冊。

㊲ 《史記．孫吳列傳》，未明言吳起兵法篇數。《漢志》稱《吳起兵法》四十八篇，其書已佚。宋王應麟《困學紀聞》云：「《隋志》：《吳起兵法》一卷，今本三卷六篇，〈圖國〉至〈勵士〉，所闕亡多矣。」《左傳》

敘戰，其旨歸於寢兵息民，說詳清姜炳璋讀《左補義·綱領下》。實與兵家之言上兵伐謀大相逕庭，豈可同日而語哉？

㊳案：吳起生於周考王元年，周安王二十一年卒（即魏文侯七年生，楚悼王二十一年卒，西元前四四〇～三八一年，享年六十）。曾師事曾申與子夏，實為孔門再傳弟子，故其學術思想仍屬儒家統系，其微殊則在「宗道變法」而已。吳起斥王錯之面諛，對魏武侯陳「在德不在險」《史記·孫吳列傳》，與《左傳》「司馬侯論恃險焉」同昭公四年，是其例也。蓋宗風歸一，而稍變其法度而已。今本《吳子》蓋是六朝人所依託。以書中所載器物，多非當時所有故也。

㊴案，以上章氏之說，見錢賓四先生《先秦諸子繫年》「吳起」條，然不見於今本《春秋左傳讀敘錄》。不知錢氏所引者，是否指衞聚賢之文？蓋衞聚賢《左傳》的研究一文，昌言《左傳》為衞左氏人所傳也。

㊵文見《呂氏春秋·先識覽》第四〈樂成〉篇。史起對魏襄王問，《漢書·溝洫志》亦載此事，而文字不同。

㊶說詳衞聚齊《左傳的研究》：三、「具有著者本能及環境者為子夏」條，四、「子夏與春秋之關係」條，五、「子夏著左傳失名的原因」條。

㊷元趙汸曾於《左傳》分國之詳略，有所辨駁，詳所著《春秋師說》。文見《通志堂經解》本，又《古今圖書集成》「春秋部」，卷百九十三冊，頁五七一之五三。

㊸ 子夏不作〈詩序〉，先儒言之甚明。詳楊愼《經說》引韓愈言，《朱子詩集傳》引蘇轍說，程大昌《考古編·詩編》所論，以上具見張心澂《僞書通考》，頁二二五、二二七、二三二所徵引。

㊹ 清崔述《讀風偶識》卷一〈通論詩序〉：〈序爲後漢衞宏作〉，〈序非子夏作〉，〈附會左傳〉、〈毛公時左傳已出〉諸條。本書六章一節曾論及詩序附會《左傳》之處，可參。

㊺ 子夏與公孫悁論勇於衞靈公前，見《韓詩外傳》卷六。外此，《韓詩外傳》卷三，亦載孫卿與臨武君議兵於趙孝成王之前，而衞氏不取。夫例取於附會，而不採周延，非論說之道也。

㊻ 清章學誠《文史通義·易教上》，《校讎通義》。又、羅根澤〈戰國前無私家著作說〉，原載《管子探源》，附錄一，後收入《古史辨》第四冊《諸子叢考》中，後又編入《諸子考索》中。

㊼ 吳大澂以中爲簡冊，中字即冊之省形。說見所著《說文古籀補》。王國維以中爲盛筭之器，此器又用以盛簡，故簿書又稱中，謂：「史字从又持中，義爲持書之人。」說見《觀堂集林》卷六〈釋史〉。金毓黻則謂：「中與貳，皆爲檔案之專名……竊謂中有內義，或由秘藏簿書引申得之」，見所著《中國史學史》。

㊽ 章太炎主《春秋》經傳同作具修，乃據《嚴氏春秋》所引〈觀周篇〉爲言。參見《春秋左氏疑義答問》一，頁六。

㊾ 漢班固之說，見《漢書·司馬遷傳·贊》。王充之說，見《論衡·案書篇》。韋昭之說，見《國語解·敘》。

㊿張以仁考查《左》、《國》文法之差異，為求瞭然，乃製表揭示之。表中數字為出現之次數，例詳原著頁三四七～三五〇。

虛字＼例證	左有	國無	備考
嘻	1	0	歎詞
烏乎	5	0	歎詞
每	12	0	副詞或指示形容詞
毋	21	0	禁戒副詞
稍	3	0	表態副詞
旃	5	0	指示代名詞
矣哉	6	0	句末語助
今而後	5	0	時間副詞
無寧	4	0	詰問語詞
毋寧	2	(同上)	(同上)
呼	1	0	歎詞
悉	8	0	多作「盡」解

虛字＼例證	左無	國有	備考
僅	0	3	表態副詞
趣	0	2	時間副詞
詎非	0	2	假設連詞
而已矣	0	2	

51張以仁就「二書皆有而用法不同」者，考察之。其結果如表所示，其例句，見原著論文頁三五〇～三六〇：

字彙＼同異	同	異：左有國無	異：左無國有
諸	作介詞或代名詞兼介詞	一、用為代詞或助詞 二、與「乎」連用作語尾	

猶	爲「好像」、「尚且」之義	作爲假設連詞「若」	
惡	用爲名詞或動詞	作疑問副詞，與「何」「安」同	
繄、思、疇		作爲語首助詞	
居、而		語末疑問辭	
仍			用作副詞
精	作名詞用，「精靈」之意	作名詞用，「精華」之意	作形容詞、動詞和名詞用，「精潔」之意
元	修飾名詞，爲「首」、「長」、「大」之意		用作形容詞或名詞，「善」之意。左傳惟昭十二釋彖辭一例
鎮	「鎮撫」一詞習見。「鎮」字獨用，左傳只一見，國語多見		
意			名詞，作「心意」解
裨			動詞，「補」、「益」之意

52 張以仁復就《左》、《國》二書語彙含義之差異，作一比較之研究。今仍以表格述之，例句，詳原著論文頁三六〇～三六四。

比數／語彙	左傳	國語	說明
百姓	3	40	左傳於人民之稱謂，多以「民」爲之，凡400餘見。或用「國人」，凡80餘見
天王	4	8	左傳之「天王」，皆指周天子。國語未嘗稱周天子爲「天王」，而稱吳王夫差爲「天王」。
純固	0	4	左傳無此成語。
神祇	1	4	左傳定元「山川鬼神其忘諸乎」、「鬼神」或本作「神祇」，此外更無他見，卻多「鬼神」一詞。
鬼神	25	3	

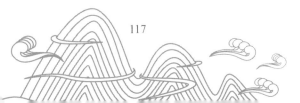

語彙＼比數	左傳	國語	說明
慆淫	0	3	左傳無「慆淫」、「淫亂」、「淫暴」之詞。
淫亂	0	4	
淫暴	0	2	
淫虐	3	0	國語無「淫虐」、「淫慝」、「淫溺」、「淫湎」諸詞。
淫慝	3	0	
淫溺	1	0	
淫湎	1	0	
尤	數十見	0	國語無「尤」字，其訓爲「過」意者，均段「郵」爲之。左傳則郵字，皆作地名或人名。作形容詞動詞皆作「尤」。
郵	7	3	
泰	1	4	作「驕傲」、「奢侈」之意，左傳多用「汏」或「汰」，罕用「泰」。而國語則皆以「泰」爲之，全書無「汏」或「汰」字。
汏、汰	75	0	

53 《爾雅．釋天》：「仍饑爲荐」下，郭璞注曰：「連歲不熟，《左傳》曰：今又荐饑。」邢昺《疏》曰：「此《晉語》文也。左丘明既作傳，以解《春秋》，又采簡牘以作《國語》，其文不主於經，故謂之外傳。俱是丘明所作，亦得云《左傳》曰。」據此，知先儒既誤以《左》、《國》爲同一人所作，故太史公自序謂「左丘失明，厥有《國語》」，亦因是與？此又一說也。

54 衞聚賢〈跋陸侃如論左傳之眞僞及其性質〉，載北大研究院《國學月刊》一卷七期、八期。又衞聚賢撰〈我們的朋友〉（評林語堂〈左傳眞僞與上古方言〉）載《新月》一卷七期。又張以仁先生撰〈從文法語彙的差異證國語左傳二書非一人所作〉伍、後記。

55 孫次舟〈左傳國語原非一書證〉，曾言及《左傳》、《國語》之體裁有異：《左傳》偏重記事，《國語》則偏重記言。〈周語上〉十三則，〈周語中〉十一則，〈周語下〉九則，皆記言也。〈魯語上〉十七則，盡記言也；〈魯語下〉凡二十一條，其記言者凡十九。〈齊語〉七則，盡記言也。〈楚語上〉九條，皆長篇記言，〈楚語下〉八條亦然。惟〈晉語〉、〈吳語〉、〈越語〉，記事記言相參而已。《左》、《國》體裁之乖異，由此可見一斑。

56 張以仁〈從國語與左傳本質上的差異試論後人對國語的批評〉，《漢學研究》一卷二期、二卷一期。

第四章

《左傳》成書之時代及其背景擬議

《左氏傳》之作者，學者多以爲左丘明；然有以爲「左氏非丘明」者，說已具前。由是而推焉，論其時代，故或以爲春秋，或以爲戰國，或以爲西漢初，或以爲西漢末。衆說紛紜，迷亂耳目，知人論世，不得不辨。

《左傳》成書之時代，當與《左傳》作者之時代同進退，此夫人而知之者。惟《左傳》有後人之緣飾增續，與原本之風貌不同。學者或以爲《左傳》之成書不在春秋時，殆爲此耳；然《太史公書》中有揚雄語，無人質疑司馬遷爲東漢時人。夫執一偏以概全體之不足信也，大多類此。章實齋之論文曰：「不知古人之世，不可妄論古人文辭也；知其世矣，不知古人之身處，亦不可遽論其文也」（《文史通義》內篇文德）。梁任公論史亦云：「作史如作畫，必先設構背景；讀史如讀畫，最要注察背景」（《中國歷史研究法》頁一〇五）。洵哉斯言，不察其世，昧其身處，忽其背景，而率然論述，從而進退古人，其不爲捫燭扣槃者鮮矣！今先條述諸家學說，藉以綜觀參較；次列春秋之時代背景，以爲知人論世之資；篇末評定諸家之言，以探求《左傳》成書之確切時代。

《左傳》成書之時代，大致有戰國與春秋二說：

第一節 《左傳》成於戰國時說

唐趙匡始倡捨傳求經之說，實導後人臆斷之弊。謂左氏非丘明，乃孔門後之門人《春秋集傳纂例》，實開後儒「左傳成於戰國說」之先路。宋王安石《左氏解》，專辨左氏爲六國時人者十一事。鄭樵《六經奧論》，亦證左氏爲六國人之明驗有八，說已詳前。朱熹則謂：「《左氏》敘至韓魏趙殺智伯事，去孔子六七十年，決非丘明」《朱子語類》卷八十三；呂祖謙亦云：「左氏所載敬仲畢萬之言，蓋左氏之生，適當戰國之初，田魏始興」《左氏傳說》二，是明以左氏爲戰國初人也。明陸粲亦謂：「《左氏》之文，閎麗鉅衍，爲百代取則。然其指意所存，乃往往卑賤不中于道，或爲奇言怪說，頗騖乎末流矣！蓋戰國之初，有私淑于七十子之徒者，不得與仲尼並時。」《春秋左氏鐫．自序》清劉逢祿亦曰：「左氏爲戰國時人，故其書終三家分晉，而續經乃劉歆妄作也」《左氏春秋考證》。廖平亦云：「《左傳》蓋成於戰國之時，漢初未顯耳」《左傳古義凡例》。要之，自趙匡以下六家，皆主《左傳》之書完成於戰國也，而無劃然之時代指示。

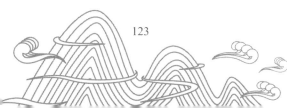

中國歷史上之戰國時代，前後兩百餘年，大約在公元前五世紀，至前三世紀之間。確切而言，戰國之起始有三說：一曰在周敬王四十四年（B.C. 476），二曰在周定王十六年（B.C. 453），三曰在周威

烈王二十三年（B.C. 403）。至於終結，則在秦始皇二十六年（B.C. 221）。諸家論《左傳》成書之時代，或曰戰國初，或云戰國時，殆據此而言。

域外學者之治學態度則不同，其嚴謹之精神，遂令研究成果呈現明瞭之標示，中土學者亦深受其影響。如瑞典漢學家高本漢之《左傳眞僞考》，持《史記》及漢初書與《左傳》之文法相較，知《左傳》當成於漢前。又以《莊子》、《呂覽》、《國策》、《韓非子》各書相比，得西元前三世紀之文法大略一致，而與《左傳》不同，疑《左傳》成書於西元前三世紀之前。又因《左傳》訖於哀之二十七年，故斷其書當成於公曆前四六八年與三〇〇年之間。高本漢又有The early history of the Chou li and Tso chuan texts 一文，以《爾雅》、《毛傳》等書證《左傳》之早出（《春秋經傳引得》頁六十四引）。

衞聚賢作《左傳的研究》，首揭著者之年代，據五證以定之：一曰《左傳》中有趙襄子之謚。二曰卜辭言「季氏亡而魯不昌」，事不應。三曰言齊田「八世之後，莫之與京」，不言十世爲侯。四曰成王定鼎，卜年七百，不合史數。五曰言魏子「其長有後於晉國」，不言有後於魏。基此，遂以爲著者爲周威烈王二十三年魏斯爲侯以前之人，乃威烈王元年以後之人。換言之，《左傳》即成書在西元前四二五與四〇三年之間也。

劉汝霖《漢晉學術編年》，據《左傳》書中所引占卜之驗與不驗，從以定其成書之時代，謂《左傳》作者見及三家分晉、田氏篡齊，又見及鄭之滅亡。然未及見周之亡，未及見商鞅伐魏，未及見衞遷帝丘。故可斷定《左傳》作於西元前三七五年至前三四〇年之間《中國學術編年方法》。其說蓋本顧炎武之說，與狩野直喜之意也。

日本新城新藏，以曆算考《左傳》，謂占筮家所為預言記事，自當在西元前三六五年之後，《左傳》用其記載，則又在其後矣。顧《左傳》所載預言，有不驗者，如僖三十一年，「遷于帝丘，卜曰三百年」，三百年，則當公曆前三二九年，而衞之亡，乃在西元前二〇九年。然則，《左傳》修纂之時期，當在西元前三六五年之後，西元前三二九年之前也《東洋天文學史研究》，《春秋經傳引得》引。

法人馬伯樂，亦以曆法考《左傳》，謂《左傳》中之歲星，殆由公曆前三七五年左右推算而得。又謂《左傳》之成書，乃由史與傳參合而成。史中所載歲星之紀事，足見其所引用書籍，有作於公曆前四世紀之中葉，或稍前至二十餘年者。又以《左傳》所載帝丘與九鼎二預言觀之，知《左傳》中所含之史，不得成於公曆前四世紀之末段以前《春秋經傳引得序》頁七〇引。

謹案：以上十家之說，所以主《左傳》作於戰國之時者，大較有三因：《左傳》敘至三家分晉，一也。《左氏》占筮有不驗者，二也。《左傳》之文趣，有戰國之風，三也。其中附和第二項者尤多，若朱熹、呂祖謙、衞聚賢、劉汝霖、狩野直喜、新城新藏、馬伯樂諸人，皆以占筮預言之不中，從而定其成書之時代。此蓋臆斷之私見，非惟於理無據，亦偏蔽之甚者也。

考《左傳》之億中與前知，不皆有驗：三良殉死，知秦之不復東征；乃至孝公而天子致伯，諸侯畢賀。季札聞齊風，謂國未可量；而齊篡於田氏。聞鄭風以爲先亡；而鄭後獲麟一百四年，滅於韓虢之會。公孫揮以國弱齊惡爲召憂，而二子無憂。昭四年渾罕言，姬在列者蔡及曹滕先亡；而滕滅於宋王偃，於諸姬最後。衞遷於帝丘，卜曰三百年；而衞至秦二世始廢，蓋歷四百二十六年也。魯三家至戰國無聞，知已滅矣；而云季氏亡則魯不昌。若莊二十六年，曹殺其大夫；僖二十五年，宋殺其大夫，而《傳》不能知其人。僖十九年，宋人執滕宣公；昭二十七年，邾快來奔，《傳》不能舉其事。莊二十六年，經自爲經，傳自爲傳。獲麟後二年，往往無傳。予謂有其不驗，可以知驗者之非妄也；有其不能盡知，可以知其所知者之非無據也：此清姜炳璋《讀左補義．綱領下》之言也。姜氏又云：

《左氏》好言前知，然其為前知者，不外「見乎筮龜，動乎四體」二語。其所詳者，往往在於君卿大夫言語動作威儀之間，及人事之治亂敬怠，故其說也易知，而其驗也不爽。所謂前知者，非猶後世穿鑿之論也。史多載其驗者，少載其不驗者，遂遺說者之疑，以為率皆事後之附會。噫！自漢以來，卜筮之奇中者多矣！而春秋卜筮，獨不許其一中乎？且夫《左傳》之論事，往往歸之天道，後儒多議之。凡當時之言星、言卜、言筮、言夢，率多奇中；而揆諸福善禍淫之天道，有不爽者，亦有甚爽者，亦此類也。

《易．坤卦．文言》曰：「積善之家必有餘慶，積不善之家必有餘殃」，行爲之果報，於古有之。夫天道遠而人事邇，福善禍淫報應之不爽，雖曰天道，未嘗不由於人事也。由此觀之，《左傳》之臆中、預言、星卜筮夢，言有驗有不驗，事有詳有未詳，故其說非誣。日人安井衡《左傳輯釋》亦辨之曰：「左氏通儒，見微知著，見論斷占筮，理勢必然，而有足以爲戒勸者則載之，否則不載，所以必有徵驗也。不爾，二百四十二年間，論斷占筮，豈止於《左氏》所載哉？可見其理勢未盡者，棄而不載也」總論案語。史學所以經世，固非空言著述也。故左氏作傳，但取其可以經世，足爲戒勸者載之，故多徵驗，理固然矣。後人不察，見《左氏》論斷占筮，臆則屢中，因疑從後附會，甚者執此而斷左氏爲戰國時人，豈不謬哉！

若夫《左傳》敘至三家分晉，田氏篡齊，蓋左氏壽考，或《左傳》有後學之緣飾增續，詳下節。《左傳》之文趣，有戰國之風，乃後之襲前，非前之取後，詳下文。惟高本漢就文法之比較研究，斷《左傳》之成書在西元前四六八年與三〇〇年之間，其上限約當春秋戰國之交，差近理實。知《左傳》爲春秋時文字，或指爲戰國時文字者，空泛籠統，誠大不然也！至如洪業《春秋經傳引得．序》，據避諱字之殘存，謂《左傳》當成於漢惠帝時（西元前一九四～一八八年），張蒼之徒所爲，其牽強不通，已駁如前。康有為、崔適輩倡劉歆改作《左傳》，則《左傳》為西漢末年文字。今詳考《左傳》文字，非惟不類漢初，更遑論西漢末。知康、崔之妄說，不務其本之比較，而齊其末之貌似，執一以廢百，其乖舛有如此者。由是言之，《左傳》成書之時代，既不在西漢，亦不在戰國，其必在春秋之時乎？是亦有說。

第二節 論《左傳》成於春秋時

《左傳》之作者，既為與孔子同恥之左丘明，或其壽考，故得見趙襄子之卒，且目擊韓趙魏之列為諸侯，故知左丘明實春秋戰國之交之人也。左丘明既身處春秋末年，故知《左傳》為春秋文字。或謂完成於戰國時者，非也。今考諸先秦文獻，知終春秋之世，《左傳》未見行世。此特《左傳》初成，篇帙重大，有所褒諱挹損，為免時難，流傳未廣所致，固不可執此以疑《左傳》不成於春秋時也。班固《漢書．藝文志》不云乎：「丘明論本事而作傳，為免時難，隱其書而不宣。」此之謂也。元趙汸述其師黃澤之說曰：「《後漢書》成於范曄之手，便有晉宋間簡潔意思；堯舜三代之史，成於司馬遷，便有秦漢間巃嵸意思。若以為《左氏》是戰國時人，則文字全無戰國意思。如戰國書戰伐之類，皆大與《左傳》

不同！如所謂拔某城、大破之、即急擊等字，皆《左傳》所無。如將軍字，亦只後來方一見，蓋此時將軍之稱方著耳。」① 《左傳》文字既全無戰國意思，而有何代之文風乎？

一、《左傳》表現之時風

夫著述之為物，乃作者與時代之投影，有其時代與社會之因緣焉。所謂時代與社會之因緣者，謂作品中受教育、文化、政治、經濟、道德、宗教、思想、禮俗等之交相影響也。蓋史學或文學作品，常為時代與社會之反映，故亦依隨時代與社會為轉移，二者互為因果，相生相息②。劉禹錫云：「八音與政相通，文章與時高下」，非虛言也。茲列舉十大端，以管窺春秋時代及其社會風尚，且以證《左傳》文字有此思想與氣象，當成於春秋時無疑也。

夫春秋之風尚，顯而易見者有十：一曰文章豐潤，二曰賦詩見志，三曰禮制壞替，四曰蠻夷猾夏，五曰陪臣竊命，六曰尊王重霸，七曰寢兵息民，八曰道義相持，九曰天人交替，十曰其它，茲論述如下：

㈠ 文章豐潤

夫一代之治，承乎一代之氣運，而文章亦隨之：虞夏之渾噩、殷商之嚴肅、姬周之溫醇，是其例也。故曰文章關乎世運，兩者交相推移，互爲消息。有治世之文，有盛世之文，有衰世之文，有亂世之文，其體貌風神，各自不同③。左氏著傳，時當春秋之末，世變已亟，見東周之衰，憂心如焚，悲憫感生，故所立論，多正言若反。吳闓生所謂：「其所推崇褒大者，皆必有所不足；其所肆情詆毀者，必有所深惜者也」（與李右周進士論左傳書，見所著《左傳微》引），信夫朱晦庵、姜西溟所謂衰世之文也，而與《戰國策》諸子等亂世之文迥別④。

元趙汸《春秋師說》卷上曰：「《左氏》乃是春秋時文字，或以爲戰國時文字者，非也。今考其文，自成一家，眞春秋時文體。戰國文字麤豪，賈誼、司馬遷尚有餘習，而《公羊》《穀梁》則正是戰國時文字耳。《左氏》固是後出，然文字豐潤，頗帶華豔。漢初亦所不尚，至劉歆始好之，其列於學官最後。大抵其文字近《禮記》而最繁富耳。」（論三傳得失）此謂戰國文字粗豪，而《左傳》文字得姬周教化之澤，偶值衰世，故其文豐美而溫潤，與戰國文字之譎巧激肆，固不可同日語也。意者，文章之盛衰，與世運相反，而致此乎？⑤韓愈所謂「《左氏》浮夸」，朱熹所謂「《左氏》有委靡繁絮之習」者，皆衰世之文所有也，何足怪哉？司馬光〈國語說〉謂《左氏》傳「簡直精明、渾厚遒峻」，此姬周惇篤之流化，當左氏作傳之春秋末，猶有餘芳也。若《左傳》成於戰國，縱橫恣肆之不及，焉有所謂簡直與渾厚者乎？

崔述爲科學之古史學家，其《洙泗考信餘錄》卷三，有「左子」一條，其中云：「戰國之文恣橫，而《左傳》文平易簡直，頗近《論語》及《戴記》之〈曲禮〉、〈檀弓〉諸篇，絕不類戰國時文，何況於秦？襄、昭之際，文詞繁蕪，遠過文、宣以前；而定、哀間反略，率多有事無詞；哀公之末，事亦不備；此必定、哀之時，記載之書行於世者尚少故爾。然則作書之時，上距定、哀未遠，亦不得以爲戰國後人也。」考春秋時代之文，或簡整而繁周；或言簡而不疏、旨深而不晦；或雄健而雅、宛曲而峻、整齊而醇；《論語》、〈檀弓〉、《考工記》是其類也。即以《孝經》而言，其遠稽格言，多雷同《左傳》，而其文則簡易醇正，有春秋之風[6]。是以知《左傳》之敘事記言，乃上承《尚書》、《春秋》，下開《國策》、《史記》，而爲歷史散文蛻變之一大關鍵也。若夫戰國諸子之文，饒鋒厲殺伐之氣，富詭譎慘刻之風，恣橫瑰奇而已，於平易簡直乎何有？

清曾鏞《復齋詩文集》，亦以爲《左傳》爲春秋末季文字，其言曰：「朱子謂：《左傳》之文有縱橫意思。又謂：《左傳》是秦時文字。竊未敢謂然也。以文而論，《左氏》豔而富，昔人既言之，而其辭氣從容溫雅，視戰國之文，兩不相侔。若其所敘列國會盟侵伐，或仗信義，或仗詐謀，自皆是當時實錄，非左氏自爲之。至于春秋之末，事勢自漸近戰國，亦非左氏之文然也。」又曰：「《左氏傳》中，凡以論春秋成敗得失之宗旨，此皆縱橫者流所竊笑爲迂濶之言，而不屑言者也」（《左傳會箋．總論》引）。善乎曾氏之言也！明王鏊《春秋左傳詳節．序》稱《左傳》之詞命：「猶有先王之風乎！其詞婉而暢、直而不肆、深而不晦、精而不假鑱劚、鍊而不煩繩削，或若剩焉而非贅也，若遺焉而非欠也。」（王鏊《春秋詞命》）蓋《左氏》之文，或簡直，或豔富，或平易，或遒峻，或渾厚，或繁絮，蓋是因時制宜，隨地流出，《文史通義．書教》所謂方以智又兼圓而神者也。雖神貌多方，不一其律，然其辭氣要歸於從容溫雅，無戰國之激揚奮厲，知是春秋時文字，敘事記言之實錄也。蓋良史之爲文，當如鑑空衡平，最忌私意上下其間，劉歆謂《左傳》「是非不謬於聖人」，此章學誠所謂心術端正之史德，而史界稱頌之實錄也。《文史通義．史德》稱《左傳》：喜論春秋人事之成敗得失，此固後世史論之權輿。而戰國縱橫者流侈談功利，宜乎竊笑《左傳》爲迂濶之論，而不屑言也。《左傳》之爲春秋時文字，非六國文字，不亦昭昭然哉！

清馮李驊《左繡．讀左巵言》嘗論《左傳》之文，謂有春、夏、秋、冬四時之氣象：

> 前人論全唐詩，有初盛中晚之分。愚于《左傳》，亦作此想：隱、桓、莊、閔之文，文之春也；議論如〈觀魚〉（隱公五年）、〈納鼎〉（隱公五年），敘事如〈中肩〉（桓公五年）、〈好鶴〉（閔公二年），規模略具，而氣

> 局淳樸，翕聚居多。僖、文、宣、成之文，文之夏也；議論如〈出僕〉文公十八年、〈絕秦〉成公十三年，敘事如〈鄢陵〉成公十六年、〈城濮〉僖公二十八年，無不大展才情，縱橫出沒。襄、昭之文，文之秋也；議論如〈觀樂〉襄公二十九年、〈和同〉昭公二十年，敘事如〈偪陽〉襄公十年、〈華向〉昭公二十年，氣斂詞豐，強半矜麗之作。定、哀之文，文之冬也；議論如〈臯鼬〉定公四年、〈夫椒〉哀公元年，敘事如〈艾陵〉哀公十一年、〈雞父〉昭公二十三年，又復婉約閒靜、絢爛之極、歸于平淡。作者之精神，與春秋之風會相為終始。

人類之生命成長，有其一定之歷程，猶一年有春夏秋冬之四時，論唐詩風格而有初、盛、中、晚之分，學術文化與夫思想著作亦然。文如其人，人如其文，不足怪也。《左傳》之篇帙既如許重大，成就此書，非數十年不能。左丘明之年歲，既由青年而壯年，復由壯年而中年，再由中年而邁向老年，心志迭經歷鍊而更臻成熟，故《左氏》之文亦由淳樸而縱橫，由縱橫而矜麗，復由矜麗而婉約，再由婉約復歸於平淡。後人不察，見《左氏》之文，有淳樸、縱橫、矜麗、婉約之風貌，遂執縱橫之一端，而疑《左傳》非春秋時文字，殊不知《左氏》之文有四時氣象，乃與春秋風會相為終始也。若執一以廢百，非知人論世所宜有也。

㈡賦詩見志

孔子嘗云：「誦《詩》三百，授之以政，不達；使於四方，不能專對，雖多亦奚以為？」又謂：「不學《詩》，無以言。」可見詩歌於春秋時之實用價值。尤其列國使臣於燕饗之際，主賓相互酬答，或稱美、或祝頌，時時體現莊重而優美之外交辭令。此種賦詩見志之場景，於春秋時雖甚普遍，然於他書無所印徵，惟《左傳》最多，《國語》偶一見耳。誦詩專對，學詩以言之說，既出於孔子，足徵春秋時有此風尚。

鄭樵《六經奧論》有「左氏喜言詩書易」一條，云：「予愛《左氏》所載春秋賦《詩》者三十一，自僖二十三年趙衰賦〈河水〉始。詩所以見志，然有一言不酬，一拜不中，而兩國之為暴骨者。有賦《詩》不知，又不答，終有必亡之禍者，則學者烏可不知《詩》之為寓意乎？」左氏為春秋末年人，知賦《詩》為春秋列國外交之時尚，據事直書，遂成信史。後之人欲徵孔子學《詩》專對之實情，欲知春秋外交賦詩之文雅風流，唯《左傳》言之最詳，能令百代之下，如覩其事，如聞其聲，畢見本末，令讀者有實臨之感受。若左氏非春秋時人，曾親見此事，必不能得如此之翔實。否則，燕饗賦詩之說，何不一見於戰國諸子之文乎？

(三) 禮制壞替

《禮記．中庸》云：「非天子不議禮、不制度、不考文。」《論語．季氏》亦云：「天下有道，則禮樂征伐自天子出；天下無道，則禮樂征伐自諸侯出；……天下有道，則政不在大夫。」然自周室之東遷，乾綱解紐，號令不行於天下，五典弗惇，五禮弗庸。於是隱、桓以下，禮樂征伐自諸侯出；及霸德既衰，諸侯放恣，陪臣執國，於是僖、文以降，禮樂征伐自大夫出⑦。世變既至於此極，故孔子假魯史以寓王法，企圖撥亂世而反之正，於是作《春秋》以垂戒將來，典自此可惇，禮自此可庸。左丘明復依本事而作傳，疏通證明此旨，以求維繫禮制於不墜。蓋周德之衰，由於宗法制度之崩壞；而典敘禮秩乃維持宗法制度之不二法門。孔子作《春秋》，既往往因失禮、違禮而書，以示褒貶；《左氏》著傳，哀政衰禮廢，故敘事議論，亦歸本於禮。《左傳》書中，頗詳於吉凶軍賓嘉五禮，及一切春秋時代之制度儀節，其思存斯文墜緒之心，挽狂瀾於既倒之志，字裏行間，蓋三致其意焉。推本其原，蓋受時代之衝擊與影響也。

周衰禮廢，孔子既作《春秋》以維之，而左氏依經作傳，其所發明經義處，皆所以維周禮也。其時也，田制軍制已壞，十二荒政與司爟之禁不修，講武之田不時，朝覲之禮不行，九伐之法不振，大行人之邦交不明，宗伯之典守不著，馮相保章之職不講，五禮六樂之教不昌，而司徒之封疆廢墜；左氏著

《傳》，皆一一張皇之詳姜炳璋《讀左補義》，足見其用心矣。蓋左丘明生長於春秋之末，有感於世變之漸，而禮制為之壞替，故不憚其煩闡發之。信夫「其所推崇褒大者，皆必有所不足；其所肆情詆毀者，必有所深惜者也。」吳闓生語左氏世掌史官，習於禮教，故述事論人，一準諸禮。既傷禮崩而制壞，故苦心孤詣宏禮如此！今考《左傳》所書違禮有禮之事，不勝枚舉，要皆切合於時中，後世師法之，可以修己安人。其中自有左氏之時代意識，《春秋》責備聖賢之義，其中有焉。

四 蠻夷猾夏

《公羊傳》稱春秋之世，南夷與北狄交侵，中國不絕若線僖公四年。《左傳》亦謂：「蠻夷猾夏，周禍也」僖公二十一年。蠻夷戎狄於華夏危害之大，不惟周公力主膺懲，即孟子亦倡「用夏變夷」。攘夷之略，夷夏之辨，遂為春秋史之大端，亦為《左氏傳》所標榜。考蠻夷之與諸夏，不惟體質有別，方言各異，即飲食衣服，生活俗尚，亦與中原不同。其截然分途者，猶在存心。故目之曰禽獸襄公四年，斥之曰「非我族類」成公四年，稱之曰南蠻鴃舌之人。夷狄既乏禮義教化，懼其一朝而入主中國，束髮冠帶遽成被髮左衽，故孔子獨美管仲之拒楚也。

春秋之時，滅國六十，或以夷滅夏，或以夏亡夷，諸夏之相滅極尠。考蠻夷之猾夏，其事多矣：

而其大莫如楚，其次爲北狄⑧。楚自熊渠僭號，蚡冒啓濮，猾夏之勢已不可遏。入春秋以來，武、文、成、穆，無日不圖北方，駸駸乎與齊、晉爭盟矣。其後，楚欲進窺中原，然一挫於齊桓，再挫於晉文，於是北略無望。又其後，晉衰而楚盛。宣公時楚莊觀兵周疆，問鼎輕重，結盟吳、越，入陳、圍鄭、平宋，盟於蜀，盟於宋，會於申，甚至伐吳滅陳滅蔡，邲一戰而勝，竟立桓文之業，收中原之霸權。假討賊之義，號於天下。天下知有楚而已。其後楚靈王雖亦力圖中原，然言狂志大，才識勇力不足以副之，故霸業未成。而自魯成公之後，荊蠻稍稍陵遲衰微矣！雖然，迄春秋之末，與晉狎主齊盟，其強與晉等者，非荊楚而誰與？噫！猾夏亦已久矣！春秋滅國之多。莫如楚；滅國之易，亦莫如楚。鄧之會曰：始懼楚，言諸侯之患自此始也。左氏著傳，於此尤所用心，於攘夷之意尤多發明。⑨

蠻夷以遐方殊俗，不知禮義教化，故華夏大邦攘斥之。苟其能受華化，則亦嘉許之。是以杞桓公來朝用夷禮，故曰子以卑之《左傳》僖公二十七年；邾人牟人於天王崩時來朝，故稱人以夷狄之《公羊傳》桓公十五年；潞子狄也，以嬰兒賢，故稱子以進之《左傳》宣公十五年；吳無君也，以季札賢，故稱子以進之《公》《穀》襄公二十九年。是夷狄進於中國則中國之，中國與於夷狄則夷狄之也。此《春秋》攘夷之意也。《左傳》以歷史敘事解釋孔子《春秋》經，於此多所闡發⑩。

(五) 陪臣竊命

春秋初，大夫尚無世爵，其後漸有賜氏，漸稱子。又因當時聯盟各國，會聘頻仍，諸侯畏勞，常使卿大夫代行。卿大夫既有外交，往往互相結援，漸漸形成大權旁落之勢詳錢穆《國史大綱》。始也，諸侯盟諸侯；於後，則大夫盟諸侯矣。始也，諸侯自相盟；於後，則大夫自相盟矣。始也，諸侯僭天子；於後，則大夫僭諸侯矣。始也，大夫竊諸侯之柄；於後，則陪臣據大夫之邑矣。合春秋之時風觀之，大抵每下愈況，愈久而愈薄也。左氏著傳，於此亦頻致其意焉。

就《左傳》一書觀之，尤傷於陪臣之竊命，世變之日亟。春秋之初，會盟征伐，皆國君主之。清馮李驊《左繡》曾詳哉論說之：「隱十年：翬帥師，會四國伐宋也，則貶而去族。桓十一年：柔會宋公陳侯蔡叔盟折也，亦貶而去族，權猶不遽下移也。僖十九年：大夫爲翟泉之盟以伐鄭，則諱不書公。文二年：垂隴盟，書士穀。十五年以上軍下軍入蔡，書郤缺，而大夫始專矣。浸淫至成元年鞌之戰，魯以四卿帥師，而三家之勢張。襄十六年湨梁之會，晉直以大夫主盟，而無君之勢成。于是物極必反，上行下效，諸侯專天子，大夫專諸侯，家臣專大夫。宋樂祁有陳寅，鄭罕達有許瑕，齊陳恆有陳豹，衞孔悝有渾良夫，晉趙鞅有董安于，魯仲孫有公斂處父，而莫狡且強于季孫之陽虎。春秋于定八年特書『盜竊寶玉大弓』，所以治陪臣也。《春秋》上治諸侯，中治大夫，下治陪臣，至目之曰盜，充其類以盡其義，諸侯大夫一言以蔽之耳」⑪。夫諸侯僭位，大夫專政，陪臣竊命，左氏皆一一據事直書，所以哀周德之衰，慟禮樂征伐不自天子出也。

㈥ 尊王重霸

左氏之義，首在尊王，尊王不得不重霸。夫蠻夷猾夏、陪臣竊命，實起於王室陵夷，號令不行。故治之之道，要在尊王。周王使宰孔賜齊侯胙，命無下拜，齊侯卒爲下拜；《春秋》善其有禮（僖公九年）。管仲平戎於王，王以上卿禮饗之，仲辭，受下卿禮而還，《左氏》嘉之（僖公十二年）。晉文以臣召君，孔子責其不可爲訓（僖公二十八年）。夫差藉於成周以尊天王，《穀梁》進爲大國（哀公十三年）。蓋周自東遷之後，乾綱解紐，如鄭莊公之射王中肩（桓公五年），鄭文公之執王使臣（僖公二十四年），楚莊王之觀兵問鼎（宣公三年），晉平公之爭周閻田（昭公九年），其明著者。諸侯既不臣於天子，天下擾攘不一，將何所厎乎？於是有陽爲尊王，假乎仁義之五霸出，代周天子以號令天下矣。

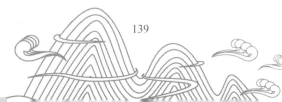

清姜炳璋《讀左補義》，於尊王重霸頗多領會，其言曰：「夫以萬世之人心而論，則霸者當黜；以春秋時勢而論，則霸者當尊。五霸雖爲三王之罪人，然既假乎仁義，是猶知仁義之爲美也；陽爲尊周，是猶知周室之當尊也。官受方物，修其職貢，使衰周猶繫乎人心，是霸者之力也。故齊桓創霸，存三亡國，義聲震於天下，而諸侯不敢肆。晉文至悼公，世爲盟主，博尊周恤，小之美名，不敢貪諸夏之尺土也。受小國之愬，而時合諸侯，以討之執之也。雖楚之橫暴，猶挫其鋒，惴惴恐霸者之議其後。不然，旅何人斯，肯存三國而不有哉？迨襄二十七年，宋之盟，而南北分衡；定七年，鹹之盟，而天下無霸。於是七雄起，小國滅，而周鼎亦移。然則齊桓、晉文於三王爲罪人，而視春秋之諸侯，則功臣也」卷首，綱領下。故曰：《左氏》之義，首在尊王，尊王不得不重霸，以此也。試問：戰國諸子有此思想乎？

(七) 寢兵息民

《左氏》敘戰，頗具六韜三略之奇，故古來名將，無不熟讀《左傳》。然《左氏》之義，不貴用兵，而在寢兵；不忍殘民，而在息民，姜炳璋言之詳矣。其《讀左補義》舉例論之曰：「於州吁則云：『兵猶火也，不戢，將自焚也。』於宋殤公則云：『十年十一戰，民不堪命。』於陳桓則云：『惡之易也，如火之燎於原，爲國家者，見惡如農夫之去草焉。』以親仁善鄰爲寶，以搆怨殘民爲惡，與『《春秋》無義戰』之旨脗合《孟子．盡心下》，故春秋猶爲近古。使當七國，方以首功多者爲上將，安得聞斯言也？故攘楚者，霸者之烈也，而以召陵爲盛；服鄭者，爭霸之事也，而以三駕爲優；蓋予其不嗜殺人也。」卷首，綱領下 由此觀之，左氏正春秋時人，非六國時人也。否則，《左傳》中何以不美強兵之策？何以不多首功之行？

姜炳璋又云：「僖十九年，宋襄求霸，子魚曰：『齊桓存三亡國，義士猶曰薄德』而舉文王爲法。吳師救陳，延州來，季子曰：『二君不務德，而力爭諸侯，民何罪焉？』遂退師。以爲其名此，眞當時所未有，《傳》兩書之，爲春秋之法。信乎！招携以禮，懷遠以德，止戈爲武，不殺爲仁。蓋寢兵息民，《春秋》之志也」《讀左補義》綱領下。左氏敘戰，揭櫫寢兵息民，其爲春秋時人，從可知矣。《傳》載向戌之提倡弭兵襄公二十七年。諸夏乃得四五十年之和平，互不被兵，尤爲寢兵息民所當特書者⑫，此春秋無義戰、貴平不貴戰之旨也。

(八) 道義相持

劉向《戰國策．序》論時風之推移，曰：「周室自文武始興……天下莫不曉然論孝悌之義、惇篤之行。故仁義之道，滿乎天下。及春秋時，已四五百載矣，然其餘業遺烈，流而未滅。五伯之起，尊事周室；五霸之後，時君雖無德，人臣輔其君者，若鄭之子產，晉之叔向，齊之晏嬰，扶君輔政，以並立于中國，猶以義相支持：歌詠以相感，聘覲以相交，期會以相一，盟誓以相救。天子之命，猶有所行；會享之國，猶有所恥；小國得有所依，百姓得有所息。周之流化，豈不大哉？」其時也，視道義禮信，遠超乎富強攻取之上。觀《左氏》所載，可以知矣。故曰：《左傳》為衰周之書，非戰國之作也。

戰國之作則不然！其時周德既衰，禮義捐壞，非威不立，非勢不行。及田氏篡齊，六卿分晉，於是道德大廢，上下失序。至秦孝公捐禮義而貴戰爭，棄仁義而用詐譎，苟以取強而已。夫篡盜之人列為侯王；詐譎之國，興立為強；是以轉相倣效。後進師之，遂相吞滅，并大兼小，暴師經歲，流血滿野，父子不相親，兄弟不相安，夫婦離散，莫保其命，湣然道德絕矣！此戰國之時風也！曰威，曰勢，捐禮信而貴戰爭，棄仁義而用詐譎，春秋之時風不然也，左氏豈六國之書哉？錢穆撰〈論春秋時代人之道德精神〉一文，十之八九據《左傳》為說，亦可以覘春秋之時風矣。

㈨ 天人交替

三代之時，稱天而治，天道人事，相為表裏。春秋視前世已行之事，觀天人相與之際，上承天之所為，而下以正其所為。書邦家之過，兼災異之變，以此見人之所為，其美惡之極，乃與天地流通而往來相應（《漢書．董仲舒傳》），此天人相與之道也。故曰：善言天者，必有徵於人，此之謂也。《左氏》傳所詳者有五端，曰天道，曰鬼神，曰災祥，曰卜筮，曰夢，故范甯譏《左氏》之失在巫，清汪中《述學．左氏春秋釋疑》亦以為言；似謂《左氏傳》之言巫，言人事，皆出於左氏一人之撰述者。其實不然！

春秋二百四十二年之間，正爲原始宗教與人文精神，互相交錯乃至交替之時代；《左氏》特將此段交錯交替之歷史現象，如實記錄之，以見其影響與輕重。故言巫，乃春秋人物之言巫；言人事，乃春秋人物之言人事，與《左氏》個人之是非好惡，毫不相干，一一據事直書而已[13]。顧《左氏》所言之天，與後世史遷之言天人者不同，蓋言天所加於人之影響，爲一神秘之力量，如言天啓、天授、天命、天福、天祿、天休、天賜、天相、天贊、天助、天祚、天祝、天衷、天奉、天救云云；又如天厭、天棄、天忌、天疾、天怒、天罰、天禍、天喪、天夭、天殃、天殺、天壞、天廢、天絕云云，乃感於歷史中，頗有可以人之理性加以解釋之力量，此即具教戒性與偉大性之天也。董仲舒所倡天人感應之說，與此相符。而史遷《史記》所究之天人之際，其天已超乎人類理性範圍之外，無路可與人感通，此其不同也。且《左傳》以史釋經，以行爲之因果關係，解釋人類之成敗禍福，申明歷史之必然性[14]，此即史公之所謂「人」，史學得以成立之基本條件也。

以上所述，雖非盡出《左氏》論斷，然諸人言之，《左氏》取而載之，特以傳錄史實之眞而已！故謂之《左傳》天人交替之思想可也。要之，頗有春秋之時代色彩焉！迨至戰國，鄒衍趣其迂怪之變，而作五德終始之說，雖亦頗言天人，然自與春秋時不同也。

(十)其它

外此，由左傳之援引《詩》、《書》、《易》、《禮》，亦可據推《左傳》之成書，必於春秋時也。左傳引《詩》，有出於四家詩外之逸詩與逸篇，〈周頌〉篇次則乖異今詩，《左傳》似著於《詩經》未成定本之前也。《左傳》引書，既足徵古文之爲後出，且知其時但有〈夏書〉而無〈虞書〉之名；〈洪範〉唯稱商書而非周書，於是可見《左傳》之作，當在《尚書》之完全無闕時也。由《左傳》之引《易》，知《周易》之在《春秋》，特占卜書之一耳；夫然後知《左傳》成書時，在《周易》見尊爲經之前也。由《左傳》徵存《三禮》之材料言之，大抵於《三禮》之信用薄弱；顧棟高著有〈左氏引經不及周官儀禮論〉（《春秋大事表》卷四七），可參看；因知左氏作《傳》時，《三禮》或未成書也。說詳本書第六章〈左傳之經學價值〉一節。且《左傳》箴銘歌謠之押韻方式，與《詩經》不異，從可定其時代亦不相遠也。

復就史學而言，《左傳》述春秋職官，與《周禮》相較，或名同而職異，或名異而實同，知《左傳》成書時未有《周禮》也。不然，設官分職之良模既早定如是，何以至春秋末而裁汰改易若是之甚，蛻變陵夷一至於此乎？推而至於《左傳》之思想，雖亦含兵、儒、墨、名、法、陰陽、縱橫諸家之思想，要之乃濫觴，非遠流；若椎輪之於大輅，增冰之於積水者然。至戰國而事變日亟，於是諸子之學踵事增華，乃彌離其本。此自《左傳》所載諸子思想多朴略少文，案之學術流變之理，可知《左傳》成書在戰國諸子之前也。說詳本書六章二、三節。

再就《左傳》所載天文資料言之，記哈雷彗星之出現（文公十四年），載天琴座流星雨之出現（莊公七年），誌日蝕合於蝕經者三十，若非生於春秋時親見親聞，何能知之如此其詳，載之如此其確？

二、《左傳》成書之時代

用此觀之，《左傳》一書之完成，當在春秋時，斷斷然矣。班彪〈史記論〉以爲：左丘明蓋定、哀時人（《後漢書》本傳），殆近之。即以疑古著稱之錢玄同，亦以《左傳》爲晚周人所作歷史，謂記事遠較《公羊傳》爲可信（論獲麟後續經及春秋例書）。然《左傳》書成之時，未即流佈。蓋《左傳》有褒諱損抑，頗涉當代史事，關係當時名公巨卿，爲免時難，故隱其書而不宣。況《左傳》篇帙重大，流佈不易，其爲晚出，職是之故也。因此，《左傳》之流行，不得不在孟子之後矣。何以言之？

劉正浩著《周秦諸子述左傳考》，從傳播接受之視角，枚舉戰國諸子之隸事用典，論證《孟子》、《莊子》、《荀子》、《韓非子》、《呂氏春秋》諸書對《左傳》之接受。書中曾有詳明之闡說，其

〈自序〉謂：

孟子（西元前三九〇～三〇五年）作書，如〈離婁〉之鷹鸇鳥雀之喻，本諸臧文仲（詳文公十八年）；〈滕文公上〉勞心勢力之說，肇自劉康公（詳成公十三年）；〈梁惠王下〉事大事小之論，原於游吉景伯（詳昭公三十年）；孰非述《左》之明徵乎？若其說葵丘之盟，則詳舉《左氏》未取之載書（詳僖公九年）；蓋是別有所本。而言庾公之斯，義不負師恩（詳襄公十四年）；齊之虞人，非其招不往（詳昭公二十年）；並與《傳》違，則為記憶之誤矣。《孟子》有誤，而弟子不知，流行未溥之故；比於商君（西元前三九〇～三三八年）與孟子同世，其書亦罕述《左傳》可知。洎乎莊周（西元前三六五～二九〇年），為繆悠之說，發荒唐之言，不以博古為能，然而『《春秋》以道名分』一語，則約《左傳》成十四年，昭三十一年君子之詞而成（詳成公十四年）。荀卿（西元前三四〇～二四五年）著書，〈禮論〉篇言天子諸侯之葬期，〈大略〉篇論弔生送死之常法，均據隱公元年《左傳》；〈致士〉篇尾段，『賞不欲僭，刑不欲濫』以下，凡三十九字，全取襄公二十六年（〈聲子說楚〉）《傳》意。韓非（西元前二八〇～二三三年）出自荀門；《呂覽》一書，亦多成於荀卿門人之手；二書徵引故事，大抵不出《左傳》。此則《左氏春秋》大行之證也。

論說舉證，明確可信，平允可取。惟謂《左傳》成書，蓋當孟子之世；衡諸上述十驗，殆不然也。

近入胡念貽曾就預言、語法、謚號、五行、辭令等項特色，論定《左傳》作於春秋末年。其成書時代所以紛紜不定者有二：其一，所敘內容多、涉及問題廣；其二，《左傳》難免有後人竄入文字云云⑮。論說持之有故，頗可信據。

《左傳》固是春秋時文字，乃衰世之文，非戰國之作也。若爲戰國之書，則爲亂世之文矣，何以全無戰國色彩哉？由是言之，《左傳》一書之完成當春秋末季，而其流行則在孟子之時也。

註釋

①語見元黃澤《春秋師說．三傳得失》，此說允當。將軍名稱，僅見昭公二十八年，時魏獻子為中軍帥，故其衆大夫呼為將軍。其後戰國遂以將軍為官名，蓋昉於此。

②童書業《春秋左傳研究》，附錄〈《春秋左傳》作者推測〉云：「就本書所表現之生產技術、生產關係、階級鬥爭、政治制度、文化形態等觀察，基本符合春秋時代之現象。知撰作此書必有大量春秋時代史料為依據，作者離春秋時代當不遠。」上海人民出版社，一九八三，頁三五一。

③語見《朱子語類》卷八十三。又清焦袁熹《此木軒雜著》亦暢宣此旨，參見王葆心《古文詞通義》卷十四，頁三。

④王葆心《古文詞通義》卷十四：文之總以時世者，曰：衰世之文。必氣象圓美，晻昧沒滅富，韓公嘗指斥文字無所發明，但模稜依違之陋習。清龔自珍《著議》九，頗論衰世之狀，與夫衰世之文之感應；馮時可則以為亂世之文，非含鋒厲殺伐之氣，即含詭譎慘刻之氣，與夫破決歧裂之氣，具見《古文詞通義》卷十四，頁七～八所引。

⑤ 明顧大韶《炳燭齋文集》有〈文章關乎世運論〉一文，力主文章與世運相反之說，見《古文詞通義》卷十四，頁十二～十三所引。案：此亦文窮而後工之說也。文學既爲時代之反響，亦爲社會之反映，故有其經世之意，可見文學與世變息息相關。觀《文心雕龍．時序》，可知其說之非誣妄也。

⑥ 說見宋陳騤《文則》戊條，案：其說言《孝經》與《左傳》有雷同因襲者，以爲乃《左傳》竊取《孝經》之文，此乃本末倒置之論也。《孝經》之作者，晁公武《郡齋讀書志》據首章「仲尼居，曾子侍」之句，以爲當是曾子弟子所作。《孝經》既成於曾子弟子，時代自後於《左傳》。故知二書之雷同者，乃《孝經》之襲《左》，非《左傳》之竊《孝經》也。

⑦ 《朱子語類》卷八十三：問讀《左傳》法。曰：「也只是平心看那事理事情事勢。」呂祖謙《左氏傳說》，亦有〈看左氏規模〉一文，其說雖爲學者指示〈讀左傳法〉，然亦可知一代之升降，一國之盛衰，一君之治亂，一人之變遷，《左傳》多備載無遺。不然，學者何由得見？清顧棟高《春秋大事表．春秋偶筆》，論春秋凡三變時勢，亦當參閱。

⑧ 張高評《屬辭比事與《春秋》詮釋學》，新文豐出版公司，二〇一九年，第六章〈《春秋》直書滅華與《左傳》資鑑之史觀——以直書華夏相滅、狄吳滅華爲例〉，頁二八七～三四四。

⑨ 同上，第五章〈《春秋》直書楚滅華夏與《左傳》以史傳經——以屬辭比事之書法爲例〉，頁二三九～二八六。

⑩楊樹達《春秋大義述》，上海古籍出版社。卷一，〈攘夷第二〉，頁八～一二七。

⑪馮李驊《左繡》，臺北：文海出版社影印康熙五十九年書業堂鐫藏本，一九六七年。卷首，〈春秋三變說〉，頁十，總頁八五～八六。明鄧元錫《五經繹》，於春秋世變之跡，亦有詳說，見程師旨雲《春秋要領》十二、頁十五所引。

⑫錢穆《國史大綱》頁四十三，謂宋向戌提倡弭兵，晉、楚交懽，城郭諸邦之和平聯盟益形擴大。自有此弭兵之會，而諸夏得一相當時期之和平：宋自襄十二年至定十五年，凡六十五年。魯自襄二十五年至定七年，凡四十五年。衛自襄二十三年至定七年，凡四十七年。曹自襄十七年至定十二年，凡五十九年。鄭自襄二十六年至定六年，凡四十三年，均不被兵。

⑬徐復觀《兩漢思想史卷三》〈原史〉，頁二六八～二八一。參考張高評〈《左傳》之象徵式敘事與以史傳經——兼談《左傳》重人輕天之二元史觀〉，高雄師大《經學研究集刊》第十四期，頁一～二四。

⑭張高評〈《左傳》因果式敘事與以史傳經——以戰爭之敘事為例〉，《東海中文學報》第二十五期，頁七九～一一二。

⑮胡念貽〈《左傳》的眞僞和寫作時代問題考辨〉以爲：(一)《左傳》裏面有一些預言，到戰國時代並沒有應驗；《左傳》如果產生在戰國，不應該在書中出現一些這樣不驗的預言。(二)高本漢發現《左傳》幾種助詞用法，和《論語》、《孟子》不同；還和《莊子》、《荀子》、《韓非子》、《呂氏春秋》、《戰國策》等書不同：

左傳多用「于」字，不用「與」字作疑問語尾，是保存了《論語》以前文獻的用字習慣，可證《左傳》的產生在戰國前。(三)《左傳》正文襄公二十七年以前，稱趙孟，不稱趙襄子；《左傳》開始將神話傳說中人物和金木水火土五行配合，而無「五德終始」說。《左傳》寫「騎馬」只出現一次，且接近春秋末年，從可定其成書之時代。(四)《左傳》之行人辭令，和戰國時之游說之辭，皆顯出各自之時代色彩，說明《左傳》和《戰國策》都是各自的時代產物。原載《文史》第十一輯，後輯入胡念貽：《中國古代文學論稿》，上海古籍出版社，一九八七年，頁二一一～七六。

第五章

論《左傳》之解經與緣飾增續

第一節 論《春秋》經之性質

三代盛時，禮義明，名分正，上明下順，內修外附，民志既安，奸僞不作。及周德既衰，皇綱解紐，諸侯縱恣，大夫專權，陪臣竊命，四夷交侵，人欲橫流。孔子生乎其間，欲挽狂瀾於既倒，因干七十餘君，然道終不行。於是西觀周室，得百二十國寶書，據魯史而作《春秋》。《春秋》與《詩》，相爲表裏；《詩》之所刺，《春秋》之所貶也。故曰王者之迹熄而《詩》亡，《詩》亡而後《春秋》作。

《春秋》以道名分，上明先王之道，下辨人事之紀，別嫌疑，明是非，定猶豫，存亡國，繼絕世，補敝起廢，王道之大者也《史記．自序》。孔子作《春秋》，參考魯史記，其于事也，或筆而載之，或削而不載，所謂「事仍本史，而辭有損益」。其于人也，可以褒則褒，可以貶則貶。其爲綱也，則尊王而賤霸，內諸夏而外夷狄。其爲目也，則因講信修睦、救災恤患之事，而爲朝覲、聘問、會盟、侵伐之文。其主義也，則在于誅亂臣，討賊子。其成功也，則遏人欲于橫流，存天理于將滅，撥亂世而反之正，損益四代之制，著爲不刊之典也宋鄭玉《春秋經傳闕疑．自序》。《春秋》之法，謹名分，防幾微，重兵權，惡世卿，禁外交，嚴閨闥，是一統非二政。凡所謂杜賊亂於未然者，其理無不具也；誅賊亂於已然者，其法無不舉也宋項安世語《經義考》引。孔子之作《春秋》，要明是非之理，以詔天下來世而已。蓋是非者，人心之公理，聖人因而明之，則固有犁然當於人心者。事未形而誅心誅意，惡名昭彰，名藏在諸侯之策，此亂臣賊子所以懼，而《春秋》之所以作也。誅奸諛於既死，發潛德之幽光，此《春秋》經世之志也。

餘杭章太炎先生曾撰一文，言孔子修《春秋》之緣起：「四夷交侵，諸夏失統，奕世之後，必有左衽之禍。欲存亡國，獨賴史書。而百國散紀，難令久存，故不得不躬爲采集，使可行遠，一也。王綱絕紐，亂政亟行，必繩以宗周之法，則比屋可誅；欲還就時俗之論，則彝倫攸斁；其惟稟時王之新命，采桓文之伯制，同列國之貫例，見行事之善敗，明禍福之徵兆，然後可施於亂世，關及盛衰，此其緣起二也」《春秋左氏疑義答問》卷一頁三～四。要之，救周之弊，革禮之薄，此孔子修《春秋》之義，所謂「丘竊取之」者也。

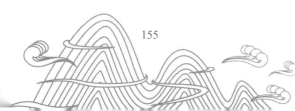

孟子述孔子作《春秋》云：「其事則齊桓、晉文，其文則史，孔子曰：『其義，則丘竊取之矣。』」事者，歷史發生之本體，經文字或非文字之徵存以傳後者也。文者，辭文之連綴修飾；事者，史料之取捨安排。結合其事其文，形成歷史所以發生之客觀記述。若夫義，則是史家主觀心識所懷之哲理，乃撰史時筆削去取之圭臬，其文、其事脈注綺交之指歸。以《春秋》言之：《春秋》爲一霸史，蓋桓、文之霸事，《春秋》之所以終始者，藉編比相近、相反、相關之史事，可以觀察寓託之義；憑連屬前後上下之文辭，亦可以顯示其中之微旨隱義。總之，「事仍本史，而辭有損益」，乃《春秋》筆削之大凡。換言之，魯史策書所記，一依成法，而《春秋》因筆削而屬辭約文，多有因革損益，此其文也。對於魯史紀或筆或削，以見孔子之特識，蓋出於別識與獨斷，致游、夏之徒不能贊一辭，此其義也①。

《禮記·經解》引孔子曰：「屬辭比事，《春秋》教也」，此孔門解讀《春秋》之心法。屬辭比事，即孔子自發其作《春秋》之旨，爲有義例也。《孟子》述孔子作《春秋》之原委，亦云：「其義則丘竊取之矣」，《公羊傳》亦謂《春秋》曰：「其序則齊桓、晉文，其會則主會者爲之也，其詞則丘有罪焉耳」（昭公十二年）。雖變義爲詞，但謂丘有罪，即可謂孔子之作春秋，有存心於其間，有義例於其中。宋葉適《習學記言序目》所謂「載事必有書法，有書法必有是非」；又云：「史有書法而未至乎道，書法有是非而不盡乎義」，迨孔子遂合而爲一，修而正之，以作《春秋》（卷九春秋）。故合《禮記》、《孟子》、《公羊》三家之說觀之，《春秋》之作，必有義例，非苟作也。若有事有文而無義例，大過大事記而已，斯即王安石所謂之斷爛朝報矣，又何價值之可言乎？知《春秋》之必有義例，又知《春秋》之價值，端在義例，然後可以言《春秋》。

顧所謂《春秋》之義例，乃孔子作史時主觀意識對於史料去取予奪之圭臬，如天道焉，渾然無形跡可求，而自隱然存乎其中。蓋孔子作《春秋》，當時必嘗自定義例，以爲修史之據依；而學者觀聖人之書，譬如觀天，仁者見仁，知者見知，各成義例，皆有可通，於是說《春秋》者多能言例。以例說《春秋》，自漢儒始，其名目孔多，見於宋崔子方《春秋本例》者，凡三十五，皆以例繩《春秋》者也②，而《春秋》之義例益紛綸矣。洪興祖謂：「《春秋》本無例，學者因行事之迹以爲例；猶天本無度，治曆者因周天之數以爲度。然獨求於例，則其失拘而淺；獨求於義，則其失迂而鑿。」《古今圖書集成》卷一九二春秋部總論十，頁八九六。又皮錫瑞《經學通論．春秋》頁四五 丹陽洪氏曰：「義例不必爲聖人之本意，乃後之《春秋》學者籀讀經書所爲」，此言是也。《春秋》自有其義例，唯學者治經穿鑿過度，以爲觸處皆有例可求，致此通彼窒，自相矛盾者多。

朱熹謂：「《春秋》傳例，多不可信。聖人記事，安有許多義例？」又云：「或有解《春秋》者，專以日月爲褒貶，書時月則以爲貶，書日則以爲褒，穿鑿得全無義理。」又云：「《春秋》只是直載當時之事，要見當時治亂興衰，非是於一字上定褒貶。」又曰：「《春秋》大旨其可見者，誅亂臣、討賊子、內中國、外夷狄、貴王賤伯而已，未必如先儒所言字字有義也。」以上並見《朱子語類》卷八十三 此外，鄭樵《春秋傳》亦主「例非《春秋》之法」之論；呂大圭則力言「《春秋》不以日月爲例」、「《春秋》不以名稱爵號爲褒貶」之說③。要之，《春秋》之爲書，皆據事直書，而美惡自見，安有如《公》、《穀》

所謂句句皆義例乎？雖然，《春秋》自必有義，然義或藉事以見，或憑文而顯，不必皆在例上見也。《公》、《穀》之說《春秋》，不明是理，遇事穿鑿，幾於射覆，橫生意見，巧出義理，以一字為褒貶，以時以月以日，詳略其事；以國以爵以人，輕重其君；以官以氏以名以字以人，榮辱其臣，未免苛細而附會。一字也，於此見為褒，於彼則為貶，其自相矛盾牴牾，大抵若是。治《春秋》，所以明聖人之用意，然學者往往穿鑿聖經，以求其所謂凡例；又變移凡例，以遷就其所謂褒貶。理無定形，隨萬變而不齊。言《春秋》而至於如此，不幾於膏肓乎④？

義例雖非出於孔子手訂，乃由於後儒治《春秋》者，迹其行事歸納所得之條理，蓋摭拾聖人筆削褒貶之意自後附會之，故所得不必為聖人之本心。宋程頤《春秋傳》稱：「《春秋》大率所書事同則辭同，後人因謂之例。然有事同而辭異者，蓋各有義，非可例拘也。」胡安國《春秋傳．明類例》因之，亦以為言。總之，義例雖未必盡當，猶愈於全不言例者。全無例，則學者何所持憑依循哉？《春秋》之失，亂，此之謂也。學者或因言例者之紛綸支離，欲矯正其弊，遂謂《春秋》本無例，有例全出後儒之傅會，是不知史家修史之必有其義例也。其義例或見著錄，或不著錄，必有一定之法；不然，何以見史家之取捨與別裁哉？宋家鉉翁《春秋集傳詳說》〈明凡例〉，謂《春秋》有常例，有變例；變例者，先儒求以通其例之不可通者耳。於是提出「以變例而求《春秋》，不若以常法而求《春秋》」之主張。且云：「《春秋》，屬辭比事之書也。學者欲求聖人之意，必反復究觀，而後能有得。」（卷首綱領 屬辭比事，即終始本末之書法也。劉師培《左盦集》不云乎：「爰始要終，本末悉昭」，乃古春秋記事之成法。要之，諸家所言《春秋》義例，多宗本于舊章，不皆臆解與獨斷。其中得其本眞，臻於至善者，固《春秋》之羽翼，窮經之淵藪也。當與穿鑿傅會者判然有別，豈可同日而語哉？故治《春秋》言例可也，切忌如《四庫全書總目·經部總敘》所云，墮入拘泥、淺薄、迂遠、穿鑿之蔽障中可也。

孔子作《春秋》，既觀周禮之舊法，遵魯史之遺文，爲避時忌，或筆或削之際，微婉其說，志晦其詞，故其曲筆直書或隱或顯，多有權有義。有權，故諱國惡、避世禍、矯事以變文；有義，故例典禮，貶僭亂，尊王以行法。學者治《春秋》，未可與權，必先講義；義例通明，概有宗本，舉一則推萬可知，討源則衆流畢會。治《春秋》若不求之義例，則莫能一而貫之，有不得其門而入之憾矣。觀此，學者焉可以不明義例也？雖《三傳》發明《春秋》之義例，說各異詞。蓋由於《春秋》推見至隱，奧蘊難見之故。漢世以後諸家之言例，亦人人殊。道並行而不相悖，萬物並育而不相害，擇善而固執之可也。

第二節　駁《左氏》不傳《春秋》說

「《左氏》不傳《春秋》」之說，肇自西漢博士。或曰：《左氏》不祖聖人；或曰《左氏》不祖孔子；或曰：《左氏》不傳《春秋》。⑤後世學者眩奇好怪，不察所以，亦多拾其牙慧，人云亦云者多。晉王接謂：《左氏》辭義富贍，自是一家書，不主為經發⑥。宋王晳則曰：「其書雖附經而作，然於經外自成一書。」《經義考》引　劉安世則云：「《左氏傳》於《春秋》所有者或不解，《春秋》所無者，或自為傳。讀《左氏》者，當經自為經，傳自為傳，不可合而為一」《元城語錄》卷中。黃震《日抄》亦云：「《左氏》雖依經作傳，實則自為一書，甚至全年不及經文一字者有之，焉在其為釋經哉？經與傳等夷相錯，《經》所不書者，《傳》亦竊效書法以附見其間，其僭而不知自量亦甚矣。」至清劉逢祿撰《左氏春秋考證》，遂專伸此說，自以為不刊之論。其後崔適著《史記探源》與《春秋復始》，益張大劉逢祿之說。廖平《古學考》亦衍其餘緒，重申《左氏》實不獨傳《春秋》之言。晚近學者陳槃，則撰《左氏春秋義例辨》一書，力主「《左傳》義例十八九皆出於歆黨」之論。余詳考諸家之說，執以為「《左氏》不傳《春秋》」者，厥有八端：一曰名稱不符，二曰傳體不同，三曰經闕傳存，四曰經有傳無，五曰說乖諸家，六曰緣飾增續，七曰詳近略遠，八曰史記不敘，論列如後：

一、名稱不符

劉逢祿之言曰：「《左氏春秋》，猶《晏子春秋》、《呂氏春秋》也。直稱《春秋》，太史公所據舊名也；冒曰《春秋左氏傳》，則東漢以後之以訛傳訛者矣。」（《左氏春秋考證》卷上）又云：「曰《左氏春秋》，與《鐸氏》、《虞氏》、《呂氏》並列，則非傳《春秋》也。故曰《左氏春秋》舊名也，曰《春秋左氏傳》，則劉歆所改也。」（《左氏春秋考證》卷上）康有爲《新學僞經考》復補苴其說，以爲非但《春秋左氏傳》之名係僞造，即《左氏春秋》之名，亦屬杜撰（詳《新學僞經考》）。近人陳槃師法劉、康之意，亦謂「《春秋左氏傳》」、「《左氏傳》」、「《左氏春秋》」諸稱，皆爲劉歆作僞後之名（詳《左氏春秋義例辨》）。劉氏等之意以爲：釋經之書皆稱傳，今《左氏》名春秋，而傳稱爲後世所改，其爲不傳《春秋》可知。

案：此非的論也。章太炎先生《春秋左傳讀敘錄》駁之甚明，其言曰：「名者實之賓，《左氏》自釋《春秋》，不在其名傳與否也。正如《論語》命名，亦非孔子及七十子所定，……乃扶卿所名；然則其先雖不曰《論語》，無害其爲孔子之語也。正使子駿以前，《左氏》未稱爲傳，亦何害其爲傳經乎？」頁二蓋古人尚質，古書皆後人所名，春秋戰國之作可徵也。況《左氏春秋》與《春秋左氏傳》名稱之不同，亦猶《史記．儒林傳》及《漢書．儒林傳》之稱《公羊春秋》、《穀梁春秋》，而《漢書．藝文志》則稱《公羊傳》、《穀梁傳》也。據《史》、《漢》〈儒林傳〉之稱，則《公》、《穀》亦不傳《春秋》矣。噫！名者洵爲實之賓，《左氏》自傳《春秋》，不在其名傳與否也。

二、傳體不同

劉逢祿之說曰：「太史公時名《左氏春秋》，蓋與《晏子》、《鐸氏》、《虞氏》、《呂氏》之書同名，非傳之體也。《左氏傳》之名，蓋始於劉歆《七略》。」《左氏春秋考證》下同宋于庭亦云：「《春秋》先師之道，得孔子竊取之義，《左氏》所傳，其文則史，烏睹《春秋》之法乎？」擬太常博士答劉歆書

章太炎先生《春秋左傳讀敘錄》駁之曰：「所謂傳體者如何？惟《穀梁傳》、《禮》〈喪服傳〉、〈夏小正傳〉，與《公羊》同體耳。毛公作《詩傳》，則訓詁多而說義少，體稍殊矣。伏生作《尚書大傳》，則敘事八而說義二，體更殊矣。《左氏》之爲傳，正與伏生同體。然諸家說義雖少，而宏遠精括，實經所由明，豈必專尚裁辯，乃得稱傳乎？孔子作〈十翼〉，皆《易》之傳也，而〈彖象〉、〈文

言〉、〈繫辭〉、〈說卦〉、〈序卦〉、〈雜卦〉，其體亦各不同。一人所述，尚有異端，況《左氏》與《公羊》，寧能同體？」頁十二 劉逢祿論說，是其所是，而非人之非，此通而彼窒，了無可取。

章太炎又駁之曰：「且言傳者，有傳記有傳注，其字皆當作專……《左傳》之爲左專，猶鄭氏說詩稱《鄭箋》——箋者，表識書也——同此，傳名得兼傳記、傳注二用。亦猶裴松之注《三國志》，撰集事實，以見同異，閒有論事情之得失，訂舊史之踳非，無過百分之一。而解詁文義，千無二三。今因《左氏》多舉事實，謂之非傳，然則裴松之於《三國志》，亦不得稱注邪？且《左氏》釋經之文，科條數百，固非專務事實者；而云非傳之體，則《尚書大傳》，又將何說？」又謂：「《左氏春秋》之名，猶《毛詩》、《齊詩》、《魯詩》、《韓詩》；《孟氏易》、《費氏易》、《京氏易》；《歐陽尚書》、《夏侯尚書》；《慶氏禮》、《戴氏禮》，舉經以包傳也。以爲不傳孔書，而自作《春秋》者，則諸家亦自作《詩》、《書》、《易》、《禮》乎？」蓋傳體之不一，因書而異，豈可強同？傳之爲字，蓋專文之假借，說文所謂六寸簿者是也。《左氏春秋》既以六寸簡寫成，自可稱左專，亦即《左傳》。凡書之名專（傳）者，以六寸簿得名；或論義理、或言訓詁、或敘事實，用雖不同，皆傳之一體也，無所謂非傳也。章氏之說，得其鰓理，不易之論也。

宋于庭之說，則劉師培駁之最切：「推宋氏之意，蓋以《公羊》得《春秋》之傳，《左氏》則不傳《春秋》。其所以定《左氏》不傳《春秋》者，則以《左傳》之體，非《春秋》之成法。然觀《墨子》一書，自言見《百國春秋》，書中所引有《周春秋》、《燕春秋》、《宋春秋》、《齊春秋》之文，《周春秋》所記有杜伯一事，《燕春秋》所記有莊子儀一事，《宋春秋》所記有祏觀辜一事，《齊春秋》所記有王里國中里一事。就其文體觀之，其記事甚詳，既撮大綱，兼條細目，殊於《公》、《穀》，同於《左傳》，則《三傳》中合古春秋成法者，當首推《左傳》。又《管子．山數》篇云：『《春秋》以記成敗。』而記成敗最詳者，亦莫若《左傳》。何得以《左氏》昧於《春秋》成法乎？」《左盦集》卷二〈古春秋記事成法考〉，亦有類似之論。劉師培所論據，信而有徵，足破宋于庭所謂《左氏》不傳《春秋》之謬說矣！《四庫全書總目．春秋類》提要稱：「刪除事跡，何由知其是非？無案而斷，是《春秋》爲射覆矣」；「漢晉以來，藉《左氏》以知經義；宋元以後，更藉《左氏》以杜臆說」，推崇《左傳》有大功於《春秋》，可見《左傳》之體最合於春秋。

三、經闕傳存

劉逢祿之言曰：「經所不及者，獨詳志之，又何說也？經本不待事而著，夫子曰：其義則丘竊取之矣。」廖平《古學考》亦稱：「解《經》則當嚴謹，今有《經》者多闕，乃侈陳雜事瑣細，與《經》多不相干。」崔適《史記探源》亦云：「一曰無《經》之傳，姑即隱公篇言之，如『三年冬鄭伯之車僨於濟』是也。夫《傳》以釋《經》，無《經》則非《傳》也。」又云：「三曰釋不書於《經》之《傳》，如『元年五月費伯帥師城郎，不書，非公命也。』夫不釋《經》而釋不書於《經》，……則此非《傳》也。」（《春秋古文》）三家之說，如出一轍，皆以《公》、《穀》之體例繩度《左傳》，見其有無《經》之《傳》，遂謂《左氏》不傳《春秋》。

章太炎先生駁之曰：「詳《經》所不及者，或窮其源委，或言有可采，事有可觀，無非爲《經》義之旁證。觀裴松之之注《三國志》本傳，不列其名，而引以相稽者多矣；《左氏》說《經》，豈有異是？《經》固重義，若謂不待事而著，則何不空設條例，對置甲乙，以極其所欲言，而必取已成之事，加減損益，如削趾適屨者之所爲？既誣古人，又不能與意密合。」（《春秋左傳讀敘錄》頁十六）謹案：《左傳》所載，爲《經》所闕如者，若〈衛賜繁纓〉（定公四年），〈晉鑄刑書〉（昭公四年），〈鄭獻陳捷〉（襄公二十五年），〈紇却齊田〉（襄公二十三年），〈婼戮豎牛〉（昭公五年），〈肸數鬻獄〉（昭公十四年），〈僑存鄉校〉（襄公三十一年）諸事，其較著者焉。若斯之比，〈經〉無而〈傳〉有者，章氏以爲皆經義之旁證。蓋左丘明躬爲史官，曾見當時國史，故《傳》得有舍經而別載行事之必要（《黃震日抄》）。《左氏》所記，不見於《經》者，安知非《春秋》之遺文乎明朱朝英《讀春秋略記》。

至如劉逢祿所謂「《經》本不待事而著」，此語尤大謬不然。趙汸《春秋師說》曰：「學者須以考事爲先，考事不精，而欲說《春秋》，則失之疏矣。夫考事已精，而經旨未得，尚多有之；未有考事不精，而能得經旨者也。」又曰：「說《春秋》當求事情，事情不得，而能說《春秋》者，未之聞也。」又云：「使非《左氏》事實尚存，則《春秋》益不可曉矣。」⑦《左傳》以歷史敘事解釋《春秋》經，而劉逢祿竟謂「《經》本不待事而著」；此持《公》《穀》以義理釋經之例繩愆《左傳》，天下寧有離事而孤立之義理乎？其不通明矣。漢桓譚《新論》云：「《左氏》經之與傳，猶衣之表裏，相持而成。《經》而無《傳》，使聖人閉門思之，十年不能知也。」程頤稱：「《經》爲斷，《傳》爲案」，無案而斷，將流於穿鑿與射覆。善哉劉知幾之言也！《史通・申左》篇云：「儒者苟譏左氏作傳，多敘《經》外別事，如楚、鄭與齊三國之賊弒，隱、桓、昭、哀四君之篡逐。其外則承告如彼，其內則隱諱如此，若無左氏立傳，其事無由獲知。然設使世人習《春秋》而唯取《兩傳》也，則當其時二百四十年行事茫然闕如，俾後來學者兀成聾瞽者矣。」⑧其說甚是，足杜疑者之口。

若夫《經》闕而《傳》存之故，除章氏所言「爲經義之旁證」外，俞樾以爲：《傳》有《經》無之癥結，在於割《傳》附年所致；若合前後事迹觀之，則無不相應矣。杜預《集解・序》所謂：「傳或先經以始事，或後經以終義，或依經以辨理，或錯經以合異，隨意而發。」足可解除後人疑經傳不相應之惑[9]。劉師培則謂：「傳有經無，所以明經文筆削而昭簡擇。」[10]此又一說也。或謂經闕而傳存者，蓋經有闕文，若夏五郭公之屬，而《左氏》能據國史以推言其故。顧棟高《春秋大事表》謂：「《春秋》文多闕誤，《三傳》類多附會，而《公》、《穀》尤甚。」[11]《公》、《穀》於《春秋》之闕文，強加附會若是之甚，未聞以為非傳，而獨不許《左傳》之闕文「詳經所不及」者乎？此又一說也。或謂經有「不書」之例，《左傳》著其不書以見《春秋》之所書，故多無經之傳。外此，「不言」，「不稱」之例亦然，此又一說也[12]。

宋劉安世曾就《經》《傳》關係發論，是《公》《穀》而非《左傳》。案馬永卿《元城語錄》卷中曾載錄其師項安世之言曰：《公》《穀》皆解正《春秋》，《春秋》所無者，《公》《穀》未嘗言之。……若《左傳》，則《春秋》所有者或不解，《春秋》所無者或自為傳。……要之，讀《左氏》者，當《經》自為《經》，《傳》至為《傳》，不可合而為一也[13]。

以經有傳無，經闕傳存，質疑《左傳》之釋經；而獨許《公羊傳》、《穀梁傳》為解正《春秋》。乃一偏之見，非大道之公論也。此似是而非之論，以訛傳訛，變本加厲，於是衍為清代劉逢祿、廖平、崔適之說。

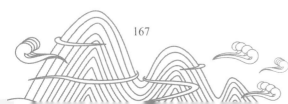

南京師大趙生群教授著《春秋經傳研究》，考察《三傳》不書之例與無經之傳，羅列科學數據，提示《三傳》有經無傳之分布情形。直言「《公》《穀》兩傳有經無傳的條目，數量遠遠多於《左傳》」。其言曰：

《春秋》經文的總數為一八七〇條。《左傳》依經作傳的條目在一三〇〇條以上，無傳的約五五〇條。《公羊傳》全書約五七〇條，有經無傳的條目約有一三〇〇條。《穀梁傳》共約七五〇條，有經無傳的條目也在一一〇〇條以上。這一統計數字表明，《公羊》《穀梁》有經無傳的現象，遠較《左傳》普遍[14]。

由此觀之，單論《三傳》解經之貢獻，《左傳》數量居冠，在一三〇〇條以上，爲《公羊》之二倍有餘；爲《穀梁》之二倍。傳，爲解經之書，就依經作傳發明經義而言，《左傳》，聚焦於之學術貢獻遠遠高居《公》《穀》之上，此乃不爭之事實。劉逢祿諸家見不及比，目不見睫，而非議《左傳》，聚焦於有經無傳。不知《公羊》有經無傳之數量約一三〇〇條，爲《左傳》五五〇條之兩倍有奇。數據顯示，是非曲直顯然。

要之，《左傳》之文或爲經義之旁證，或因割傳以附年，或爲明經文之筆削，或以補經之闕漏，或爲詳究不書不言不稱之故，傳有經無，特因是耳。要之，皆足以表裏《春秋》，豈不傳《春秋》也哉？

四、經有傳無

廖平《古學考》臚舉八證，以明《左氏》實不獨傳《春秋》，其四曰：「爲《春秋》述事，則當每經有事，今有經無傳者多。」崔適《史記探源》亦枚列四體，以爲《左氏》不傳《春秋》，其二曰：「有經而不釋經之傳。凡傳以釋經義，非述其事也。如五年九月『初獻六羽』，《公羊傳》曰：『何以書？譏始僭諸公也』，是釋其義也。《左傳》但述羽數，此與經同述一事耳，豈似傳體？」《春秋古文》細攷廖、崔二家之說，皆宗劉逢祿之論而附益之者。劉逢祿《左氏春秋考證》曰：「左氏後於聖人，未能盡見列國寶書，又未聞口授微言大義，惟取所見載籍，如《晉乘》、《楚檮杌》等相錯編年爲之，本不必比附夫子之經，故往往比年闕事。」劉逢祿所謂《左傳》往往比年闕事，此二家所本也。

案：《春秋》編年，以敘事爲主；《左氏》爲經作傳，猶裴松之爲《三國志》作注，皆出以歷史敘事，所以補闕無，存異同，前已述及。至於《左傳》中比年闕事者，如隱二年冬十月伯姬歸于紀，隱三年春王二月己巳日有食之，桓十四年夏五等皆是。又莊公元年至七年，及十九年以迄終篇，《左氏》多闕而無傳。陳傅良《左氏章旨》頗疑其中有佚墜《春秋後傳．序》引樓鑰，其言甚得理實。前乎此者，杜預《集解》於莊公二十六年全年無傳後云：「此年《經》《傳》各自言其事者，或經是直文，或策書雖存，而簡牘散落，不究其本末，故《傳》不復申解，但言《傳》事而已。」《正義》曰：「此年傳不解經，經傳各自言事。伐戎、日食，體例已舉，或者經是直文，不須傳說。曹殺大夫，宋齊伐徐，或須說其所以，此去丘明已遠，或是簡牘散落，不復能知故耳。上二十年，亦傳不解經，彼經皆是直文，故就此一說言下以明上。」尋杜預、孔穎達之意，所以經有而傳無者有二因：或是文直意明，不須傳說；或是簡牘散落，莫知其本。此言最爲通達，經文明直，無勞傳述，固無論矣；而與其所不知則蓋闕，聖人之垂訓。觀《公》、《穀》兩家釋經穿鑿附會之甚，則知《左氏》之闕疑，有史學之純眞精神在也。

《左氏》於史書之闕疑，竟致誤爲不傳《春秋》，然則穿鑿附會寧爲解經之法乎？若夫解經與否，亦不在釋義與述事傳體之異；崔適之誤，失之以《公羊》繩例《左傳》，說已見前，不贅。

五、說乖諸家

崔適《史記探源》以爲《左氏》不傳春秋者，謂其說乖異諸家，其言曰：「釋經之傳，務與公羊氏、董氏、司馬氏、劉向之說相反而已。」春秋古文 劉逢祿《左氏春秋考證》嘗云：「何左氏所述君子之論多乖異也？」廖平《古學考》亦謂：「《公》、《穀》所言事實，文字簡質，朴實述事；今《傳》侈陳經說制度，與紀事之文不同。」康有爲則云：「凡《公》、《穀》釋經之義，彼則有之；至其敘事繁博，則《公》、《穀》所無。」《新學僞經考》劉、康、廖、崔四氏之說雖或不同，而謂《左傳》釋經，乖異諸家，則如出一口也。

案：四氏之說以《左傳》釋經乖異諸家，遂謂《左氏》不傳《春秋》經，不免有以後律前，以《公》、《穀》例《左氏》之病，入主出奴，非平情之論也。章太炎曾駁劉逢祿《左氏春秋考證》，所謂「述君子者多乖異」曰：「謂其乖異於孔子乎？將乖異於《公羊》也？孔子之旨，本待《傳》見，未嘗自言，何以知其乖異？若乖異於他經，論仁言政，《論語》尙數有異同，時有險易，語有進退；豈彼《六經》，悉能斠如畫一？若乖異於《公羊》者，則《公羊》又乖異於《穀粱》。莊周稱齊諧，孟軻稱齊東野人之語，誹謾誣罔，詭更正文，齊學之所長。如此，宜乎《左氏》、《穀粱》皆與之乖異也。」劉逢祿之說，先入爲主，黨同伐異，大抵如章太炎之駁論。章氏之論，可謂一針見血，酣暢淋漓，足以解諸家之惑！

《左傳》之爲書，記注而兼撰述，體方而例圓者也；因地制宜，隨時推移，傳述紀事並有，非可拘于體例者也。況廖氏《古學考》所謂《左傳》「侈陳經說制度，與紀事之文不同」者，特指與《公》、

《穀》不同耳。陋儒以《公羊》曾立學官，而《穀梁》體例與之近，遂自以爲惟《公》、《穀》二傳解正《春秋》經，而《左氏》不與焉。自以爲是，而非人之非若此，天下尙有學術可言乎？

六、緣飾增續

宋陳傅良著《春秋後傳》，雖未明言「《左氏》不傳《春秋》」，然頗有疑之者：「謂君子曰者，蓋博採善言；禮也者，蓋據史舊聞，非必皆合于《春秋》。或曰後人增益之，或曰後人依倣之，或曰凡例義淺而不取，或以例非《左氏》之意。」（樓鑰《春秋後傳·序》引）至清代《公羊》學盛行，欲排異說而崇己論，因張伐漢博士「《左氏》不傳《春秋》」之言，劉逢祿、龔自珍、崔適、廖平、錢玄同，其著者焉。近人陳槃《左氏春秋義例辨》，更衍其緒。夷考其實，劉、崔等所立論，并單薄不足恃。以廖平之勇於立說，始則附和劉逢祿，繼而疑之，終則反駁之⑮。入室操戈如此，劉逢祿等據論之不通，由此可見矣。雖然，爲却衆惑，仍將其說論列如後。劉逢祿等以爲「《左氏》不傳《春秋》」者，除上述五者外，其他，可以一言蔽之，曰緣飾增續。細考之，厥有五端：

㈠緣飾

劉逢祿《左氏春秋考證》之言曰：「劉歆強以（《左氏》）爲傳《春秋》，或緣經飾說，或緣《左氏》本文前後事，或兼采他書以實其年。如此年（桓十七年）之文，或即用《左氏》文，而增春夏秋冬之時，遂不暇比附經文，更綴數語。要之，皆出點竄，文采便陋，不足亂眞也。」崔適《春秋復始》亦云：「劉歆得之（《國語》）……雜取傳記，附以臆說，僞造《左》、《穀》二傳，藉以破壞《春秋》，爲莽飾非，爲己文過之詭計。凡與《公羊傳》義略同者，牽其常義；《傳》之精義，《穀梁》削除之以孤其援，《左氏》反對之以篡其統。」劉、崔之徒，誤以《左傳》乃劉歆所造僞，故其推論誣謬如此。

案：《左氏傳》之作者，乃與孔子同恥之左丘明，爲春秋定、哀時人，說已具前。且劉歆並無徧竄群籍之情事，此自錢穆先生刊布其《劉向歆父子年譜》，已大白於世。錢先生以史事證明劉歆無徧竄群籍之必要，亦無徧竄群籍之時間[16]。此說一出，實足杜絕劉、康、崔輩之口，使之無詞以自解。楊寬《中國上古史導論》，亦附錄〈劉歆冤詞〉一文（詳《古史辨》第七冊），極力平反其冤。劉歆既無徧竄群經之事，故劉逢祿輩謂劉歆改作《左傳》，佐助莽篡之言，即成無的放矢矣。抑有進者，王莽以「沙鹿崩」爲王氏之瑞，而《左傳》無之，《左傳》非助莽篡位之書，則必不出於劉歆之改作，又斷然可見矣。況劉歆並無徧竄群經之事乎？章太炎先生於此亦有說：「尋子駿所以附莽者，皆舉經傳師說，未嘗妄作。故〈李尋傳〉載夏賀良等語：『漢歷中衰，當更受命。』歆以爲不合《五經》，不可施行。是雖爲王氏代興之兆，而子駿亦未嘗許之也。」《春秋左傳讀敘錄》頁二八 劉歆無緣飾經說之事，《左氏》自傳《春秋》可知矣。

㈡附益

劉逢祿《左氏春秋考證》又曰：「歆引《左氏》解經，轉相發明，由是章句義理始具。則今本《左氏》書法，及比年依經飾《左》、緣《左》、增《左》，非歆所附益之明證乎？」崔適《春秋復始》亦云：「『歆治《左氏》，引《傳》文以解《經》。』此言頗涉游移，《傳》自解《經》，何待歆引？歆引以解，則非《傳》文。原其大旨，謂解經之文，歆所作爾，是即左丘明不傳《春秋》之明證矣。」近人陳槃《左氏春秋義例辨》更張皇彼說稱：「《左傳》義例，十八九爲歆黨所牽附。」「劉氏作僞之動機有二：一者，曲學阿世，希寵權奸；二者，欲立學官，以代今文之學。」[17]此謂《左傳》中解經之文，皆劉歆所附益者也。

案：章太炎《春秋左傳讀敘錄》嘗駁之曰：「〈歆傳〉云：『引《傳》解《經》，章句義理備』者，言《傳》之凡例，始由子駿發揮，非謂自有所造。亦猶費氏說《易》，引〈十翼〉以解《經》；若其自造，何引之有？且杜預《釋例》所載子駿說《經》之大義，尚數十條，此固出自胸臆，亦或旁采《公羊》，而與《傳》例不合。若《傳》例爲子駿所造，何不并此數十條入之《傳》文，顧留此以遺後人指摘乎？」其言通達，足使劉、崔爲之語塞，知《左氏》書法非由外鑠，《傳》固有之矣。

《左氏》有後人附益之辭，此自唐宋人已啓此疑矣。陸淳《春秋集傳纂例》，謂《左傳》一書，後儒妄有附益。文公十三年《傳》：「其處者爲劉氏」，劉炫、孔穎達已明言先儒插此媚世。僖公十五年《傳》：「上天降災」至「唯君裁之」四十一字，服注及唐定本皆無。王應麟《困學紀聞》亦謂；「『八世之後』，其田氏篡齊之後之言乎？『公侯子孫，必復其始』，其三卿分晉之後之言乎？『其處者爲劉氏』，其漢儒欲立《左氏》者所附益者乎？皆非《左氏》之舊也。」清劉逢祿《左氏春秋考證》謂：書曰之文，皆劉歆所增益；姚鼐〈九經說〉，以公侯子孫必復其始，及季札聞歌〈魏〉曰：「以德輔此，則明主也」，《左傳》中盛稱魏絳、魏舒之類，爲吳起之倫附益以媚魏者。陳澧《東塾讀書記》，則以《左傳》凡例與所記之事有違反者，可見凡例未必盡是，而《傳》文亦有後人所附益。諸家所疑，大較如此。

案：探尋諸家之據證，大抵依文《傳》「其處者爲劉氏」一言推衍而來。以爲范《書》、孔《疏》皆有疑詞，蓋賈逵所附益。劉師培《讀左劄記》曾剴切批駁之，謂：「文《傳》此文，必非賈君增益。

知文《傳》之非增益，即知他《傳》之文，亦非後儒增益也」⑱。實則《左傳》敘劉氏之本原，正與敘姜、展、陳諸姓相同。苟以述劉即為媚漢而增，然則敘姜、敘展、敘陳，又何為而增也？莽既自稱為虞舜之後，劉歆果為媚莽，何不趁機附益「王為舜後」之文，以成莽意？何《左傳》但言舜後為姚氏、陳氏、嬀氏後，而不及王氏？附益之說不可盡信，大致類此。《左傳》縱有後學增竄，要非如劉、陳所云者矣！

(三) 改竄

劉逢祿《左氏春秋考證》又云：「歆乃欲增續《春秋》也，《傳》或間編者，亦比附《春秋》年月，改竄《左氏》之故。」又曰：「（劉歆）改亂舊章之禍，凶于而國，害于而家；公孫之議，天使之也。」此謂《左傳》之文，曾經劉歆改竄也。

案：劉歆無竄亂群經之必要，亦無竄亂群經之時間，錢穆《劉向歆父子年譜》已有明證。即衡情度理，劉歆亦不致改竄《左傳》，以自欺欺人。章太炎先生曾駁之曰：「劉氏父子校秘書，乃以秘書校常行本。改常行本之字，而不改秘書之字。若子駿改竄秘書之《左氏春秋》，以就己意，則自北平獻書，共王壞壁以至子駿，百有餘年，墨漆新故，勢有不符。設博士求觀其書，寧不自敗？若張、魯二本，一改一否，以不改者示博士，則所建立者，仍非己所改本，亦何苦勞心而爲此也？且〈劉歆傳〉云：『河平中受詔，與父向領校秘書，講六藝傳記』云云，如有改竄，又豈能欺其父邪？」章氏此言，洵平情之論也。東漢蔡倫改良紙張製造技術之前，圖書皆書寫於竹簡或縑帛。古本既已百有餘年，縱然存心僞造竄入，章太炎所指「墨漆新故，勢有不符」，蓋實情也。章氏又謂：「公孫祿但言『顛倒五經』，顛倒者，謂其義，非謂其文也。此亦不知子駿治古文之旨而妄論耳。若果有變更，……未有不明著於後者，何得于《經》文獨不知其異乎？」觀此，亦可知《左傳》之文無有改竄者矣。

㈣ 論贊

《朱子語類》引林黃中謂：「《左傳》君子曰是劉歆之辭」卷八十三，是爲疑《左氏》史論「君子曰」、「書曰」之始。朱熹因謂：「《左傳》君子曰最無意思」，又謂：「《左氏》尤有淺漏處，如君子曰之類，病處甚多。」卷八十三 至清代劉逢祿則謂：「《左傳》『君子曰』，多出後人附益。」；「凡『書曰』之文，皆歆所增益；或歆以前已有之，則亦徒亂《左氏》文采，義非傳《春秋》也。」龔自珍《六經正名》亦主「《左氏春秋》宜剔去劉歆所竄益，以配《春秋》」，是皆以爲《左傳》「君子曰」之辭，乃劉歆輩所竄益，非復古本之舊者也。

案：《左傳》「君子曰」乃《左氏》隨文傳經，自申其義之詞，爲後世史書論贊之始祖。其形式不一，或曰君子謂，或曰君子是以，或曰君子以爲，或曰君子以……爲……，或稱詩曰，書曰云云，君子曰特其中之一耳。因出現較爲頻繁，爲便敘述，今概名「君子曰」。考君子曰之體，乃先秦史家如《左傳》《國語》者所共有，非《左傳》之所能專美，特《左傳》用之較廣耳。《左傳》君子曰之言，多有所本，率爲當時之名言讜論所化，固古本之所原有，非出於後世之附益也。何以言之？考《左傳》桓公二年曰：「君子以督爲有無君之心，而後動於惡，故先書弒其君。」是誅心之論，丘明主書之也。質之周秦諸子述《左傳》者，《商子．算地》篇說世主之患，所用辭句，顯據君子之言詳隱公十一年；《韓非子》外〈儲〉、〈難〉四篇，記鄭昭公之死，所發論斷，悉本君子之語詳桓公十七年；《莊子．天下》「《春秋》以道名分」，《荀子．勸學》「《春秋》之微」，所稱《春秋》之旨，並取君子之義詳成公十四年；而《晏子．內篇雜下》第二十一章，引述傳文，盡錄君子之詞詳昭公三年；再如哀二十七年《左傳》，「悼之四年」以下，世亦謂後人羼入；然《韓非子．十過》詳徵知伯之事，竟一本《左氏》知伯貪愎之旨爲說詳哀公二十七年。

此外，則《史記》述《左傳》，亦可證《左傳》君子曰非後人所附益：〈秦本紀〉與〈年表〉稱：秦繆公薨，葬殉以人，君子譏之，故不言卒。依文公六年《左傳》：有君子譏三良爲殉之辭，是史遷以君子爲左丘明也。它如〈魯世家〉稱季文子廉忠，簡約《左傳》君子之文詳襄公五年；〈宋世家〉美宋宣公可謂知人矣，語本《左傳》君子之言詳隱公三年；讖華元不臣矣，文亦本君子曰之詞詳成公二年；〈晉世家〉引詩褒荀息不負其言，文字竟與《左傳》君子曰全同詳僖公九年；贊祈奚可謂不黨矣，亦襲《左傳》君子曰之意。詳襄公三年⑲凡此，皆可證「君子曰」爲《左傳》原有，非劉歆所僞竄。亦可知今本《左傳》，即是先秦古本之舊也。

劉師培《春秋左氏傳古例詮微》稱：「君子曰者，乃丘明題經之詞，亦以書法專屬經文也。」此言宏通，不可移易。徐復觀先生〈原史〉以爲：《左傳》藉「君子曰」之形式發表己意，亦猶《公羊傳》之引君子，亦傳《春秋》之一種方式也。《兩漢思想史》卷三，頁二七一筆者曾撰〈《左傳》史論之風格與作用〉一文，除徵引「君子曰」之外，又援引「仲尼曰」、「叔向曰」等時賢之話語，略謂：先秦諸子徵引《左傳》時賢話語，有變異改稱爲「君子曰」者，又雜引出土文獻《春秋事語》證成其說。夫然後知「君子曰」云云，即是後世之歷史評論。《四庫全書》有「史評」類，即其衍化。考察「君子曰」諸史評，得其作用有十：褒美、貶刺、預言、推因、發明、辨惑、示例、補遺、寄慨、載道⑳，表現之形式不同而已，其爲史評一也。

㈤ 續經

崔適弟子，以疑古著稱之錢玄同，有〈論獲麟後續經及春秋例書〉一文，謂：「獲麟以後底續經，并非魯史之舊，乃是劉歆他們僞造的。」又云：「那幾條續經，我以爲是他們假造了來破壞《公羊傳》所云『何以終乎哀十四年？曰備矣』這句話的。」《古史辨》第一冊 顧頡剛答書，亦和同其意，以爲「獲麟以後，定爲續經，沒有憑據。」《古史辨》第一冊 此疑獲麟後續經，獨見《左氏》，遂以爲非傳《春秋》者矣。

案：孔子作《春秋》，終於獲麟之一句，《公》、《穀》之經皆是也。而《左傳》獨續經終以「孔丘卒」，《傳》敘至哀公二十七年。賈逵以小邾射以下爲弟子所記；服虔說曰：「《春秋》終於獲麟，故小邾射不在三畔人中也。弟子欲明夫子作《春秋》，以顯其師，故書小邾射以下至孔子卒。」杜預注取服虔義爲說，並同。惟服虔、杜預謂弟子但據魯史舊文續之，無筆削，恐未必然。竹添光鴻以爲續經有筆削，得其實矣[21]。或謂續經出於左氏之手，初不由於弟子，章太炎、劉師培二氏主之，說亦通達可參[22]。可知續經誠非魯史之舊，然亦非劉歆所可僞造，乃丘明因時乘而刊綴之者。

至如錢玄同所謂續經乃用以破壞《公羊傳》說者，說尤荒誕。錢氏自謂《左傳》乃晚周人所作歷史，記事可信；而《公羊傳》則是口說流行，至漢時始著於竹帛。《左傳》書成之時，《公羊》尚是口說，何得而破壞之？不幾於無的放矢乎？左氏爲史官，得見國史，因當時史乘，宗《春秋》書法，以成續經，理所當然，豈可謂了無憑據乎？今續《經》終「孔丘卒」，而傳敘至哀公二十七年，或左丘明壽考，老邁猶能著書；或左氏子嗣，傳其學者所作也。觀續《傳》記楚事，亦揭「君子曰」之文，可謂終始同詞，前後一例。高本漢《左傳眞僞考》以爲，《左傳》全書有一致之文法——三世紀以前之文法——此可供《左傳》無所謂劉歆等增竄之一旁證也。

七、詳近略遠

廖平以爲《左氏》不傳春秋，其證有八，其第六證曰：「既爲《經》作《傳》，遠略近詳。」廖氏以爲左氏作《傳》，詳近而略遠，厚此而薄彼，不一其律，傳《春秋》不當如此。

案：詳近略遠，固史書之通例也。《荀子．非相》云：「傳者，久則論略，近則論詳；略則舉大，詳則舉小。」章學誠〈記與戴東原論修志〉曰：「史部之書，詳近略遠，諸家類然。」（《章氏遺書．方志略》例一）夫《春秋》敘事之法，詳於所見，略於所聞；至於傳聞之事，則又因其彷彿形似而得之，姑存其大略，不敢有一毫之損益（鄭樵《六經奧論》卷四春秋之文詳略）。《左傳》釋經亦然。所見世、所聞世之所以記載詳，而所傳聞世記載略者，蓋因世近則故老猶存，遺文尚在，蒐羅不難，徵信最高。不然，逡巡數十年，遺老凋盡，文獻零落，傳千秋之信史則難矣，此史家修史所以詳近而略遠者矣。劉師培《春秋左氏傳古例詮微·明傳》謂：「經文之例，遠略近詳，是以王室之爭，晉邦之亂，僖文以上，有傳無經，以傳勘經，類存微旨。」其此之謂也。

廖平不明史書詳近略遠之道，反疑《左氏》之不傳《春秋》，不亦陋乎？試一觀《史通·煩省》所謂：「論史之煩省者，但當求其事有妄載，言有闕書，斯可則矣。必量世事之厚薄，限篇第以多少，理則不然。」則詳略之道覩矣㉓。

八、史記不敘

劉逢祿《左氏春秋考證》曰：「（史記）〈年表序〉不云作《傳》，此或賈逵之說誣史公矣。」康有為《新學偽經考》亦云：「今博士謂《左氏》不傳《春秋》，《史記·儒林傳》述《春秋》有《公羊》、《穀梁》，而無《左氏》。史遷徵引《左氏》至多，如其傳《經》，安有不敘？」又曰：「河間獻王世家無得《左氏春秋》立博士事。」尋劉、康之意，謂《史記》無有《左氏》傳《春秋》之明文敘述，因以為疑也。

案：符定一《新學僞經考駁誼》謂：「《左傳》見〈十二諸侯年表〉，康又謂〈儒林傳〉何以不載？豈史家記載一事，必煩兩見邪？然余考之，《史記》多不如此。……避免重複，此詳彼略，例固應爾。何得以〈儒林〉未載《左傳》，遂謂〈十二諸侯年表〉之說爲僞乎？況康既知史遷徵引《左氏》至多，則〈年表〉中《左氏》之非竄，尤其明顯。」符氏之說，洵篤論也。且司馬遷稱曰《左氏春秋》者，非謂其書若《呂氏春秋》之屬，非與解經了無關涉也。試看《史記・儒林傳》稱《穀梁傳》爲《穀梁春秋》，故知不可以《呂氏春秋》一例之也。且〈曆書〉云：「周襄王二十六年閏三月，而《春秋》非之。」〈吳泰伯世家〉曰：「予讀古之《春秋》」云，則竟以《春秋》稱《左氏》矣[24]。由此觀之，是史公以《左傳》爲春秋敵傳，不可謂史遷意中之《左氏》爲不傳《春秋》者也。

且〈十二諸侯年表序〉稱：左丘明因孔子史記，具論其語，成《左氏春秋》；則史遷固以爲左氏所傳者，即孔子所著之《春秋》也。章太炎先生《春秋左傳讀敘錄》駁之最切，曰：「史公亦未嘗不以《左氏春秋》爲傳，文有異同，自得汎引。若必以題署爲言，則漢人稱《公羊春秋》者正多，而《史記》亦無《公羊傳》三字。惟〈儒林傳〉云：『董仲舒名爲明於《春秋》，其傳公羊氏也。』由仲舒而謂之傳，韓大傳之徒，未必許其名號也。」此論之醇正，足杜劉、康之口矣。至於康有爲所謂「《史記》三言左丘明，俱稱《國語》」，不曰《左氏傳》；其故已見〈《左》《國》關係〉章，不贅。

外此，劉逢祿又言：「《左氏》所載事實，本非從聖門出。猶周官未經夫子論定，則游、夏之徒不傳也。」章太炎先生駁之曰：「此尤可笑！十二諸侯之事，布在方策，非如覃思空理以聖門所出爲貴。假令事非誠諦，雖游、夏盈千言之，亦安足信？孔子於夏殷諸禮，亦有耳聞，而文獻無徵，則不敢纂次其事，此所以爲史學之宗。若舍王官故府之書，而取決於聖門之一語，則苟率匈臆妄造事狀者，皆得託其門戶。戰國諸子、漢初經師，所舉七十子之緒言多矣，其間敷陳事實，能如《左氏》之豁然塙斯邪？」左丘明爲魯太史，與孔子誼屬朋友，而非師生，故非從聖門出；然此無害左氏之傳《春秋》也，志同道合，向慕聖經，故因《春秋》而作《傳》，復何疑乎？蓋不傳《春秋》云者，其說起于漢哀帝時之博士，而成帝以前，《公羊》家未嘗拒《左氏》也[25]。不意清世劉逢祿輩捃摭其糟粕，以非薄《左傳》。

細案劉逢祿等《公羊》學者所謂「《左氏》不傳《春秋》」之八大端，要皆孟子所謂之詖辭、淫辭、邪辭、遁辭之比，非大公至正之論也。雖有張西堂《左氏春秋考證·序》一文，推波助瀾，爲斯學之鼓吹（載《古史辨》第五章），然亦多牽強護短之論，其亦自〈鄶〉以下，可無譏彈焉。

九、結語

自劉逢祿輩謂：「劉歆以前，《左氏》之學不顯於世。」後儒附會其說，遂疑《左氏》爲僞傳，洵可怪矣。考《左氏》之傳授，首載於劉向《別錄》：「左丘明授曾申，申授吳起，起授其子期，期授楚人鐸椒，鐸椒作《抄撮》八卷授虞卿，虞卿作《抄撮》九卷授荀卿，荀卿授張蒼。」《漢書．儒林傳》復續張蒼以後之傳授，謂：「張蒼傳賈誼，誼傳其孫嘉，賈嘉傳貫公，貫公傳其子長卿，長卿傳張敞、張禹，張敞傳劉公子，張禹傳尹更始，更始傳子成及翟方進受。」其後《經典釋文．敘錄》言《左氏》傳授，皆與此同。授受源流翔實如此，焉可誣也？且傳《左氏》之學者，著書立意言事，亦多與《左氏》合，皆有文驗，固非空言傳授也，詳參章太炎先生《春秋左傳讀敘錄》，與《春秋左氏疑義答問》卷一。

或又以《左氏》傳授不見太史公書，及班固別傳爲疑，此自是文略。亦猶《史記．儒林傳》不著《毛詩》傳授，固不得因此以《毛詩》之傳授爲誣也。又或以爲《史記》所引《左傳》，皆劉向所附益，此說尤大謬不然！姑不論劉歆無徧僞群經之事，即以劉歆以前典籍之述《左》，亦可見其誣也。觀《淮南子》一書作於景、武之間，在《史記》前，然書中多引《左傳》之文。知《淮南》所言，悉本

《左傳》，則劉安親見左氏之書明矣詳參劉師培《讀左劄記》。《呂覽》一書，多成於荀卿門人之手，而荀卿爲《左氏》先師，故《呂覽》一書，多引《左氏》之文，足證著《呂覽》者，曾親見《左氏》之書也。且秦火以前，《左氏》一書久行於世，諸子百家，均見其書，非徒《韓非子》一家而已也㉖。

覩此，而後可以知劉逢祿輩之誣枉悖謬矣。此爲辨《左氏》不傳《春秋》之冤獄，所不能已於言者也，故附記於此，以資取證焉。

第三節 論《左氏》解傳《春秋》經

孔子作《春秋》，因魯史舊聞而筆削乎其間；左丘明因本事而作傳，傳雖撰自丘明，而作傳之旨悉本孔子。桓譚《新論》謂：「《左氏傳》於《經》，猶衣之表裏，相待而成。《經》而無《傳》，使聖人閉門思之，十年不能知也。」善哉乎桓子之推言也！《左傳》於《春秋》事蹟，備具始終，事與文庶乎有考矣，微言大義亦頗見焉。夫得其事，究其文，而義有不通者矣；未有不得其事，不究其文，而能通其義者也。故曰：《三傳》雖有得有失，而學《春秋》者，必自《左傳》始。豈非以其爲聖學之階梯，而《麟經》之橐鑰者乎？自漢哀帝時博士謂《左氏》不傳《春秋》《漢書·劉歆傳》；范升謂《左氏》不祖孔子而出丘明，師徒相傳，又無其人《後漢書·范升傳》；晉王接遂謂《左氏》贍富，自是一家書，不主爲經發《晉書·儒林傳》。後學不察，既習聞其說，樂其誕而失察也，亦曰《左氏》不傳《春秋》云爾。噫！皮傅片語，遂廢聖傳，則亦何所不可？此清世劉逢祿輩誣枉不實之讕言也，豈可輕信！

《左氏》斷然解傳《春秋》經，確然爲《春秋》之羽翼，劉師培《讀左劄記》嘗舉證以說，曰：「漢《嚴氏春秋》引〈觀周〉篇云：『孔子將修《春秋》，與左丘明乘如周，觀書於周史，歸而修《春秋》之經，丘明爲之《傳》，共爲表裏。』〈觀周〉篇者，《孔子家語》篇名，而引于漢人，且引于《公羊》經師，則《左傳》爲釋經之書，固得《公羊》家認證矣。劉向《別錄》云：『左丘明授曾申』，劉向素以《穀梁》義難《左傳》，而于《左傳》之傳授言之甚詳，則《左傳》爲釋經之書，又《穀梁》家所承認矣。《史記·十二諸侯年表序》云：『……左丘明懼弟子人人異端，各安其意，失其眞，因孔子《史記》，具論其語，成《左氏春秋》。』」則丘明爲《春秋》作傳，太史公已明言之，而張蒼，賈誼亦傳之。足證漢初諸儒，莫不以《左傳》爲釋經之書，不獨劉歆謂左丘明好惡同于聖人也。是《公羊》、《穀梁》經師，史遷、張蒼、賈誼、劉歆諸儒，皆以《左氏》爲傳《春秋》者矣。

抑有進者，《左傳》爲說《春秋》之書，乃周末諸子所共認，劉師培《讀左劄記》曾臚舉事例以證之曰：「《荀子》〈謝春申君書〉，引楚子圍，齊崔杼弑君事（韓詩外傳），而稱爲《春秋》之記（《國策》十七作「《春秋》戒之曰」），其證一。虞卿引《春秋》『於安思危』，即《左傳》襄十一年『居安思危』，其證二。《呂覽》一書，引用《左氏》之文者，不下數十則，其證三。《說苑》載吳起以《春秋》謹始之義告魏文侯；而謹始之說，又見於賈子《新書·胎教》篇，則吳起說《左氏》之義，即《春秋》之義，其證四。《韓非子·外儲》說，引晉侯圍原事，又引孔子聞而記之，以攻原爲信，此事惟詳於《左氏》。又《韓非子·姦劫弑臣》引楚子圍齊，崔杼弑君事，與荀子〈答春申君書〉相同，亦稱爲《春秋之記》，其證五」。由此五證，則戰國諸子如《荀子》、虞卿、《呂氏春秋》、《說苑》、《新書》、《韓非子》，均以《春秋》之義即具于《左傳》之中。

劉師培又稱：「若西漢之初，叔孫通言天子不親迎，亦本《左傳》；而《史記》言《春秋》之中，弑君三十六，亡國五十二，即據《左氏》全文。若〈吳世家〉敘吳、虞二國，又稱《左傳》爲《春秋》古文。安得稱爲《左氏春秋》等之《新語》、《呂覽》，而以《左氏》爲不傳《春秋》耶？」[27]。劉師培之論，言之成理，持之有故，說最肯綮通達。《左氏》之爲《春秋》之傳，豈不昭昭然哉？

《左傳》與《春秋》，共爲表裏，《漢書·藝文志》亦嘗言之：「丘明論本事而作傳，明夫子不以空言說經也」，足見班固亦主《左氏》解正《春秋》。至晉杜預作《春秋經傳集解》，益加發皇斯旨，序文謂：「《傳》或先《經》以始事，或後《經》以終義，或依《經》以辯理，或錯《經》以合異，隨義而發。」杜預明示：《左傳》以歷史敘事解說孔子《春秋》，與《公羊傳》、《穀梁傳》以歷史哲學釋經不同。徐復觀先生〈原史〉以爲：《左氏》之傳《春秋》，有以義傳《春秋》者，如經闕傳存、書法解釋、簡捷判斷、君子發論是；有以史傳經者，如杜〈序〉所云，藉史表現者是詳參《兩漢思想史》卷三頁二七〇～二七三。是《左傳》傳經之方式，或以義，或以史，雙管齊下，相濟爲用。復考劉知幾《史通》，不惟昌明《左傳》所以爲解《經》而作，亦獨許《左氏》傳經之能事，其言曰：「予觀《左氏》之釋《經》也，言見《經》文，而事詳傳內，或《傳》無而《經》有，或《經》闕而《傳》存。其言簡而要，其事詳而博，信聖人之羽翮，而述者之冠冕也。」六家《左傳》以敘事解經之貢獻，博得劉知幾推崇備至。

下迨宋世，鄭樵雖主「《左氏》非丘明」之說，然於《通志．總序》却極言《左傳》發明《春秋》經旨之功，其言曰：「《春秋》得仲尼挽之於前，《左氏》推之於後，故其書與日月并明。不然，則一卷事目，安能行於世？」可知《春秋》苟無《左傳》之推闡顯揚，則一卷事目，亦斷爛朝報而已，安能流傳久遠哉？可見《左氏》傳《經》之功矣。葉適《習學記言》卷十亦云：「《公》、《穀》末世口說流傳之學，空張虛義；自有《左氏》，始有本末，而簡書具存，大義有歸矣。」所謂大義有歸，即指《左氏》以歷史敘事解經，發明《春秋》「都不說破」之微辭奧旨而言。

《四庫全書總目》《春秋左傳正義．提要》亦云：「《左氏》之義明，而後二百四十二年內善惡之迹，一一有徵。後儒妄作聰明，以私意談褒貶者，猶得據《傳》文以知其謬。則漢晉以來，藉《左氏》以知《經》義；宋元以後，藉《左氏》以杜臆說矣。」據《左傳》，可以知《經》義；藉《左傳》，可以杜臆說。研治《春秋》，無論內證或外證，《左傳》皆可供取資佐證。由此觀之，《左氏》確乎爲解《經》之書，非一家之私言也。誠如陳傅良《春秋後傳》所云：「《左氏》本依《經》爲《傳》，縱横上下，旁行溢出，皆所以解駁《經》義，非自爲書」者也。孔子成《春秋》，而亂臣賊子所以懼者，豈非丘明藉史事而解經，炳若星日哉？《左氏》以史傳經，表述於行事。誅奸諛於既死，發潛德之幽光，昭昭明明，見諸敘事傳人。《春秋》之垂教來葉，《左傳》與有力焉。

明湛若水《春秋正傳．自序》謂：「《春秋》者，聖人之心也。聖人之心存乎義，聖心之義存乎事，《春秋》之事存乎《傳》。《經》識其大者，《傳》識其小者。夫《經》竊取乎得失之義，則孔子之事也。夫《傳》明載乎得失之迹，則左氏之事也。」事，爲義與文之中介。《左傳》以史傳《經》者也，苟釋《經》而無《左傳》敘事，其義又何所憑依？《傳》猶文案也，《經》則結案斷例，故《三傳》中惟《左傳》最可據，《公》、《穀》較難憑。誠如元人趙汸《春秋師說》引述其師黃澤之言：「能考據事實而不得書法者，或尚有之；未有不考據事實，而能得書法者也。」《四庫全書總目》提要所謂：「刪除事迹，何由知其是非；無案而斷，是《春秋》爲射覆矣。」（春秋類一序）善哉斯言，《左傳》之於釋經，其重要性爲何如哉？《左氏》之解正《春秋》，除上所申明者外，復推驗《左氏》所以傳《經》者十事，即事以見義，信而有徵，非漫爲虛言者也。

一、書法義例

修史必有體例，猶著書必有凡例。若漫無定例，或筆或削將無從定奪，史事之編比將無所據，辭文之修飾將無所憑。因此，所謂提綱挈領，發凡起例，著述之能事也。修史、著述如此，孔子作《春秋》，左丘明著《左傳》，司馬遷纂修《史記》，要無例外。《史通·序例》稱：「史無例，則是非莫準」，此之謂也。

書法義例，又稱凡例、類例，統括包涵，執簡御繁，爲研治《春秋》學之法門與捷術。以例說《春秋》，源遠流長，由來已久。見於著錄者，或稱謚例、釋例、條例、經例，或稱傳例、略例、通例、統例，或稱纂例、總例、凡例、說例，或曰義例、刊例、明例、新例，又有本例、序例、異同例、顯微例之倫。清納蘭成德〈涪陵崔氏《春秋本例》序〉言之詳矣，清朱彝尊《經義考》論崔子方《春秋本例》，稱述同。為求簡便，今統一稱為凡例，或義例。

元黃澤曾云：「說《春秋》，必須兼考史家記載之法，不可專據經文也。若專據經文，而不考史，則如滅項僖公十七年之類，如何見得？」趙汸《春秋師說·論魯史策書遺法》又云：「《春秋》有魯史書法，有聖人書法。必先考史法，而後聖人之法可求。若其本意脈絡，則盡在《左傳》。」趙汸《春秋左氏傳補注·序》蓋《春秋》有魯史書法，有聖人書法；魯史云亡，而聖人所書遂莫之能辨，獨幸《左氏傳》尚存遺法，足可考經。㉘故曰：學《春秋》，必自《左傳》始，職是之故也。

晉杜預作《春秋經傳集解》、《春秋釋例》，以「經之條貫，必出於傳；傳之義例，總歸諸凡」說經傳，發明頗多。世稱左丘明於孔子為素臣，杜預於左丘明為功臣，非虛言也。晉摯虞謂：「左丘明本為《春秋》作傳，而《左傳》遂以孤行；《釋例》本為傳設，而所發明，何但《左傳》？故亦孤行。」《晉書》本傳宋魏了翁謂：「杜元凱專取丘明之傳，以釋孔子之經，所謂子應乎母，以膠投漆，雖欲勿合，其可離乎？」《春秋左傳要義》良非虛美之言。故《四庫全書總目》提要稱：「《春秋》以《左傳》為根本，《左傳》以杜解為門徑，《集解》又以是書《春秋釋例》為羽翼。緣是以求筆削之旨，亦可云考古之津梁，窮經之淵藪矣。」《經部春秋類一·《春秋釋例》》《左氏》之為傳《經》之書，固不爭之論也。

左氏著傳，發明《春秋》之書法義例良多，杜預撰〈春秋經傳集解序〉，曾詳加言之，提示治經之門徑不少。其言曰：

其發凡以言例，皆經國之常制，周公之垂法，史書之舊章。仲尼從而脩之，以成一經之通體。其微顯闡幽，裁成義類者，皆據舊例而發義，指行事以正褒貶。諸稱書、不書、先書、故書、不言、不稱、書曰之類，皆所以起新舊、發大義，謂之變例。然亦有史所不書，即以為義者，此蓋春秋新意。故傳不言凡，曲而暢之也。故發《傳》之體有三，而為例之情有五：一曰微而顯，文見於此，而起義在彼：稱族，尊君命；舍族，尊夫人、梁亡、城緣陵之類是也。二曰志而晦，約言示制，推以知例：參會不地，與謀曰及之類是也。三曰婉而成章，曲從義訓，以示大順；諸所諱辟，璧假許田之類是也。四曰盡而不汙，直書其事，具文見義：丹楹刻桷、天王求車、齊侯獻捷之類是也。五曰懲惡而勸善，求名而亡、欲蓋而章：書齊豹「盜」、三叛人名之類是也。推此五體，以尋經傳，觸類而長之。附于二百四十二年行事，王道之正，人倫之紀備矣。㉙

杜預所云《左傳》闡明《春秋》之例者有三：發凡正例，周公之垂法；新意變例，孔子所修；歸趣非例，因行事而言。《四庫全書總目》稱：「預用心周密，後人無以復加。其例亦皆參考經文，得其體要。」推崇可謂備至。依〈春秋經傳集解序〉，《春秋》書法之例，其情有五：微而顯，志而晦，婉而成章，盡而不汙，勸善而懲惡。前四者示書法之用：微而顯、志而晦、婉而成章，相反相成，曲筆諱書時多用之。盡而不汙，明示據事直書之法。勸善而懲惡，則揭示《春秋》著作之指義。前四者示「如何書」之法，勸懲資鑑，則明「何以書」之義。合而觀之，《春秋》之義法已呼之欲出。

杜預謂《左傳》發凡五十，皆是周公舊法，先儒皆不踰其說。蓋《左氏》之解《經》，凡與不凡，弗區新舊；且《左氏》之經例，不僅五十也。杜預凡例，實多未備[30]。雖然，《左傳》之五十凡，固《左氏》一家之學，異於《公》、《穀》。蓋褒諱抑損之義，三傳所同；《左傳》所載凡例，乃丘明藉以釋經旨者也。既有此例，則《左傳》必輔經而行，決非經外之書劉師培《讀左劄記》。抑有進者，《傳》云稱、不稱、言、不言、書、不書、先書、皆書、追書、故書之類，僉關經例；所云不書，又非僅晐刊文字。傳言不書於策，策亦孔經劉師培《春秋左氏傳古例詮微．非從史說》。近人戴君仁《春秋辨例》謂：「《左氏》本非《春秋》之傳，無例可說。」頁十三其說恐非。觀《春秋》一經，首以時月日示例，《公》、《穀》二家例各詮傳，《左氏》所詮，尤爲近實。乃《傳》文所著書日例，僅日食大夫卒二端，餘則隱含未發。劉師培爲作《春秋左氏傳時月日古例考》，以發其微[31]。又作《春秋左氏傳古例詮微》，以闡其意[32]。說雖未必皆是，要亦後學治《左》之津梁，窮經之門徑也。豈可因其非孔子自定之例，而屏棄不言哉？

蓋《春秋》必有義例，而《左氏》凡例爲得聖人之微黃晞語。不然，則一卷事目之《春秋》，幾成斷爛朝報矣[33]。考《左氏》學者之言例，始於鄭興、賈徽，其子鄭衆、賈逵，各傳家學，亦有條例。劉歆引傳解經，復成條例。而穎容著《春秋左氏條例》五萬餘言，在杜預《春秋釋例》之前。是後言例者多矣，不可以一二數也。雖衆言之或異，然謂《左傳》中之釋例，即解經之文，則百慮一致。雖然，《春秋》非可以凡例拘者也。北宋程頤《春秋傳》稱：「《春秋》大率所書事同則辭同，後人因謂之例。然有事同而辭異者，蓋各有義，非可例拘也」。南宋胡安國《春秋傳》闡發程子之說，分正例與變例：「《春秋》之文，有事同而詞同者，後人因謂之例。然有事同而詞異，則其例變矣。」且云：「正例，非聖人莫能立；變例，非聖人莫能裁。」（要領．明類例）要之，宋元以降，以義理解經之宋學派，多以明義例作爲治經之要務。

柳詒徵《國史要義．史例第八》曾云：「記言記事，必有共守之規律。自王朝之史，至諸國之史，一皆據以爲書。」於是民初四川學人駱成駫著有《左傳五十凡例》一書，其〈敘〉言於《左傳》之凡例，闡發十分詳明：

> 凡者，包括也。故有發於前者，以前包後也。發於後者，以後包前也。發於中者，以中包其前後也。發於小國者，以小包大也。發於遠裔者，以夷包諸夏也。言內以明外，言遠以知近。其事同而不言者，悉包於此焉。明一義以求他義，習一凡以推他凡。執簡馭繁，綱舉目張，習《春秋》者，舍此同不能為功也。[34]

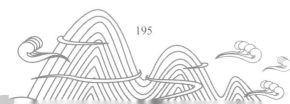

駱成駫闡說《左傳》凡例，上承程頤《春秋傳》「觀百物，然後識化工之神」；家鉉翁《春秋集傳詳說》「欲求聖人之意，必反復究觀，而後能有得」。陳傅良《春秋後傳》、趙汸《春秋屬辭》所謂「以其所書，推見其所不書；以其所不書，推見其所書」之筆削見義。乃至於程端學《春秋本義》所提大屬辭比事，小屬辭比事；方苞《春秋通論》所謂「按全經之辭而比基事」；顧棟高《春秋大事表》〈讀春秋偶筆〉所云「究終始」，即比事屬辭之法；要皆百慮一致，殊途同歸。治《春秋》能明凡例，其功效誠如駱成駫所云：「明一義以求他義，習一凡以推他凡」，可以執簡以御繁，綱舉而目張。

由此觀之，凡例義例爲探究《春秋》書法之憑藉。學界或指爲春秋時代訓詁學、修辭學之素材，未免錯會。

二、據事直書

《春秋》書法，有最直截了斷者，曰據事直書而已。如《春秋》直書「趙盾弒其君」、「崔杼弒其君」之類。邵雍謂：「錄實事而善惡形於其中」；朱熹謂：「直書其事而善惡自見」，此之謂也。呂大圭《春秋五論》二所謂：「《春秋》據事直書，而善惡自見，名稱爵號從其名稱爵號，而是非善惡則係乎其文。事成於日者書日，事成於月者書月，事成於時者書時。」呂大圭論《春秋》之義，以爲非關褒貶，特直書而已，此說最爲精淳可取。直書，看似取而載之而已；其實，中寓筆削之義。

《左氏》之解《春秋》，杜氏謂爲例之情有五，其四曰盡而不汙，指直書其事，具文見意，爲《春秋》書法之一，與曲筆諱書相反相成。《左傳》以歷史敘事解釋《春秋》經，亦多發揚此一書法。呂祖謙謂：「看《左傳》須看一代之所以升降，一國之所以盛衰，一君之所以治亂，一人之所以變遷」（《左氏傳說．看左氏規模》）。《左傳》所以可如此看者，非據事直書，何由得見？今考禮制：宮廟之飾，楹不丹、桷不刻；莊公二十三年秋，丹桓宮之楹；二十四年春，刻其桷；《左傳》本《春秋》經而直書之，其非禮可知。桓公十五年春，天王使家父來求車，非禮也。蓋於禮，諸侯不貢車服，天子不私求財也。而《左傳》宗法《春秋》，亦直載其事。觀《春秋》直書天王求賻、求車、求金，則王室之衰亂，諸侯之不貢可知。莊公三十一年夏六月，齊侯來獻戎捷，非禮也。凡諸侯有四夷之功則獻于王，王以警于夷，中國則否，諸侯不相遺俘，而《左傳》亦直書其事，以示警抑之意。

其它如隱公元年秋，天王使宰咺來歸惠公仲子之賵；八年四月，鄭公子忽如陳逆婦嬀，先配而後祖。莊公十八年春，虢公晉侯朝王，王皆賜玉五穀、馬三匹，以禮假人矣；莊公二十三年夏，公如齊觀社，非巡守而出竟也。成公二年二月，季文子以鞌之功立武宮；襄公二年夏，穆姜擇美檟以自爲櫬與頌琴，季文子取以葬；二十三年春，杞孝公卒，晉悼夫人喪之，平公不徹樂；昭公十一年，齊歸薨，大蒐于比蒲；若斯之類，皆據事直書，且闡釋其所以非禮之故，而是非曲直，自見於言外。又如：王貳于虢，《左氏》曰：「周鄭交質」，又曰「周鄭交惡」，言周綱廢墜，鄭伯之不臣也（隱公三年）。蔡、鄭盟鄧，《左氏》曰：「始懼楚。」言諸侯之患自此始也（桓公二年）；凡此，特直書其事之一端耳，不可一二數也。

三、屬辭比事

《禮記．經解》曰：「屬辭比事，《春秋》教也。」謂連屬其上下前後之文辭，類比對比相近相反之史事。《孟子．離婁下》稱孔子作《春秋》，其事則齊桓、晉文；其文，則史；孔子曰：「其義，則丘竊取之矣。」《史記．十二諸侯年表序》謂孔子論次《春秋》，「約其辭文，去其煩重，以制義法。」由此觀之，去其煩重，乃排比史事之進程；約其辭文，則屬辭修辭之工夫。孔子作《春秋》，固然因事而屬辭；後人讀《春秋》，則即辭以觀義。於是知比事可以顯義，屬辭亦足以觀義。章學誠謂「《春秋》之義，昭乎筆削」，此之謂也。《春秋》有筆有削，以寓其經世之意，以遂其撥亂之心。故屬辭比事之法，將令學者即器以求道——就文辭以探求《春秋》之義，依事辭以尋繹春秋之例。㉟此屬辭比事，所以爲《春秋》之教，而不得與《五經》同者也。唐啖助、趙匡《春秋集傳纂例》，論《三傳》得失，推崇《左傳》「博采諸家，敘事尤備，能令百代之下頗見本末。因以求義，經文可知。」所以然者，左氏作傳，能發揚屬辭比事之義故也。姜炳璋《讀左補義》述之綦詳，其言曰：

> 如周鄭交質，大書王崩，又曰王未葬也；觀其屬辭，而知取麥取禾，寤生伐天子之喪也。晉悼服鄭而驕楚，其臨沒而悔；趙武之新政偷安，屈建之新政敏肅，此於比事，而知楚強晉弱之故也。若夫《經》之屬辭比事，顯然可見者，《傳》每舍其大而論其細：如天王歸賵，不言賵惠賵仲子之非，以屬辭已明，而但以緩急為非禮也。澶淵之會，不以不討蔡般弒君為非，以比事已明，而但譏其無歸也。若一《傳》之中，彼此相形，而得失見；一人之事，前後相絜，而是非昭。晉、楚俱用夾寫，傷楚強之由於晉衰也；魯、鄭每為並敘，傷季孫之不如鄭臣也。扶盛衰之關，立事為之矩，莫不舉一例餘，而旁通四達：桓與文相比，襄、靈、厲、悼與桓、文相比，而升降可見。伯未興之前，與有伯相比；有伯之後，與無伯相比，而世變可知。條理燦著，脈絡貫通，觸處皆屬辭比事之旨也（綱領下）。

姜炳璋言《左傳》之屬辭比事，可謂通達無窒礙矣！文中所謂捨大論細、舉一例餘，此《左氏》有得於《春秋》或筆或削之心法，而會通於屬辭比事之書法者。原始察終，見盛觀衰，此司馬遷《史記》有得於《左傳》屬辭比事之法者。《左傳》筆削去取史事，相近相關者出以類比，相反相對者用以對比；正所謂「彼此相形，而得失見；前後相絜，而是非昭」，運以比事，表以屬辭，而微辭隱義乃昭然若揭。此讀《春秋》、治《左傳》之法門，一言以蔽之，曰屬辭比事而已矣。

研究屬辭比事之學，始於宋張大亨《春秋通訓》、沈棐（一作劉朔）《春秋比事》。其後元趙汸《春秋師說》、《春秋屬辭》、明傅遜《春秋左傳屬事》、清毛奇齡《春秋傳》、《春秋屬辭比事記》，張自超《春秋宗朱辨義》、方苞《春秋通論》、《春秋直解》、《春秋比事目錄》、郝懿行《春秋比》、陳用光《春秋屬辭會意》，皆斯學之要籍。至於集大成，則數張應昌《春秋屬辭辨例編》。或言義、或言例；或治《麟經》、或治《左傳》、或述《公穀》、或經傳兼治。要之，皆《春秋》屬辭比事之學也。

四、顯微闡幽

呂大圭《春秋五論》二，以爲《春秋》之義大旨有三，其三曰著幾微。並舉例以說曰：「天王狩于河陽；壬申公朝于王所（僖公二十八年），明因狩而後朝也。公自京師遂會晉侯、宋公、衛侯、鄭伯、曹伯、邾人、滕人伐秦，明因會伐而如京師也。公子結媵陳人之婦于鄄，遂及齊侯、宋公盟（莊公十九年），著公子結之專也。葵丘之會，宰周公與焉；已而書曰：戊辰諸侯盟于葵丘（僖公九年），明宰周公之不與盟也。溴梁之會，諸侯咸在；已而書曰：戊寅大夫盟（襄公十六年），明大夫之自盟也。凡此之類，皆《春秋》所以著幾微者也。」孔子作《春秋》，多褒諱刺譏挹損之文辭，不可以書見，故《左傳》釋經，面對忌諱書寫，衡以屬辭比事之教，微者可以顯揚，而幽者得以闡發之。

始、微、積、漸，爲歷史發展之軌則，故《春秋》重之、書之。如《春秋》書「初獻六羽」（隱公五年）、書「始懼楚」（桓公二年），初「始作兩觀」（定公二年），皆其例也。《易．坤文言》：「積善之家，必有餘慶；積不善之家，必有餘殃。臣弒其君，子弒其父，非一朝一夕之故，其所由來者漸矣，由辨之不早辨也。《易》曰：『履霜，堅冰至。』蓋言順也。」元程端學《春秋本義．通論》云：「其事自隱而至著，自輕而至重，始之不慎，至卒之不可救者，往往皆是。」清顧棟高《春秋大事表．讀春秋偶筆》亦稱：「弒君有漸，其大要在執兵權，不至弒君不止。」《春秋》敘事，原始要終，張本繼末者，往往以微婉顯晦之筆，體現始、微、積、漸之義。《左傳》以史傳經，則以比事屬辭之《春秋》教，詮釋《春秋》始、微、積、漸資鑑勸懲之義。所謂「推見至隱」，都不說破，蓋有言外之意。治經不讀《公》、

《穀》，猶可以意逆之；苟不讀《左傳》而欲明《春秋》之原委，是猶入室而不由戶也。

姜炳璋《讀左補義》，嘗舉例說明《左傳》所以闡幽顯微，而有功於《春秋》之大端，曰：「《經》有無待《傳》而明者，屬辭比事，無不可見其概也。若州蒲之弒，自成四年伐鄭之後，欒書並不見經；至十八年，忽書晉人弒君，微《傳》，安知弒君之爲書也（成公十八年）？鄭伯如會，卒於鄵；微《傳》，安知爲騑弒也？楚子麇以疾卒，微《傳》，安知其爲圍弒也？他如莊十七年，齊人執鄭詹，微《傳》，則相傳爲佞人也。僖十四年，季姬及鄫子遇於防，微《傳》，則或以爲自媒也。文十四年，齊人執子叔姬，微《傳》，則且以爲導淫也。定四年，吳入郢，微《傳》，則以爲掘平王之墓，鞭之三百，左右踐腹，右手抉目，而且辱及昭王之母也。」研治《春秋》經，若妙用屬辭比事爲法門，其經旨或可不待《傳》而自明。若《左氏》著《傳》，運用屬辭比事之法，於《春秋》經微、顯、志、晦、婉、章處，若發其蒙，如撥雲霧。

宋家鉉翁《春秋集傳詳說》曰：「經著其略，傳紀其詳；經舉其初，傳述其終」；又曰：「使《左氏》不爲此書，後之人何所考據以知當時之事乎？」（綱領．評三傳下）善哉斯言也，《左氏》之爲傳經之書可知矣。

五、文緩旨遠

《左氏》之文，與《春秋》相出入，或《傳》有而《經》無，或《經》闕而《傳》存，徒令人惑，非一日矣。或有據此遂疑《左氏》之不傳《春秋》者，是又不然。杜預《春秋經傳集解．序》不云乎：左丘明「身為國史，躬覽載籍，必廣記而備言之。其文緩，其旨遠，將令學者原始要終，尋其枝葉，究其所窮。優而柔之，使自求之；饜而飫之，使自趨之。若江海之浸，膏澤之潤，渙然冰釋，怡然理順，然後為得也。」此說無《經》有《傳》、經闕傳存之故。特提示發明經旨之效益，所謂文緩旨遠，亦解《經》之一道也。

呂本中曾謂：「文章不分明指切，而從容委曲，辭不迫而意獨至，唯《左傳》為然。」此可為「文緩旨遠」下一注腳也。蘇籀《雙溪集》載：張嘉父以《春秋》義問東坡，東坡云：「惟丘明識其用，終不肯盡談，欲使學者自求之，故不敢輕論也。」此深知《左氏》之用心，得其文緩旨遠之趣者矣。姜炳璋《讀左補義》，於《左傳》文緩旨遠之趣，曾有詳說，其言曰：「左氏之傳，或長篇而餘情自永，或隻字而函蓋無遺。有似刺而實褒者，如洩冶之傳（宣公九年），引《詩》之類是也。有似褒而實刺者，如宋之盟（襄公二十七年），虢之會（昭公元年）是也，有補經所未備者，如曲沃兼翼（莊公十六年），晉鄭納王（僖公二十八年）之類是也。有略經所已明者，如北杏諸會莊公十三年，皆不敘列國之類是也。

前有綱領，後有歸宿，各爲數十年之始終，此屬辭比事之《春秋》教，探究終始之法。而必舉義精仁熟之言，以爲圭臬者，此勸懲資鑑之大義也。其尤要者，則在無文之文：如齊人之弒商人文公十八年，由公子元，而通篇絕不言元；宋入弒杵臼文公十六年，因公子鮑，而通篇絕不言鮑；而元與鮑之弒，已隱躍於字句之間。諸如此類，其可以輕心掉之乎？蓋奉二百四十二年之《經》，而疏之導之，一以貫之，使人悠然會其旨。皆所謂其文緩，其旨遠，而不肯盡言者也。」綱領下 程頤《春秋傳·序》謂：「學《春秋》者，必優游涵泳，默識心通，然後能造其微。」方苞《春秋通論》稱：「按全經之辭，而比其事」，可以求得義例。觀此，可見左氏傳經「文緩旨遠」之意趣矣。

六、勸善懲惡

孔子之作《春秋》，要亦明是非之理，以詔天下與來世而已呂大圭《春秋五論》一。故董仲舒謂其大義在善善惡惡，賢賢賤不肖；又謂：《春秋》辯是非，故長於治人太史公自序引。范甯《穀梁傳·序》所謂：「一字之褒，寵踰華衮之贈；片言之貶，辱過市朝之撻」，亦此意也。然則，《春秋》其爲褒貶之書與？是又不盡然㊱。大抵《春秋》一經，書其善，則萬世之下指爲善人；書其惡，則萬世之下指爲惡人，茲所以爲褒貶之書歟！故其書事也，亦然。如《春秋》書「始作兩觀」；始者，貶之也，言其舊無也。書「初獻六羽」；初者，褒之也，以其舊八佾也（鄭樵《春秋論語》）。

左氏作傳，亦本《春秋》之旨，善名必書，惡名不滅，所以爲懲勸也。〈集解序〉所謂求名而亡，欲蓋而章，書齊豹盜（昭公二十年），三叛人名之類（襄公二十一年、昭公五年、昭公三十一年），是其例也。特《左氏》之懲勸，率多遵「善善從長，惡惡從短」之旨，故范氏以爲巫，昌黎以爲浮夸。如鄭莊入許（隱公十一年），以爲有禮；楚莊入陳（宣公十一年），予其存國。其它，如諸侯之朝聘往來，昏禮納幣逆女之類，俱謂之禮。趙汸《春秋屬辭》稱：「《春秋》以禮法脩辭」（卷四，弒君稱名氏）；鄭玄〈六藝論〉稱：「《左氏》善於禮」，《左傳》之解正《春秋》，此又一端。蓋春秋時，以玉帛相見爲禮，而以干戈相接爲禍也，非左氏自亂勸懲之例也（詳姜炳璋《讀左補義》）。合禮稱善，則勸矣；違禮貶斥，則懲戒矣。

七、界嚴華夷

春秋之世，南蠻與北狄交侵，中國之不絕若線。孔子見蠻夷猾夏若是之甚，懼中原之左衽也，故曰：「裔不謀夏，夷不亂華」（《左傳》定公十年）。自是以後，華夷之防，百世垂爲定則。桓公救中國而攘戎狄，卒帖荊楚，故《公》、《穀》善之（僖公四年、莊公三十年）；郕人、牟人於天王崩時來朝，故稱人以夷狄之（《公羊傳》、《穀梁傳》襄公二十九年）；猾夏者楚也，故《春秋》書楚事，無一不致其嚴；而書吳、越與徐，亦必與中國異辭，所以申華夷之辨於天下也。不惟內齊而外楚，內晉而外吳，別夷夏而已，即如潞子之狄，亦以嬰兒賢，而稱子以進之（宣公十五年）；吳之無君，亦因季札賢，而稱子以進之（《公羊傳》、《穀梁傳》襄公二十九年）。是夷狄進於中國則中國之，中國與於夷狄則夷狄之，內外分際極爲嚴正，此《春秋》之大義也。

《公》、《穀》二傳之釋經，辨別內外，區析華夷，可謂極矣。而《左氏》著傳，既論其終始本末，故亦首嚴華夷之界。僖公二十三年《傳》云：「杞成公卒，書曰子。杞，夷也。」二十七年《傳》云：杞桓公來朝用夷禮，故曰子。」《春秋》紀齊人救邢，《左傳》美之曰：「戎狄豺狼，不可厭也；諸夏親暱，不可棄也。」（閔公元年）孟樂如晉，請和諸戎，《左傳》稱魏絳之言曰：「戎，禽獸也。獲戎失華，無乃不可乎？」（襄公四年）成公欲求成於楚而叛晉，《左傳》載季文子引史佚之志曰：「非我族類，其心必異；楚雖大，非吾族也。」（成公四年）凡此，皆《左氏傳》之大義，亦《春秋》之微言也。

漢賈逵、服虔諸儒，爲《左氏》作注，亦頗發明進夏黜夷之義，足補《左傳》文字所未及[37]，可見《左氏》發微《春秋》緒論之一斑矣。

八、正名辨實

《莊子．天下》論學術曰：「《春秋》以道名分。」以《春秋》為正名而作，可謂知言。夫正必書王，諸侯稱爵，大夫稱名氏，四夷大者稱子，此《春秋》之名也。諸侯不王而伯者興，中國無伯而夷狄橫，大夫專兵而諸侯散，此春秋之實也。春秋之名實如此，可無辨乎？於是有去名以全實者，又有去名以責實者[38]。蓋名者，實之賓，故孔子答子路問為政，必先以正名。所謂「名不正，則言不順；言不順，則事不成」。名實既相副矣，稱說行事，方切合時宜，此《春秋》所以必以正名為義也[39]。

左氏既依《春秋》而作傳，故多闡揚此意：桓公二年《傳》曰：「名以制義，義以出禮，禮以體政，政以正民；是以政成而民聽，易則生亂。」洵可與孔子正名之說相發明也。成公二年《傳》曰：「唯器與名，不可以假人，君之所司也。名以出信，信以守器，器以藏禮，禮以行義，義以生利，利以平民，政之大節也。若以假人，與人政也。」孔子此言，正與師服之說，《論語》之答，相互補足。《左傳》成公二年：衛仲叔于奚請曲縣繁纓，孔子曰：「唯器與名、不可以假人。君之所司也，名以出信，信以守器，器以藏禮，禮以行義，義以生利，利以平民，政之大節也。」若以假人，則政亡而國家從之。「唯器與名，不可以假人」，名與器，有其客觀之象徵意義。仲叔于奚身為大夫，請曲縣繁纓，已僭越為諸侯，於禮不合，故孔子云然。此亦正名辨實之說也。

若夫哀公誄孔子，子贛引述夫子之言以說曰：「禮失則昏，名失則愆，失志為昏，失所為愆。生不能用，死而誄之，非禮也。稱一人，非名也，君兩失之。」哀公十六年可知名實與禮數之關係。此莊公十八年《左傳》所謂：「名位不同，禮亦異數」，王命諸侯，不以禮假人也。《左氏》著傳，斤斤於此；非與孔子同恥，何為其然也？

九、表裏《論語》

聖人之心法，具見於《論語》；左氏既與孔子同恥，故左氏作《傳》，其所稱述，多與《論語》相表裏。益證二書之一為信史，一為實錄也。姜炳璋《讀左補義》於此頗多闡發，其言謂：

微獨桓之正，文之譎，景之無稱，武子之愚，武仲要君之類，班班可考也。而有禮則安，無禮則危，三致意焉，然後知禮讓之可與為國。備揭小人之情狀，然後可與之言。變患之來，以天為斷，不屑屑與小人爭得失，然後可與之命。治人必先立本，用民必先教民。而書戰敗，則不盡其情。本之節愛，敬信時使，以論政治。本之德行、言語、政事、文學，以品騭人物。孔子志在東周，世莫之宗，《春秋》所由作也。凡低回於周之德，三代之治，如季札、如韓起，即佞如祝鮑，猶必備錄其文，蓋無一不以聖人之心為心也。㊵

或以《左丘明》爲魯太史，熟習史事，又與孔子同恥，同聲相應，同氣相求，作《傳》指趣遂與《論語》不謀而合。故二書思想相互輝映如此，理或然也。

除姜炳璋所言者外，《左傳》中敘事、傳人、立意，與《論語》相發明者尚多。如孔子正名之說子路，蓋祖述師服之論桓公二年；民無信不立之訓顏淵，既富庶又加之以教之語子路，不教民戰是謂棄之之誡子路，蓋本晉文之教僖公二十七年。出門如見大賓，使民如承大祭之言顏淵，悉取臼季之意僖公三十三年；義以爲質，禮以行之，信以成之之語衛靈公，與魏絳之辭相似襄公十一年。正身以治民之教顏淵子路，源於臧孫紇襄公二十一年；不學禮無以立之訓泰伯季氏堯曰，聞於孟僖子昭公七年；克己復禮之語顏淵，出於古志昭公十二年；君子和而不同之說子路，本於晏嬰昭公二十年；見利思義憲問，乃襲成鮮之語昭公二十八年。孔子謂孟之反不伐雍也，事見齊師來伐時哀公十一年。《左傳》與《論語》，相爲表裏如此，苟非同恥，其誰能之？

十、歸本於禮

孔子作《春秋》，記二百四十二年之史事，明天理，正人倫，誅亂臣，討賊子，尊周室，外夷狄，其事、其文、其義，皆準乎禮。《三傳》之釋《春秋》也，各有家法，不必盡同，然其注重禮與非禮，則一也。蓋《春秋》經世先王之志，不能無褒譏貶抑，要其本則歸於君臣、父子、夫婦、兄弟、朋友之禮也。

《左氏》言禮，視《公羊》、《穀梁》爲加詳。鄭玄謂：「《左氏》善於禮」（六藝論），誠哉是言也。《左氏》於國之存亡興衰，人之榮辱生死，每斷之以禮，而不爽銖累焉，亦可謂偉矣。後儒之治《左傳》者，或援《三禮》以折衷之；而《左氏》言禮，較〈檀弓〉爲徵實。《春秋》賢者如季札、伯玉、叔向、子產之流，其言行皆合符於禮，所謂知禮者也。民初張其淦曾有《左傳禮說》之作，頗推重《左氏》之言禮，謂：「余最愛《左氏》之言禮，得禮之意。是儀非禮，必表而出之。觀其精而得其粗，因其繁以探其本，誰謂其是非謬於聖人乎？」（《左傳禮說．序》）今考《左傳》，其彰明較著者，有所謂禮，有所謂非禮；非禮也者，蓋謂言行之迹，昧於人倫，闇於孝悌，忽於仁義，或不知恭敬謙讓之道，拜起坐立之節也，故《左氏》非之。

左氏世爲史官，習於禮教，故褒貶人物，一準之禮。如公狩于郎，書時，禮也（桓公四年）。公矢魚于棠，非禮也（隱公五年）。鄭伯以齊人來朝，禮也（隱公八年）。齊侯來獻戎捷，非禮也（昭公十一年）。治兵于廟，禮也（莊公八年）。大蒐于比蒲，非禮也（昭公十一年）。吳子壽夢卒，臨于周廟，禮也（襄公十二年）。取郜大鼎于宋，納于太廟，非禮也（桓公二年）。楚息民五年而後用師，禮也（昭公十四年）。公伐莒取向，禮也（定公四年）。盟於瓦屋，以釋東門之役，禮也（隱公八年）。晉侯來獻齊捷，非禮也（成公二年）。諸侯城夷儀，救患分災，禮也（僖公元年）。以鞍之功，立武宮，非禮也（成公六年）。許穆公卒于師，葬之以侯，禮也（僖公四年）。虢國晉侯朝王，皆賜玉五穀，非禮也（莊公十八年）。其它論禮之義，如鄭子太叔對趙簡子言（昭公二十五年），則禮經三百，曲禮二千，其要旨略備於是。至叔向以忠信爲禮之器（昭公二年），子貢以存亡視禮之體（定公十五年），孟獻子以郤錡不敬，知其必亡（成公十三年）；劉康公以成子不敬，知其不反（成公十三年）；鄭叔詹以楚子無別，知其不沒（僖公二十二年）。故孟僖子曰：「禮，人之幹也，無禮無以立。」（昭公七年，語本程發軔《春秋要領》）

左氏言禮，折中於忠信仁義敬愛謙讓之道，深得周孔禮教之遺意焉。禮之於朝聘也，所以繼好結信，謀事補闕（襄公元年）；其於諸侯也，所以守其國，行其政令，無失其民者也（昭公五年）。故曰：禮，國之幹也（僖公十一年、襄公三十年），諸侯無歸，禮以爲歸（昭公四年）。禮之可以爲國也久矣，與天地並，君令臣共，父慈子孝，兄愛弟敬，夫和妻柔，姑慈婦聽，禮也（昭公二十六年）。其於人也，則無毀人以自成（昭公二十年）；將求於人，則先下之（昭公二十五年）。禮於己也，則爲身之幹也（成公十三年）。故曰：禮，所以整民（莊公二十三年），亦生死存亡之體也（定公十五年）。恕而行之，德之則也，禮之經也（隱公十一年）。由此觀之，禮乃「天之經也，地之義也，民之行也」（昭公二十五年），可以「經國家，定社稷，序民人，利後嗣者也」（隱公十一年）。時際春秋之末季，周德既衰，而禮之意寖失矣。左氏著傳，昌禮明禮如此，亦《春秋》之心法與眼藏也。

綜要言之，《左傳》之書法義例，誠《春秋》之傳；據事直書，則《春秋》之法；屬辭比事，洵《春秋》之教；顯微闡幽，乃《春秋》之旨；文緩旨遠，亦《春秋》之趣；勸善懲惡，固《春秋》之訓；界嚴華夷，爲《春秋》之誡；正名辨實，是《春秋》之義；而《左傳》之表裏《論語》，明以聖人之心法爲心法也；歸本於禮，豈非以《春秋》之旨歸爲旨歸乎？

註釋

① 宋呂大圭《春秋論》謂：《春秋》有達例、有特筆。達例，即史文；特筆，即書法義例也。趙汸《春秋集傳·序》於史文、史義亦有說，可互參。

② 《三傳》而後，說《春秋》者亦多言例，其詳莫如宋崔子方《春秋本例》二十卷所述者，其類凡三十五，《通志堂經解》本。詳參清納蘭成德〈涪陵崔氏春秋本例序〉。惜諸家書多佚，未能考其得失也。

③ 宋鄭樵之言，詳《六經奧論》卷四，呂大圭之言，詳所著《春秋五論》，二。

④ 元程端學《春秋本義·序》亦主《春秋》無例，清儒亦頗言《春秋》無例。如姜炳璋謂：《春秋》歷十二公，秉筆者更數十人，「史不一人，則文非一手；事非一朝，則史非一例」《讀左補義·序》；石韞玉亦云：「此數十人，家自爲師，人自爲學，則其書法，豈能盡同？」《獨學廬初稿·春秋論》

⑤ 《左傳》「君子曰」多引仲尼之言以爲重，又續經至「孔丘卒」，豈不祖孔子者乎？《左傳》解釋經文，亦屢言其書，不書之故。成公十四年「君子曰」且云：「《春秋》之稱，微而顯，志而晦，婉而成章，盡而不汙，懲惡而勸善。非聖人孰能修之！」豈可謂不傳《春秋》，不祖聖人乎？

⑥ 若謂《左氏》自是一家之言，不爲經而發。果爾，則《左傳》之釋例，亦何爲者也？若《左傳》釋例如五十凡之屬，不可謂之釋經；則《公》、《穀》同於此者尤夥，豈亦非傳經乎？

⑦ 元趙汸《春秋師說》，臺北：大通書局，一九七〇，《通志堂經解》本，卷上，頁九，總頁一四九三；卷下，頁四，總頁一四九四；頁七，總頁一四九六。

⑧ 唐劉知幾著，清浦起龍釋：《史通通釋》，上海古籍出版社，一九七八。又，臺北：里仁書局，一九八〇。卷十四〈申左〉，頁四二一。

⑨ 清俞樾《群經平議》釋襄二十五年《傳》：「齊人城郟……秦晉爲成」一條云：「左氏作傳，本不以年分篇……後之編次者因每年必欲以年冠首，年上不容更著一字，於是割置前年之末，而文義之不安者多矣。……此《傳》與彼不殊，今以《經》文隔之，遂令孤懸卷首，無所繫屬。」又參《春在堂全書》〈左傳古本分年考〉。案：杜預〈集解序〉謂：「分《經》之年與《傳》之年相附」，知以《經》冠《傳》首，始於杜預；而丘明作《傳》，因與《經》別行矣。非徒左氏也，即《公羊》、《穀梁》，亦莫不皆然。證以東漢《熹平石經》，知《春秋經》固與《公羊傳》分行也羅振玉說。其後學者治《三傳》，爲免虛發與混淆，乃以《傳》文附綴所繫《經》文之後，此《經》《傳》分合之始末也。

⑩ 語見劉師培《春秋左氏傳古例詮微．明傳》第三。其《春秋左氏傳例略》，舉證以明傳有經無之故。

⑪ 語見清顧棟高《春秋大事表》卷四十三，〈春秋闕文表．敘〉謂：春秋闕誤凡百餘條，備舉自左氏、杜預、孔

穎達以來諸家之說，頗可信據。

⑫不書之例，如隱公元年《傳》：「費伯帥師城郎，不書，非公命也。」隱公十一年《傳》：「宋不告命，故不書。凡諸侯有命，告則書，不然則否。師出臧否亦如之。雖及滅國，滅不告敗，勝不告克，不書于策。」是也。不言者，若隱公元年「鄭伯克段於鄢」，不言出奔，難之也。莊公十八年「公追戎于濟田」，不言其來，諱之也，是其例也。不稱者，若僖公元年不稱即位，公出故也。莊公元年不稱姜氏，絕不爲親，是其例也。此皆史所不書，即以爲義者也。

⑬宋馬永卿著，明王崇慶解：《元城語錄解》，文淵閣《四庫全書》本，臺北：臺灣商務印書館，一九八三。卷中，頁七，總頁三七〇。

⑭趙生群：《《春秋》經傳研究》，上海：上海古籍出版社，二〇〇〇，第三章〈《左傳》的無經之傳〉，頁八〇～一二五；第五章〈《左傳》有經無傳辨〉，頁一七五～一七六。

⑮廖平《左傳古義凡例》較《古學考》爲後出，遂大反前論。轉而批駁劉逢祿說曰：「劉申綬《左傳考證》，以傳釋經爲劉氏所加，備列考證。案其說非也，無論劉說恆不得《傳》意，何能補《傳》？」

⑯康有爲《新學僞經考》以爲：劉歆僞造群經，以媚莽且篡。錢穆著《劉向歆父子年譜》，〈自序〉稱：「余詳按之，皆虛。要而述之，其不可通者二十有八端。」略謂：「歆領校《五經》未數月，即能徧僞諸經，不可通二也。」

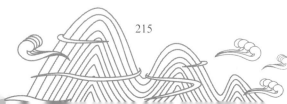

⑰陳槃《左氏春秋義例辨》以爲：《左傳》義例之爲後人附益者，歸類言之，凡二十四事：一曰鈔襲舊文史恆辭，二曰鈔襲〈曲禮〉，三曰鈔襲《國語》，四曰鈔襲《公》、《穀》二傳，五曰抄襲《公羊傳》，六曰鈔襲《穀梁傳》，七曰推演《二傳》說，八曰推演《穀梁》說，九曰曲學阿世故亂《公羊》說，十曰鈔襲《洪範．五行》說，十一曰鈔襲《說苑》，十二曰以舊史褒貶爲孔子褒貶，十三曰尋常文法託之孔子，十四日不知經用周正，十五曰不知誤文，十六曰不知闕文，十七曰不知古人著書體例多不一致，十八曰不明古史有稱謂一例，十九曰斷章取義，二十曰據後起觀念推論古制，二十一曰望文生例，二十二曰強經從傳，二十三曰嚮壁虛造，二十四曰注家之增義解經，詳〈綱要〉五。

⑱劉師培《讀左劄記》，楊寬《中國上古史導論》〈附錄〉一，亦有〈劉爲堯後說探源〉一文，極辨附益說之誣枉，詳參《古史辨》第七冊頁三一九～三三六。楊伯峻《春秋左傳注》，頁五九七，列舉六證，明孔疏之不可信，足釋諸家之疑。

⑲章太炎《檢論》二《春秋故言》。又，劉師培《讀左劄記》、〈周季諸子述左傳考〉。又，楊向奎〈論左傳之性質及其與國語之關係〉。又，劉師正浩《周秦諸子述左傳考．序》。

⑳張高評〈《左傳》史論之風格與作用〉，《成大學報》二十三卷（人文社會篇，一九八八年十一月），頁一～五七。

㉑哀十四年《經》：「小邾射以句繹來奔」，杜注謂弟子但錄舊史以續經，而未有筆削，恐非是。弟子不乏高才，自得依仿孔子體例，刪削舊史以續之，不必照錄史文也。而竹添光鴻《左氏會箋》謂：「此下蓋左氏所補

續，亦因史文，修以孔子筆削大法也」哀公十四年《經》注。以續經出左丘明之手，說自可通。左氏既能依經作傳，自可因史文而續經，理固然也。說參劉師培《春秋左氏傳古例詮微》〈續經〉篇第二，又葉政欣《漢儒賈逵之春秋左氏學》，臺南，興業圖書公司，一九八三。第二章〈關於春秋義例之闡釋〉，七，「釋續經出弟子之手」。頁五〇～五一。

㉒劉師培之說，見《春秋左氏傳古例詮微．簡策》第四章。章太炎之說，見《春秋左氏疑義答問》一。且傳於魯悼、趙襄、楚惠，並有其謚，是丘明壽考，晚歲所增，與補著謚號者也。

㉓唐劉知幾《史通．煩省》謂：春秋「自宣、成以前，三紀而成一卷；至昭、襄以下，數年而占一篇。是知國阻隔者，記載不詳；年淺近者，撰錄多備。丘明隨聞見而成傳，何有故為簡約者哉？」此詳略之道也。

㉔日本瀧川資言《史記會注考證》卷二十六〈曆書〉：「《春秋》非之」下注文。〈吳太伯世家〉「太史公曰」：「余讀《春秋》古文」下注，是司馬遷直以《左傳》稱《春秋》矣。而謂《左氏》不傳《春秋》，可乎？由此而知其大謬不然矣！

㉕章太炎《春秋左氏疑義答問．一》謂：「漢初說經，固無畛畔，雖所學素異，猶有從善服義之心焉。是以眭弘專修《公羊》，而稱漢家堯後，其說即本《左氏》。嚴彭祖專修《公羊》，而復推《左氏傳》與《經》表裏。」至漢哀帝時，為《左氏》之擬立學官，諸博士始群起反對，利祿之途使然也。

㉖劉師培《讀左劄記》，〈左氏學行於西漢考〉、〈春秋左氏傳注例略〉、〈群經大義相通論〉。又，劉正浩撰

《周秦諸子述左傳考·并序》，《兩漢諸子述左傳考·并述》。

㉗劉師培《左盦外集》卷四，〈漢代古文學辨誣〉九〈論龔氏之說不足信〉。又，或以《春秋》經文爲準，以《春秋》之弒君，惟二十六年耳，三爲二字之形誤，詳王秉謙撰〈春秋弒君三十六辨〉，載《學術界》二卷二期。案《春秋》弒君三十六之言，始於公扈子，見《說苑·建本》篇。而董仲舒《春秋繁露·盟會要》篇，及〈太史公自序〉引董生語皆同，惟《春秋繁露·王道》篇作弒君三十二。然《淮南子·主術訓》、劉向封事，皆謂弒君三十六，自以三十六爲是。左丘明躬爲國史，據史以補經闕，非苟作也。

㉘張高評〈黃澤論《春秋》書法——《春秋師說》初探〉，載入《春秋書法與《左傳》學史》，臺北：五南圖書公司，二〇〇二年，頁一四五～一九〇。又，上海古籍出版社，二〇〇五年，頁一六六～二一一。

㉙元趙汸《春秋屬辭》、丁晏《杜解集語》、鄭樵〈春秋論〉，皆以爲五十凡例非周公之成法。且杜預以五例品目《春秋》，而《春秋》實不足語於此，說詳錢鍾書《管錐編》頁一六一。

㉚劉師培《春秋左氏傳答問》、《春秋左氏傳古例詮微詮·凡例》第七、《左盦外集》卷十六〈答章太炎論左傳書〉。廖平〈五十凡駁例〉《春秋左氏古經說》附，陳槃《左氏春秋義例辨》。并皆可參。

㉛劉師培《春秋左氏傳時月日古例考》，凡二十五例。戴君仁《春秋辨例》第七第八章，曾有評論，可互參。

㉜劉師培《左氏傳古例詮微》凡二十篇，參閱《春秋辨例》評論。

㉝ 戴君仁《春秋辨例》以為：所謂義例，祇是漢代經師為鑽研經書，私意揣測孔子書法之意所成者，非孔子自定之例也。其例說蓋本《朱子語類》，鄭樵〈六經奧論〉、呂大圭《春秋論》一、二，程端學《春秋本義》等，皆主春秋有例，然義不盡在例中求。可知，《三傳》之例，皆非原書所有也。

㉞ 駱成駫《左傳五十凡例》，中央研究院傅斯年圖書館藏，民國十六年上沅新刊本，《左傳五十凡例．自敘》，頁一～二。

㉟ 章太炎以為：「屬辭比事，謂一事而涉數國者，各國皆記其一端，至《春秋傳》，乃為排比整齊。猶司馬《通鑑》比輯諸史紀傳表志之事，同為一篇，此為屬辭比事。自非良史，則端緒紛然，首尾橫決，故《春秋》之失亂矣！」文見《章氏叢書》〈檢論〉卷二，〈春秋故言〉。

㊱ 宋鄭樵〈春秋論〉「褒貶」云：諸儒之說《春秋》……泥一字褒貶之說，則是《春秋》二字，皆挾劍戟風霜。聖人之意，不如是之勞頓也。泥於有貶無褒之說，則是《春秋》乃司空城旦之書，聖人不如是之慘也。泥於無褒之說，則是《春秋》為瑣語小說，聖人未嘗無故而作經也。」

㊲ 劉師培《讀左劄記》嘗舉例以說之，可參閱。

㊳ 元趙汸《春秋集傳．序》云：「有去名以全實者，征伐在諸侯，則大夫將不稱名氏；中國有霸，則楚君侵伐不稱君。又有去名以責實者，諸侯無王，則正不書王；中國無霸，則諸侯不序君大夫，將略其恆稱，則稱人。」

㊴詳參呂大圭《春秋五論》二。胡適之有〈春秋正名的方法可分三層說〉一文，以爲正名可分正名字、定名分、寓褒貶三層，詳《胡適文存》。

㊵清姜炳璋《讀左補義．綱領下》謂：《左傳》載事，不與《論語》合者多；且七十子之附見者，亦落落如晨星。誠以《春秋》者，天子之事；《論語》者，一家之書，例不同而文亦別也。《左傳》表裏《論語》，又何疑乎？

第六章 《左傳》之學術價值

《左傳》之爲書也，義經，體史，而用文，而亦周秦兩漢諸子學之淵藪與左券也。何以言之？《左傳》一書，傳孔門之微言，以史傳《春秋》者也，其義在書法。《左傳》解說《春秋》，殊異於《公羊傳》《穀梁傳》者，當在以歷史敘事解經。特色爲以排比史事、連屬辭文之「如何書」，以體現「何以書」之史義。徐復觀《兩漢思想史·卷三》稱《左氏》以史傳經之形式有四：以補《春秋》者，傳《春秋》，一也。以書法之解釋傳《春秋》，二也。以簡捷之判斷傳《春秋》，三也。以「君子曰」之形式，發表自己之意見，四也。①《左氏》爲文，喜言《詩》《書》《易》；論斷評騭，又多準之以禮。故知《左傳》者，不惟有功於《春秋》，亦有功於群經。信聖學之階梯，實全經之橐鑰，所謂五經之餘派，而古聖人之羽翮也。此其經學之價值也。

其在史學，則編年體之祖庭，上古之信史也；不惟商周以來史界之革命，又秦漢以降史界不祧之大宗也（梁啓超《中國歷史研究法》）。故錢穆以爲：「《左傳》之價值，還應在《春秋》之上」（《中國史學名著》），此就史學而言也。外此，舉凡春秋時代一切社會活態，均備載無遺，如政治、經濟、外交、軍事、盟會、學術、文化、社會、風俗、禮法、官制、祀典、器物宮室、天文曆法、詔令奏議、族姓名字譜牒等等，多採擇入文，以見一代之實錄。《四庫全書》分史體爲十五，《左傳》居其九。由是觀之，《左傳》又非獨聖人經世之大典而已，亦二十五史之權輿也，此其史學之價值也。

其在子學，則兵家之宗也；左氏論兵，具六韜三略之奇，故古來名將，如關壯繆、杜征南、岳武穆等皆好之。後世之善用兵者，多謂其出於孫吳、吳起，而不知其實出於《左氏》也。欲考儒家、名家、縱橫家、陰陽家之思想淵源，亦可自《左傳》敘事記言中得之。且《左氏》之書，億則屢中，其爲預言，則東漢附會讖緯學之原始也。《左氏》言尊王攘夷、言克己復禮、言正名、言信義、言民主、言人本，其所持道德尺度，則儼然儒學之情操焉。《左氏》述臧哀伯之諫郜鼎，臧文仲居大蔡祀爰居，則墨家所謂清廟之守、明鬼之訓，臧氏祖孫蓋先得其傳矣。其它，則秦漢諸子如孟子、荀子、管子、晏子、《呂覽》、《韓非》、《淮南》、《說苑》、《新序》、《論衡》、《潛夫論》著作，并皆能發明《左氏》學，得其左劵焉，此《左傳》之子學價值也。

其在文學，則左氏與屈原，始以文章自成一家，同爲千古文人之嚆矢，故其價值，更僕難數。舉其犖犖大者凡十有四端：一，文章體裁之集林；二，語文研究之珍藪；三，古文家法之宗師；四，駢儷文章之先河；五，歌詩致用之珠澤；六，太古神話之劫餘；七，志怪小說之濫觴；八，通俗文學之遠源；九，傳記文學之前驅；十，敘事文學之軌範；十一，說話藝術之指南；十二，戰國縱橫之肇端；十三，描摹神貌之逸品；十四，修辭作文之津梁。

除第十四項以文繁目多，別出一書，標爲《左傳文章義法撢微》外，其它篇目總命爲《左傳之文學價值》。至於《左傳》之經學、史學、子學，則於本章中發其微而闡其幽云爾。

左氏著傳，其貌多方，百世之下，有其一體，皆足以名家。學者執簡以求，率得所欲，若武庫焉，無所不有：研經者尚其義，錄往者迹其事，考世者證其變，好兵者參其謀，摛文者模其辭。故讀四部必自《五經》始，而《五經》之鈐鍵在《左傳》。學者能以《左傳》爲津筏，而旁推交通之，則經學明，史學明，子學明，文學明。張之洞所謂：「由經學入史學者，其史學可信；由經學史學入理學者，其理學可信；以經學史學兼詞章者，其詞章有用。」《書目答問補正》洵不誣也。

第一節 《左傳》之經學價值

《左氏傳》者，本爲翼經而作，其釋經以歷史敘事解說《春秋》之微辭隱義，所謂「以史傳經」，故與《公》、《穀》「以義解經」大異其趣。於是學者或泥於門戶，斥《左氏》爲不傳《春秋》，非平情之論也。《四庫全書總目提要》嘗稱許《左傳》之作，大有功於《春秋》，謂：「漢晉以來，藉《左氏》以知經義；宋元以後，更藉《左氏》以杜臆說」，洵定評也。說已詳前文各章，不贅。今祇言《左傳》與《毛詩》、《尚書》、《周易》、《儀禮》、《禮記》、《周禮》之關係，相互印證，比較異同，以見《左傳》於經學中之價值，有足多者焉。

一、《左傳》徵引群經

《六經奧論》舊題鄭樵作卷四，有〈左氏喜言詩書易〉一文，頗言《左傳》引《詩》、《書》、《易》之情形，其言曰：「予愛《左氏》所載春秋賦詩者三十一，自僖二十三年，趙衰賦〈河水〉始。詩所以言志，賦詩所以見志，然有一言不酬，一拜不中，而兩國爲之暴骨者；有賦《詩》不知，又不答，終有必亡之禍者，則學者烏可不知《詩》之爲寓意乎？又有愛《左氏》載春秋列國之事，其引《書》據義者三十九：援〈虞書〉者一，援〈夏書〉者十三，援〈商書〉者十，援〈周書〉者十有五，眞得古聖賢之用心。不膠不泥，不立新說，而事之大者，悉取斷焉。予又愛《左氏》所載言《易》者二十……用《周易》者十有五，餘者《連山》、《歸藏》與占筮者之繫辭爾。予非取其占筮之奇中也，取其通變而不滯也。吾於敬仲之筮，得互體之說焉莊公二十二年觀之否；又於畢萬之筮，得變卦之說焉閔公元年屯之比；有卦無辭，於穆姜之筮，得動以靜爲主之說焉襄公九年艮之隨；於南蒯之筮，得不占險之說焉昭公十二年坤之比；於泰伯之筮，得〈繫辭〉之異於今文者之說焉僖公二十五年大有之睽；大抵言《易》而不拘於《易》也疑穆姜泰伯二事相反。《左氏》非惟解《經》優於《公》、《穀》，而又喜言《詩》、《書》、《易》，又非二家所能及也。」其言《左傳》之賦《詩》與引《書》，雖無關于《經》，然可據以知徵引《詩》、《書》之概況。而述《左傳》之言《易》則詳矣，有發明《易》學之功焉。

清姜炳璋《讀左補義》，亦頗言《左傳》之引《詩》、《書》、《易》、《禮》，有羽翼六經之功。其言謂：「自《三易》行，而龜卜之說微，而《傳》曰：『筮短龜長』；自《周易》行，而連山《歸藏》之制廢，而《左氏》猶存《三易》之說；自王弼註《易》，而京房、焦贛、蜀才、虞翻之說俱微，《左氏》則占主《三易》，而兼用雜占之辭。於引《書》，可知古文《尚書》之爲後出；於有窮滅夏，而知史遷〈夏紀〉之疎；於命晉以唐誥，命魯以伯禽，而知〈周書〉之未備。於引《詩》，可知《鄭風》二十一篇絕無淫女之謔浪；於朝廟典章，可知武王周公之大禮大樂未盡泯。於《春秋傳》，且爲功於群經。所謂《五經》之餘派，而古聖人之羽翮也。周衰禮廢，聖人作《春秋》以維之；傳之發明經義者，皆所以維周禮也」云云，可謂定論。

顧棟高《春秋大事表》亦曰：「〈洪範〉『沉潛剛克，高明柔克』，而《傳》謂之〈商書〉，明箕子有不臣周之義。〈巧言〉之卒章怒孫文子，識河流變遷之始。于〈褰裳〉、〈野有蔓草〉、〈有女同車〉與〈籜兮〉贈答韓宣子，知毛鄭之說之有所自，而朱子概斥爲淫奔有未安。」卷四十七 洵爲知言！張之洞出三十六題，命廖平作《左氏春秋說》長編，其第十三曰《論》、《孟》與《左氏》合，十四曰《禮記》與《左氏》合，十五曰《毛詩》與《左氏》合，三十五曰《左氏》說《易》、《書》、《詩》禮，可補群經（見《四益館雜著》）。知《左傳》可與群經相印證，補闕訂謬，厥功至偉。

日人小島祐馬撰有〈左傳引經考證〉一文，見江俠菴編譯之〈先秦經籍攷〉中，其間備列考證。茲參以己意，論述《左傳》之經學如下：據惠棟《古文尚書考》云：《左傳》引詩凡一百五十六，而引逸詩者十。據此足可彌補闕誤，考鏡源流矣。《左傳》所引，與今本《毛詩》異文者凡四十七，究其所以異，或爲通叚，或爲譌字，或因師讀不同，辨章學術，擇善而從，治《詩》者之事也。又有《左傳》所存，而《毛詩》已逸之詩；亦有《左傳》但存篇名，而不見於《毛詩》者[2]，此蓋得之里巷傳聞，或經夫子所刪（桂馥《札樸》），故不在《四家詩》編內。賴有《左傳》存其詩篇，是亦葩經之別子焉。至於宣公十三年《左傳》：作〈周頌〉，述其次第，不與今本《毛詩》一律[3]；襄公二十九年《左傳》，述季札觀周樂，樂工所歌詩之篇次，大體與今本《毛詩》近似[4]，是皆治詩者之一助也。它如〈詩序〉好取《左傳》之事以附會之，致有毫不相涉者；足駁詩序作於子夏或毛公之舊說[5]。即《左傳》所載公卿宴享賦《詩》言志，亦足徵《詩》與樂相表裏，而知樂固無經也。而《左傳》賦《詩》，斷章取義，歌詩必類，亦頗有得乎詩心之妙諦者。凡此，皆《左傳》有功於《詩經》者也。

二、《左傳》徵引《尚書》

《左傳》引《尚書》之文，有彼此近似者，凡十之七。又有今文《尚書》所無者，名之曰《逸書》，凡二十九。又有逸篇二，曰〈伯禽〉，曰〈唐誥〉（定公四年），但存其目而已。此等《尚書》逸文，東晉梅賾僞作之《古文尚書》二十五篇，曾詳加輯錄，以湮滅其作僞之跡。迨清閻若璩《尚書古文疏證》及惠棟《古文尚書考》出，備列考證，鐵案如山，乃知古文之爲贗⑥。誠以《左傳》所見之《尚書》逸文與古文《尚書》相較，僞古文或因勦襲而失其本眞，或因措詞而病於不當。而杜注所謂逸《書》者，除昭十四年〈夏書〉曰：「昏墨賊殺，皋陶之刑也」一則外，餘皆歷歷具在，夫然後知古文《尚書》之爲晚出之贗品也⑦。

《左傳》所引逸《書》中，以〈夏書〉之文獨多，凡十三，皆明標之，知古但有「夏書」之名，而後世之目爲「虞書」者贅矣⑧。且所引〈周書〉中，〈康誥〉最多；而後世以〈洪範〉屬〈周書〉，《左傳》不其然，直謂之〈商書〉，此皆耐人玩味者也。小島祐馬《左傳引經考證》謂：「就引於《左傳》之史實之『書』而觀之，則上起〈堯典〉，下及〈甫刑〉，在編輯《左傳》時，均已含包。其範圍略如今日《書》之形狀，不難想像。惟就其所引書之文句觀察，今日所無之文句，比之所有之文句爲遙多，可以證明《左傳》編纂時，在書之完全無闕之時代。且所引之《詩》、《書》，在編纂《左傳》時，殆未稱之爲經；然在實際上，已含有後世所謂經書之意味，從其引用之狀態，可以推知矣。」[9]洵爲知言！外此，由《左傳》所載左史倚相能讀典、墳、邱、索，知《春秋》、《尙書》，皆史官掌之也。觀此，可以知《左傳》、《尙書》學之價值矣。

三、《左傳》徵引《周易》

《左傳》引《周易》者，凡十六見：以義理說之者七，以象說之者九。別有不以《周易》占者三，全然爲今本《周易》所無者，是所謂逸《易》也。宋洪邁《容齋隨筆》疑此或爲《連山》、《歸藏》之劫餘，清顧炎武《日知錄》則以爲《三易》之法也[10]。由此觀之，《左傳》蓋占主《三易》，而兼用雜占者也。由《左傳》之引《易》，可見《春秋》之筮占，或取《周易》定辭，或隨意命辭，或辭異《周易》而意與之合。知《春秋》之占筮多本于《周易》，可據證《周易》之編集，當在《春秋》之前也。《左傳》之占筮採《周易》定辭者，殆無定法可循；非無定法也，代遠失傳，後世難知也。錢大昕等執例以求占法，失之鑿附，趙汝楳《易雅》駁之甚明[11]。而《左傳》筮辭，多較《易傳》所釋爲切當，知

《易傳》之成書，當在尊《周易》爲經之後，恐作者不逮見孔子矣⑫。

且《左傳》引《易》，以象爲說者九，或以卦象分析卦爻辭。或以變卦之象爲說。尤可異者，周史說〈觀〉之〈否〉（莊公二十二年），晉獻公筮嫁伯姬（僖公十五年），開漢儒附會互體之始，實啓後世以象數說《易》之先河⑬。艮八之占，明日是于《周易》，是重卦不始於文王也⑭。解說卦象，所取不只一端，可以知〈說卦〉與〈雜卦〉之本原也⑮。穆姜之論元亨利貞，惠伯之說黃裳元吉，已開《易傳》之先聲。而穆姜之說，又得〈文言〉傳之異文焉⑯。復就《左傳》引《易》觀之，知《周易》之在《春秋》，特占書之一耳。惟《易》辭饒有格言寶訓之哲理價值，寖漸爲人所尊視，此自《左傳》引《易》，可以覘之。其後，儒家又從而宏揚之，於是《周易》遂一躍而爲經典書籍矣⑰。凡此，皆《左傳》之《易》學價值也。

四、《左傳》徵引周禮

孔子筆削魯史作成《春秋》，有所褒諱損挹，一斷以禮。經既裁魯史以制義法，則《左氏》依經作傳，凡以禮非禮相明者，均周禮也。其有事僅見《傳》，《傳》以禮非禮相詮者，亦周禮也。今考《左傳》所載，有可與三禮互相發明印證者：如〈儀禮〉中之聘禮、覲禮；《禮記》中之〈曲禮〉、〈王制〉、〈月令〉、〈祭法〉、〈雜記〉；《周禮》中之天、地、春、夏、秋五官；與夫〈春官・大宗伯〉所掌之吉、凶、軍、賓、嘉五禮；《左氏傳》中多有明文可徵。鄭康成謂：「《左氏》善於禮」，洵知言也[18]。惟就《左傳》所存三禮之材料言之，《左氏》作傳之時，《三禮》尚未成書；此自《左傳》作者行文敘述時，對《三禮》之信用薄弱，可以推知。顧棟高《春秋大事表》，有〈《左氏》引經，不及《周官》、《儀禮》〉一文，値得參考[19]。況所載禮意，時與大小戴《記》相出入邪？雖然，猶可窺見《三禮》成書前之鱗爪也。左氏世爲史官，見周衰禮廢，奮然思有以救之，故依經著傳，發明經義，皆所以維周禮也。

何謂「《左氏》發明經旨，皆所以維周禮」？姜炳璋《讀左補義》於此言之最詳，其言曰：

田制壞矣，《傳》述夫子之言曰：「施取其厚，事舉其中，斂從其薄；若欲行而法，則有周公之典在。」而知稅畝田賦之為厚斂也。軍制壞矣，《傳》載晉初一軍，繼為三軍、五軍、六行、而州兵、而崇卒；齊為先驅、中驅、貳廣、駟乘；楚為左廣、右廣；鄭為先編後伍；宋為鸛鵝；魯史則深惡三家，不能守周公之典；而知邱甲作軍，舍軍之為亂法也。講武之田不時矣，《傳》曰：「農隙以講事、明貴賤、辨等列、順少長、習威儀」；而知大蒐、大閱之非時制也。朝覲之禮不行矣，《傳》曰：「非天子不稽首，朝以軍班爵之位，帥長幼之序；諸侯薨於朝會，加一等；公當饗，卿當燕；而知朝於王所，雖出入三覲，猶非禮也。

九伐之法不振矣，《傳》曰：「以王命討不庭，諸侯敵王所愾，則賜以彤弓；諸侯有四夷之功，則獻於王；諸侯不相遺俘；而知擅興摟伐者之非道也。司徒之封疆廢矣，《傳》曰：「天子一圻，列國一同，以降而衰；天子建國，諸侯立家；我疆我理，南東其畝」；溝塗相限，不使戎車是利；而知取田、歸田、疆田之非制也。十二荒政不修矣，《傳》曰：「修城郭，貶食省用，務穡勸分」；而知告糴之為末務也。司爟之禁不修矣，傳言「出火、納火」，不得其節，則火出而章，必火入而伏，水火交而致火；宋占星而為火備，鄭修德而不復火；而知成周宣榭火及內外災之由於人道也。大行人之邦交不明矣，《傳》曰：「犧象不出門，嘉樂不野合」；「周之宗盟，異姓為後」；「七姓從王，王賜之騂旄之盟」（襄公十年）；而知《春秋》之書會書盟，皆非古也。

宗伯之典不著矣，《傳》曰：「三代命祀，祭不越望，而有取於楚昭；若晉祀夏郊，亦有禘祀；魯以禘樂賓祭，宋以桑林饗賓，而知吉禘卜郊之非禮也。馮相保章之職不修矣，《傳》曰：「天子有日官，諸侯有日御；履端於始，序則不愆；舉正於中，民則不惑；歸餘於終，事則不悖」，言置閏也；三辰有災，君不舉辟，移時樂奏，鼓祝用幣。又曰：「伐鼓於朝，用幣於社」，言救日也。而歸其要於慎政，一曰擇人，二曰因民，三曰從時，而知日食星變之務修省也。五禮六樂之教不明矣，傳載周公之辭形鹽，眾仲之論舞佾，甯武不拜〈彤弓〉，穆叔三拜〈鹿鳴〉；以及子太叔、晏平仲、周伶、秦醫之徒，皆暢言其所得，《傳》備錄之，而知凡變禮、易樂者必誅之。他如力役則非時而書，雖時亦書；馬政則日中而出，日入而入；冰政則北陸藏冰，西陸頒冰，諸如此類，不能悉數，其有功於周禮者大也。[20]

凡此，皆《左傳》之禮學價值也。姜炳璋《讀左補義》，就《左傳》徵存，分田制、軍制、講武之田、朝覲之禮、九伐之法、司徒之封疆、十二荒政、司爟之禁、大行人之邦交、宗伯之典、馮相保章之職、五禮六樂之教諸層面，枚舉例證，具體而微，可謂詳備矣。有此綱領提示，堪作入門之階梯。學界同好探討《左傳》之禮學，盍興乎來！

左氏著《傳》，為《春秋》而作也；然旁徵博引《詩》、《書》、《易》、《禮》之文，非徒可以匡謬補闕，羽翼《五經》，又可以辨章學術，考鏡淵流。清章學誠〈論課蒙學文法〉謂：「《四書》文字，必讀《春秋》《左傳》。為其知孔子之時事，而後可以得其所言之依據也。」此以經解經之讀書法也。章氏又云：「《左氏春秋》稱述《易》、《書》、《詩》、《禮》，無所不備；孺子讀經傳而不知所用，則分類而習其援證經傳之文辭，擴而充之，其文自能出入於經傳矣。」并見《章氏遺書・論課蒙學文法》此謂揣摩《左氏》

援證經傳處，能裨益學者出入經傳、發明孔學也。故曰：「《左傳》者，聖學之階梯，而《五經》之鈐鍵也。」學者治經而不自《左傳》，是猶入門而不由戶也。劉彥和《文心雕龍．史傳》篇云：《左傳》者，「實聖文之羽翮，記籍之冠冕」，洵篤論也。

《左傳》之《春秋》學價值，已詳本書第五章第三節〈論《左氏》解傳《春秋》經〉，此不再贅述。《左傳》之《詩經》學價值，主要在賦《詩》引《詩》方面，茲事體大，已另成專章論述，詳參《左傳之文學價值》，第五章〈歌詩致用之珠澤〉，此亦不再贅述，互參可也。

第二節 《左傳》之史學價值

左氏著《傳》，固爲羽翼孔經而作，但後人取法，則不必局限於一方。蓋《左傳》之爲書，義經、體史，而用文，誠不可以一方體物也。是猶《春秋》爲經，而其體則史，孟子曰：「其文則史」，此之謂也。左氏著《傳》，本爲《經》發，然以史傳經，藉行爲之因果關係，作空言判斷之準據，遂成一完整之史學著作。即在今日，其史學上之崇高地位，亦遠在傳《經》之上。蓋《左傳》以歷史敘事傳經，將春秋時代各方面之變遷，成就、矛盾、衝突，予以系統而完整性之敘述，化爲曲折而趣味性之實錄，千載下讀之，猶栩栩如生。其史學價值之高，可謂世界性之空前成就（徐復觀《兩漢思想史》頁二七五）。

《左傳》之實錄上古歷史，乃治三代史與讀二十六史之基準。故自來學者，除肯定《左傳》爲經學外，亦多稱美《左傳》之史學，以爲乃春秋之信史，一代之實錄。晉賀循曰：「《左氏》之傳，史之極也。文采若雲月，高深若山海。」後魏高祐曰：「《左氏》屬辭比事，兩致並書，可謂傳史意，而非全史體。」唐劉知幾稱：「《左氏》爲書，敘事之最，自晉以降，景慕者多，有類效顰，彌益其醜。」（《史通·模擬》）宋呂祖謙則謂：「《左氏傳》綜理微密，後之爲史者，鮮能及之。」朱熹亦云：「《左氏》是史學」（并見《經義考》引）。晉干寶作《史議》，則歷詆諸家，而歸美《左傳》，謂：「左丘明能以三十卷之約，括囊二百四十年之事，靡有孑遺。斯蓋立言之高標，著作之良模也。」（《史通繁·省》篇引）凡此，皆於《左氏》傳經之外，又許其爲良史，尤其在歷史敘事，以爲文學敘事方面。

劉知幾論史家有三長：才、學、識具備，方可稱良史。章學誠益以史德，是爲四長。衡諸左丘明，蓋多有之。《史記·十二諸侯年表序》與《漢書·司馬遷傳贊》，嘗推許《左氏》董理舊聞之功業，下爲百代史家之冠冕。杜預《集解·序》亦稱美《左氏》廣記備言，原始要終，尋其枝葉，究其所窮。斯言雖非爲修史而發，然良史亦莫不以敘事見本末爲能事。夫能原始要終，尋其枝葉，董理舊聞，此其才學也。而《文心雕龍·史傳》篇謂：「析理居正，惟素臣乎」，以析理言史法，此稱其歷史眼光，所謂史識也。且《左氏》敘事載言，恰如分際，不失梗概，劉知幾美其：「工爲史者，不選事而書，故言無美惡，盡傳於後」㉑，此史家純正之心術，如鑑空衡平，所謂史德是也。

梁啓超《中國歷史研究法》，曾論《左氏》書之特色有三：「一曰不以一國爲中心點，而將當時數個主要之文化國，平均敘述。二曰敘述不局於政治，常涉及全社會之各方面；典章大事固多詳敘，瑣語一類，亦采擇不遺。三曰敘事有系統、有別裁，確成爲一種組織體之著述。此三特色者，皆以前史家所無。」觀梁氏此論，左丘明之史才、史學、史識、史德爲何如哉？不言可喻矣！

左丘明既爲良史官，故所傳者爲春秋之信史。其後司馬遷作《史記》，於春秋史多資材於《左傳》；班固《漢書・古今人表》，亦就《左傳》所載而考論之。清崔述作《豐鎬考信錄》、《豐鎬考信別錄》，即援引《左傳》之文以爲徵信。近人何炳松著《古代國際法》，洪鈞培著《春秋國際公法》，王貴民、楊志清編《春秋會要》，以及其它有關春秋歷史學術之敘述與研究，無不徵信於《左傳》。舉凡道德仁義、憲章墳典、故史文獻、經學德行名言，其出於孔子之前者，幸賴《左傳》述之，至今得以考見。《左氏》徵存文獻之功，又何如哉？徐復觀先生〈原史〉稱：在二千四百多年前，我國即有《左傳》此部歷史宏著，下開爾後史學之興隆，形成中國歷史文化之支柱。此一功績，必然與人類運命連結而永垂不朽。《兩漢思想史》頁二六一史學所以經世，固非空言著述也。故《莊子．齊物論》曰：「《春秋》經世先王之志」；程頤亦謂：「《春秋》乃經世大法」。左氏著《傳》，經世致用之意爲獨多。清魏禧撰有《左傳經世》一書，其自序謂：「《尙書》，史之太祖；《左傳》，史之大宗。古今治天下之理盡于《書》，而古今御天下之變備于《左傳》。」又曰：「嘗觀後世賢者，當國家之任，執大事，決大疑，定大變，學術勳業，爛然天壤。然尋其端緒，求其要領，則《左傳》已先具之。」蓋世之變，至春秋已極，身當其變，故特重經世致用。則經世史學，《左傳》固已開其端矣。

明黃佐《六藝流別．序》謂：「《春秋》，以治正志者也，其源名分也。其流之別，爲紀、爲志、爲年表、爲世家、爲列傳、爲行狀、爲譜牒、爲符命。其大概也，則爲敘事，爲論贊。」持此以視《左傳》，其說大致可信。若持《四庫全書總目》所分史書十五種例《左傳》，如編年、紀傳、紀事本末、詔令奏議、傳記、地理、職官、政書、史評，《左傳》皆已具體而徵存有之。史書體類十五，《左傳》已高居其九，信夫史之大宗也。茲論述《左傳》之史學如左，以見其價値之一斑。

一、編年

杜預〈春秋序〉謂《春秋》：「以事繫日，以日繫月，以月繫時，以時繫年，所以紀遠近，別同異也」。明傅遜《春秋左傳屬事．序》稱《左傳》：「體本編年，而記載繁博，或一簡而幾事錯陳，或累卷而一世乃竟，或以片言而張本至巨，或以微事而古典攸徵。茲欲遡流窮委，尋要領而繹旨歸，蓋亦難矣。」杜預提示《左傳》編年體之特質，傅遜則指陳《左傳》「體本編年」之得失，以及原始要終之難處。唯《春秋》多孔子之微言大義，但能作經讀，不能只作史讀[22]。《左氏》既傳《春秋》，論次本事而作《傳》，於是編年之規模粲然大備。《史通．二體》謂：「丘明傳《春秋》，繫日月而為次，列世歲以相續；中國外夷，同年共世，莫不備載其事，形於目前。理盡一言，語無重出，此其所以為長也。」清崔述亦云：「《左傳》年月井井，事多實錄。」近儒錢賓四先生則稱：《左傳》為中國第一部最詳密之編年史；專講歷史價值，孔子《春秋》還遠在《左傳》之下（《中國史學名著》頁四六）。由此觀之，《左傳》體為編年，自有其優長。

綜上所述，《左傳》乃編年體之開山。其後《史記》本紀、晉荀悅《漢紀》、樂資《春秋後傳》、張璠《後漢紀》、孫盛《魏氏春秋》、《晉陽秋》、干寶《晉紀》、徐賈《晉紀》、裴子野《宋略》、吳均《齊春秋》、何之元《梁典》、王劭《北齊志》、袁宏《後漢紀》、《隋書．經籍志》古史類、《唐書》以後《藝文志》之編年類，與夫司馬光之《資治通鑑》、朱熹之《資治通鑑綱目》、畢沅之《續資治通鑑》；或謂之春秋、或謂之紀、或謂之略、或謂之典、或謂之志、或謂之鑑，名雖各異，要皆依《左傳》編年以爲準的焉，是皆《左傳》之昭穆與雲仍也。

二、紀傳

《左傳》所載，紀事傳人，信爲後世正史之濫觴。天王、五伯，本紀也。諸侯、宗藩、大夫、后妃，世家也。英臣、偉士、倖宦、奸盜、亂賊、戎狄，與夫占侯、卜、夢、相、醫、樂工諸方伎，後世之列傳也。而備述吉、凶、軍、賓、嘉之禮；詳言戰陣、射御、燕饗、詞命之情；廣載禮俗、名物、食貨、法律、學校之實；兼錄古史傳說、詔令奏議、姓氏譜牒、天文、地理、職官，則是後世書志之體也。

是以顧棟高記其父手抄《左傳》全本授讀，曰：「此二十一史權輿也！聖人經世之大典，于是乎在，小子他日當志之。」（《春秋大事表．總序》）雖然，《左傳》固不可以一方體例也，故劉知幾曰：「《左氏》

爲書，不遵古法，言之與事，同在《傳》中。然而言事相兼，煩省合理，故使讀者尋繹不倦、覽諷忘疲。」《史通．載言》豈特不遵古法哉，《左傳》誠不可以後世史書體例繩之也。今所以仍云云者，亦曰因根以振葉、沿波而討源，便於論述而已。

三、紀事本末

《左氏》之解經也，一言以蔽之，曰以史傳經：或先《經》以始事，若隱公不書即位，先發仲子歸于我隱公元年；衞州吁弒其君完，先發莊公娶于齊隱公三年是也。或後《經》以終義，如昭公二十二年王室亂，定公八年乃言劉子伐盂以定王室；哀公二年晉納蒯聵于戚，哀公十五年乃言蒯聵自戚入衞是也。或依《經》以辯理，如隱公不書即位，而求好於邾，故爲蔑之盟隱公元年，案其經文，明其歸趣是也。梁劉勰《文心雕龍．史傳》解經，「乃原始要終，創爲傳體」；唐陸淳《春秋集傳纂例．三傳得失議》謂《左傳》：「博采諸家，敘事尤備。能令百代之下頗見本末。因以求意，經文可知。」可見《左傳》之優長，在敘事見本末。呂祖謙《左氏傳說》有〈看左氏規模〉一文，謂「看《左傳》須看一代之所以升降，一國之所以盛衰，一君之所以治亂，一人之所以變遷。」《左傳》記事之所以可如此看者，蓋事詳始末，自成首尾也。清馮李驊《左繡》謂：「《左氏》有絕大線索：于魯，則見三桓與魯終始，而季氏尤強。于晉，則三晉之局，蚤定于獻公之初。于齊，則田齊之機，蚤決于來奔之日。三者爲經，秦、楚、宋、衞、鄭、許、曹、邾等紛紛，皆其緯也。」讀左卮言《春秋》筆削魯史記，敘事則齊桓晉文爭霸事迹。此亦謂《左傳》敘事，原始要終，頗見本末也。便於鑑往知來，其惟《左傳》乎！

原始要終，本末悉昭，劉師培《左盦集》以爲古春秋紀事成法如此。孔子作《春秋》，左丘明著《左傳》，皆準此以成書。左丘明本《春秋》而爲傳，《晉書．荀崧傳》稱其「張本繼末，以發明經義。」晉杜預《春秋經傳集解．序》謂丘明作傳，「或先經以始事，或後經以終義，或依經以辨理，或錯經以合異，隨義而發。」此所謂先經、後經、依經、錯經諸法，即是張本繼末、探究終始之敘事法。方苞所謂「義以爲經，而法緯之」，亦即《禮記．經解》所云「屬辭比事」之《春秋》書法。屬辭比事之法多方，其一爲「究終始」，韓愈〈贈盧仝〉詩早已指出。《左傳》敘事或比事、或屬辭、終始本末要皆「絲牽繩貫，脈絡潛通」於義，脈注綺交於義。程端學《春秋本義》所謂大屬辭比事、小屬辭比事，固指《春秋》求義之方；《左傳》以歷史敘事解經，亦時時體現之。最稱具體而微者，《左傳》敘事出於紀事本末者，其具體之實例有五，如晉公子重耳出亡，前後十九年，具見僖公二十三年；晉呂相絕秦，述秦晉歷年外交衝突，悉見成公十三年；蔡聲子說楚復伍舉，稱楚材晉用之實例四，至今爲患，備載於襄公二十六年；吳季札出聘，遍訪華夏上國，詳記於襄公二十九年，周王子朝告諸侯，歷敘王室之亂，悉載於昭公二十六年中。皆以事件爲主，將數十年事跡本末始終敘記於一年之中。㉓紀事本末體之優長，《四庫全書總目》所云：「文省於紀傳，事豁於編年」，《左傳》有之。

由此觀之，記事本末體之文，《左傳》已開其端矣。然自杜預割傳附年，別其經傳，於是《經》文橫梗《傳》中，前《傳》後《傳》不相連屬，《左傳》紀事之連珠貫串，遂不可得而見矣（參俞樾左傳古本分年考、左傳連珠）。後儒不察，徒見《左傳》記載浩博，或一簡而幾事錯陳，或累卷而一世乃竟，或以片言而張本至巨，或以微事而古典攸徵（傳遜《春秋左傳屬事．自序》），遂以爲《左傳》體本編年耳，夫豈實情也哉？案：傳遜所指幾事錯陳、累卷乃竟、此《左傳》敘事自見本末之證。《左傳》既分年附經，於是必原始要終，優游饜飫，然後爲得。後儒苦其事類懸隔也，故多仿袁樞之體而有作：如宋章沖《春秋左氏傳事類始末》，明傅遜《春秋左傳屬事》，唐順之《左氏始末》，孫范《春秋左傳分國紀事》，清馬驌《左傳事緯》，高士奇《左傳紀事本末》，曹基《左說條貫》，盧元昌《左傳分國纂略》，其較著者焉。清韓菼稱：左氏「傳一人之事與言，必引其後事牽連以終之，是亦一人一事之本末也。」（《左傳紀事本末．序》）信矣！

四、詔令奏議

劉知幾謂：「《左傳》言事相兼，煩省合理，故多辭命議論，有《尚書》典、謨、訓、誥、誓、命之體焉。」（《史通．載言》）如周襄王命齊侯（僖公九年），周襄王命晉文（僖公二十八年），定王使王孫滿對楚子（宣公三年），定王辭鞏朔獻齊捷（成公二年），景王使詹桓伯責晉（昭公九年），敬王告晉請城成周（定公元年），此周天子告諭諸侯之辭，於體爲詔令。

《左傳》載存春秋時代之詔令奏議不少，舉凡諷諫、論說、請求、應對、辭賜、勸戒之屬，皆屬之。如富辰諫狄伐鄭，石碏諫寵州吁，臧僖伯諫觀魚，臧哀伯諫納郜鼎，宮之奇諫假道，管仲論受鄭子華，司馬子魚論用人於社，臧文仲諫卑邾，臼季請用冀缺，季文子論出莒僕，申叔時論縣陳，伯宗論伐狄，魏絳對晉侯，魏絳請和戎，魏絳辭賜金石之樂，師曠論衛人出君，穆叔論立子裯，北宮文子論威儀，晉司馬侯論三不殆，女叔齊論魯侯不知禮，薳啓彊論辱晉，芋尹無宇對楚子，屠蒯諫晉侯，申無宇論城陳蔡不羹，晏子諫誅祝史，晏子論梁邱據，晏子論禮可以爲國，晏子論禳雪，鮑文子諫伐魯，伍員諫吳王許越成，逢滑論與吳，子胥諫伐齊，郤缺請歸衛地，臧孫紇論詰盜，祁奚請免叔向，聲子請復椒舉，子產論晉侯疾，祁午戒趙文子，沈尹戌論費無極，史墨論季氏出君諸什。凡此，皆諸臣論諫之辭，或告王、或告君、或告執政、皆奏議也。詳宋眞德秀《文章正宗》，及拙作《左傳之文學價值》〈文體〉章。據是，則後世所謂詔令奏議，《左傳》已濫觴之矣。

五、傳記

《文心雕龍．史傳》謂：「睿旨幽隱、經文婉約。丘明同時，實得微言。乃原始要終，創爲傳體。傳者，轉也。轉受經旨，以授於後，實聖文之羽翮，記籍之冠冕也。」《左傳》雖非專爲人物作傳記者，然《春秋》英臣偉士之傳記，莫若《左傳》之翔實圓神。列傳之體，創自史遷。然春秋大夫，自管仲、晏嬰、伍子胥外，無與焉，其它無論矣。如柳下惠、臧文仲、叔向、子產、蔿艾、百里奚、狐偃、趙衰諸人，功名豈少於管仲、晏嬰乎？而《史記》不載，幸得《左傳》徵存之，不者將湮滅無聞。

《左傳》大抵前半出色寫一管仲，後半出色寫一子產，中間出色寫晉文公、晉悼公、秦穆公、楚莊王數人，此其傳記也。其它如天王、伯侯、宗后、名公、巨卿、后妃、閨壼、勇將、烈士、奸盜、亂賊，亦多敘其事而傳其人。即疆場之臣、方伎之流、夷裔之人、庶民之賤，苟其善可師，其惡可鑒，與夫一言一行之微，有可以風天下，示來世者，莫不採著於篇。讀其傳記，則其人之性情心術、聲容笑貌，千載如生，《左傳》有功於文獻如此。其後遷《史》、班《漢》、《東觀》、《三國志》諸作，無一不倣擬《左氏》，以為敘寫傳記人物之規準。由此觀之，《文心雕龍》之言，洵乎不誣也。

宋人王當撰《春秋列國諸臣傳說》，明人劉節撰《春秋列傳》，姚咨撰《春秋名臣傳》，章大吉撰《左記》，多取《左傳》之成文類編纂集之，以見春秋人才出處語默之大節。夫然後知，《左傳》亦傳記文學之鼉叢也。詳參拙作《左傳之文學價值》〈傳記〉章。近人程發軔著《春秋人譜》、方朝暉著《春秋左傳人物譜》，要皆取材於《左傳》之人物傳記也。

族姓譜牒之學，《四庫全書》隸於傳記類，《左傳》尤為斯學之原始。鄭樵《通志總序》謂：「生民之本，在於姓氏。……自漢至唐，歷世有其書，而皆不能明姓氏。原此一家之學，倡于《左氏》。因生賜姓，胙土命氏、又以字、以謚、以官、以邑命氏——邑亦土也——《左氏》所言，惟茲五者。」劉知幾《史通．書志》亦推原後世史書氏族志，實自《左氏》始：「帝王苗裔，公侯子孫，餘慶所鍾，百世無絕。能言吾祖，郯子見師於孔子；不識其先，籍談取誚於姬后。」今考《左傳》所載列國之臣，或稱人、或稱名、或兼氏繫、或獨舉其官、或獨舉其氏。王朝之臣，或書爵、或書行次、或書名、或書地邑、或獨書氏、或兼書爵與名、或一國而前後異稱、或一人而前後異名、稱謂互見，名或至四五，致紛錯難記，學者苦之。杜預《春秋釋例》有〈世族譜〉，焦循《經籍志》亦載有〈春秋宗族名氏譜〉、

〈春秋謚族譜〉、〈春秋名號歸一圖〉、〈春秋名字異同錄〉四種，明劉城撰有《左傳人名錄》，近人周法高，則集諸家大成，作《周秦名物解詁彙編補釋》。要之，皆鉤稽梳理《左傳》族姓名字之學而成書者。

由此觀之，《左傳》書中，人自天王世辟而外，氏或以地、以官、以祖父，載筆或名、或字、或謚，一人數稱，前後貿易，因爲學者所詬病。然此乃古人朴略，名號隨時；史書舊文如此，《左氏》據實采錄，以見春秋之風尙，而族姓、名字、譜牒之學由是興焉，足與《世本》相表裏也。

六、地理

《五經》之志地理者，〈禹貢〉而外，《詩》亦頗著，然無若《春秋》經傳之專且多。〈禹貢〉既爲戰國人所依託，則敘述沿革地理者，舍《春秋》經傳無宗祖也。而《春秋》經傳中，又數《左傳》地名爲獨多。蓋地理者，歷史之舞臺，故敘史事必及地名。不惟山川國邑，道途關津，在所必書；即盟會侵伐，婚喪弒滅，各有所趨，亦必實載。時移世遷，則地名屢易；有《經》書改名，而《傳》以實明之者；有《經》書未改名，而《傳》發所改之文者；又有疆埸之邑，一彼一此，所屬無常者，《左氏》多能明之。由此觀之，中國之載沿革地理，不得不數《左傳》爲先河也。

自杜預《春秋釋例．土地名》，收羅有周及大小侯國附庸百七十，地名九百十五，夷四十四，山四十二，水五十九，凡千百餘目。後儒踵事增華，如宋楊湜、張洽、鄭樵，元杜瑛、明楊愼、劉城等，亦各著《春秋》地名圖譜之書。而清高士奇《春秋地名考略》，江永《春秋地名考實》，顧棟高《春秋大事表》，其尤著者焉。顧氏〈春秋列國爵位及存滅表〉，載春秋方國二百有九，可謂衆矣。陳槃仍顧氏之體例，著有《不見於《春秋大事表》之春秋方國稿》，得方國五十七，闕疑者十九。而大冶程發軔著《春秋左氏傳地名圖考》，釋地名凡千五百餘，又遠超乎杜氏而上之。諸家所考，雖不必限《左傳》，固以《左傳》之方國土地名爲大宗也。

七、職官

職官之記述，始於《周禮》，此夫人而知之者。然《周禮》一書，乃戰國初儒家兼通法理經濟者所爲，甚非周公致太平之書。其中所言制度，多與周初不合，蓋採用春秋時東周及各國官制爲多，而《左傳》見錄綦夥。《左傳》職官，與《周禮》相較，或名同而職異，或名異而實同，往往因國而殊。世有欲考職官之因革損益，以盡世變之觀者，徵之《左傳》，以爲原始，猶可參稽而得。

其於《周官》，有同名異職者，如傅、太傅、少傅、太師、少師、左師、右師，見於《左傳》所載者，或與〈地官〉司徒師保之職守不同。或官名近似，然列國間亦有尊卑之殊。《周禮》設六官以治國，《左傳》所載，則魯已備六官，宋亦略具。而司寇又名司敗，司空又稱司城，司馬又號司武。少宰、左宰、右宰之副也。少司寇、少司馬、右司馬、左司馬，亦各爲司寇司馬之副。晉有大司空、齊有銳司徒、晉有中軍、上軍、司馬、魯有四卿。凡此，皆名似而職殊者也。

又有《左傳》職官，與《周禮》異名而同實者：如饔人、獸人、醫、府人、庫人、守藏、復陶、宰人、司宮、巷伯、寺人、豎，多與〈天官・冢宰〉之屬同職。鄉正、封人、縣師、賈正、褚師、門管、闈、隧正、司里、虞人、衡鹿、舟鮫、虞侯、祈望、迹人，多與〈地官・司徒〉之屬典守相同。又如司墓、太師、師筏、師慧、樂尹、師鎛、師觸、師蠲、卜尹、筮史、祝史、宗人、祝宗、太史、左史、巫、巾車、差車，多與〈春官・宗伯〉之職掌近似。再如侯人、司士、門官、虎賁、太僕、正侯、御士、御戎、乘馬御、校人、校正、馬師、宮廄尹、中廄尹、監馬尹、馬正、帥、將軍之倫，凡此多與〈夏官・司馬〉之職司相通。它如大士、野司寇、行李，則又與〈秋官・司寇〉之職掌相近也。詳參劉師培〈春秋時代官制考〉、〈春秋時代地方行政考〉，詳《左盦外集》卷十；又〈周官左氏相通考〉，具見《群經大義相通論》。

由此可見，《周官》與〈堯典〉之為偽託。不者，設官分職之良模如此，何以至春秋末而裁汰改易如是之甚，蛻變陵夷一至於此乎？其它若郯子申言以鳥名官昭公十七年，蔡墨論氏五官昭公二十九年，尤為設官分職之權輿。夫然後知考正職官之沿革，必自《左傳》始也。

八、政書

後世典章制度之記述，概歸於政書，斯學亦當以《左傳》為淵藪。《左傳》所載，除以事實為大宗外，曆法、輿地、兵制、禮制、氏族、官秩亦各有專門。蔡復一《續文獻通考・序》謂：「《春秋傳》所記叔向、子產，往往立譚之間，歷數先王之典，旁及稗說禨祥，靡不辨究。意其人不盡神識，當必有掌故轉相傳習。」[24] 此趙汸《春秋左氏傳補注・自序》所謂：「魯史舊章，猶賴《左氏》存其梗概」也。蓋左氏身為魯史，得見策書，又親聞孔子，復得百二十國寶書以供參考，故能古今卓絕，著述罕聞，信《春秋》文獻之總歸也。

《左傳》言分封也，則曰封建親戚，以蕃屏周僖公二十四年；並建母弟，以蕃屏周昭公二十六年；選建明德，以蕃屏周（定公四年）。祝鮀長衞於蔡，論周初封建之制（定公四年），申無宇執亡閽，言人有十等（昭公七年），此《左傳》述封建之制也。論嫡庶之法，則曰：「太子死，有母弟則立之，無則立長。年鈞擇賢，義鈞則卜。」（哀公三十一年）又云：「天子建國，諸侯立家，卿置側室，大夫有二宗，士有隸子弟。」（桓公二年）於是宗法之制立焉。若夫中央與地方之官制，則有同名而異職者，有異名而同實者，說已詳前，不贅。

《左傳》言禮制也，則冠、婚、喪、祭、拜、饗、朝會、盟聘、盟會、相見、世子始生諸儀節，皆可考徵。它如都城、宮室、宗廟、軍制、車制、田制、樂舞、服飾、器物、刑法、貢賦之大凡，皆可於敘事言理中窺知。言信仰，則春秋時人之說天道、鬼神、災祥、卜筮、夢，未嘗廢人事也（汪中《述學・左氏春秋釋疑》）。《左傳之文學價值》第一章〈文章體裁之集林〉「典志體」，可以互參。

《左傳》敘記階級、世族，則王侯公卿士，其等也；而周五氏、魯三桓、晉六卿三家、齊四姓、宋六族、鄭七穆，最爲閥閱，並有世官（詳童書業《春秋史》頁六一）。自王、公、大夫、士，至皁、輿、隸、僚、僕、臺，人分十等焉（昭公七年），民服事其上，而下無覬覦（桓公二年）。述教育，則謂：「天子失官，學在四夷」（昭公十七年），又曰：「大人不悅學，學殖將落。」（昭公十八年）可知官學之荒廢；鄭人遊於鄉校，以論執政，知私學之漸興也（襄公三十一年）。

談商業，則載鄭桓與商人之誓（昭公十六年），鄭商弦高退秦之師（僖公三十三年），絳商行諸侯之賄，而秦漢富豪東郭賈，已起於春秋之世（哀公十四年）；夫然後知春秋之鉅賈，富可敵國，勢埒王侯也。敘法律，則子產刑鼎（昭公六年），鄧析竹刑，晉作被廬（僖公二十七年），楚造僕區（昭公七年），是其名也。或言勸賞而畏刑，或言察情而議制，奉法治民，大抵不違于仁恕（詳下節子學法家），是其精神也。而朝聘、盟會、戰爭之中，自有規矩法度，近人洪均培著《春秋國際公法》，何炳松撰《古代國際公法》，亦皆以《左傳》文獻爲據依。記社交，或引詩以言，或賦詩見志，辭令之妙，足見貴族文化儒雅風流之一斑。春秋賦《詩》引《詩》之風氣，惟見《左傳》所載爲大宗，戰國諸子無聞焉[25]。其徵存文獻之功何如也！

步天算，則載其時彗孛、氛祲、薄食、晦明、朔閏、日食，此國史所書當時之事，必步曆而論天象也。然陰陽之運，隨動而差，差而不已，遂與歷錯。故孔子與左丘明，每于朔閏發文，蓋矯正得失，因以宣明歷數也（杜預《春秋釋例．經傳長歷》）。大凡經傳七百七十九歷，傳居三百八十六，其三十七日食，三無甲乙。《左傳》發明長歷之義八（杜預《春秋釋例．經傳長歷》），而《春秋》合於《蝕經》之日食三十次，或有僞誤，可就《左傳》補正之。中外古今皆認《春秋》爲信史，得《左傳》長歷之發明，益不可移易。《春秋》既爲信史，於是魯國十二公之世次年代，乃確定不移，絕非孔子派定，亦由此可見[26]。言曆法，則《左傳》雜取三正，參差不一，往往而迷。此蓋丘明作書，雜取當時史冊之文，間或失于統整改定所致。而《左傳》史料之可信，由所載三正之文不同，即為明據㉗。

《左傳》載古史傳說，則郯子論古代名官（昭公十七年），魏絳談后羿代夏（襄公四年），它如五帝三代之史迹，時時間出篇中。是古史之傳說，猶得其劫餘也。詳《古史辨》第七冊〈古史傳說統論〉，又葉政欣先生〈左傳古史證〉。說倫常，則《公羊》家言《春秋》有七缺㉘；就《左傳》所見，夫婦、君臣、父子之道，多有廢缺，而於婦女之貞操尤甚。非徒魯、衛、齊、晉諸名國之公卿大夫，淫辟之事，更僕難數；即親族、尊屬、卑屬間上烝下報，恬不為怪。後世所目為禽獸行者，不絕於史冊。則其時社會風氣之凌亂，略可察也（梁啓超《中國文化史》）。清王世濂著《左淫類紀》，亦觀民風之一助也㉙。

外此，則觀春秋人物名號之紛錯，知古人稱謂之制，或以父名子，或以夫名妻，或以母名女，或以子名母，大異於今人也。詳《古書疑義舉例》二十九，〈稱謂例〉。又知名字相配之學，與夫後世之諱名，其俗自《春秋》《左傳》始。覩諸侯敗鄭徒兵，不惟知三代兵制之沿革；尤可見徒兵自此立也，而車戰從此寖衰矣。閱臧僖伯諫觀魚，雖非論財賦，然所謂魚、鼈、鳥、獸之肉不登於俎，皮、革、齒、牙、骨、角、毛、羽不登於器之類，亦可考其時食貨經濟之一斑。世有欲治《春秋》之史事者，論世治人，捨《左傳》無由也。《左傳》信乎為《春秋》文獻之總歸也。

九、史評

《史通．論贊》云：「《春秋左氏傳》每有發論，假君子以稱之，所以辯疑惑、釋凝滯。若愚智共了，固無俟商榷。丘明『君子曰』者，其意實在於斯。」《左傳》所稱君子之言，往往見溫厚精微之意，與後世史筆之崇尚彫刻者異趣；而《朱子語類》、趙汸《左傳補注》嘗疑其為淺陋。《左傳》史論，往往藕斷絲連，入解經語，以見夾敘夾議之妙，此固敘事之化境，亦史書所宜有也。而皮錫瑞《經學通論》目為首尾橫決，文理難通，直以駁雜視《左傳》。朱熹更以為：「《左氏》之病，是以成敗論是非」；洪邁《容齋隨筆》則謂：「《左傳》議論遺詞多害理」；林栗、朱熹、陳亮、劉逢祿則倡：「《左傳》『君子曰』為劉歆所附益」，并是妄說無據，片言致疑者也，可無置辨。駁論已見前，不贅。

《左傳》「君子曰」，亦丘明釋《經》之文，特其發論，變幻莫測，莫可端倪，有未可以後世論贊例之者。語其方式有二：或正論、或側論；語其作用有六：或申大義、或寓褒貶、或辨疑惑、或寄感慨、或補遺闕、或貫脈絡；語其特色有四：或夾敘夾議、或駢散相間、或委婉深曲、或特重詩禮詳莊雜州左傳史論。筆者曾撰〈《左傳》史論之風格與作用〉一文，論述《左傳》之史論風格有四：或為作者抒論，或爲聖賢重言，或爲經義闡釋，或爲直書見意。復考察《左傳》史論之作用有十，曰褒美、貶刺、預言、推因、發明，曰辨惑、示例、補遺、寄慨、載道。㉚自《史記》「太史公曰」以下，《漢書》、《後漢書》、《三國志》諸史論贊，乃至於《資治通鑑》「臣光曰」，《聊齋誌異》「異史氏曰」，多受《左傳》「君子曰」史論之影響。

自《左傳》稱事評人以「君子曰」發論之後，正史多倣其例，而有論贊之體：《史記》云「太史公曰」、《漢書》曰贊、荀悅曰論、陳壽曰評、《東觀》曰序、謝承曰詮、王隱曰議、何法盛曰述、揚雄曰譔、劉昞曰奏，袁宏、裴子野，自顯姓名；皇甫謐、葛洪，列其所號；史官所撰，通稱史臣，其名萬殊，其義一揆（《史通・論贊》）。推其本始，則當以《左傳》「君子曰」爲嚆矢也。《左傳》爲敘事見本末之《春秋》實錄，復得「君子曰」之文，以講書法、別是非、定猶豫、明褒貶，遂賦歷史以資鑑之義與經世之方。陶熔客觀之記述，與主觀之評論於一爐而冶之，各有畛域而不相淆亂，信乎記籍之冠冕，而史書之極則也。

第三節 《左傳》之諸子學價值

《左傳》一書，包羅宏富，除爲經學、史學之珍藪外，又饒諸子學之價值。《史記‧十二諸侯年表序》稱：魯君子左丘明成《左氏春秋》，「鐸椒爲楚威王傅，爲王不能盡觀《春秋》，采取成敗，卒四十章爲《鐸氏微》。趙孝成王時，其相虞卿，上采《春秋》，下觀近世，亦著八篇，爲《虞氏春秋》。呂不韋者，秦莊襄王相，亦上觀尙古，删拾《春秋》，集六國時事，以爲八〈覽〉六〈論〉十二〈紀〉，爲《呂氏春秋》。及如荀卿、孟子、公孫固、韓非之徒，各往往摭拾《春秋》之文以著書，不可勝紀。」此所謂觀《春秋》、采《春秋》、删拾《春秋》、捃摭《春秋》，皆指《左氏春秋》也。《鐸氏微》、《虞氏春秋》、《呂氏春秋》等，大多採取删拾《左傳》辭文，而成諸子之論著，《左傳》大有功於諸子學，太史公已發其微。雖語焉不詳，亦自有可觀。今鉤勒《左傳》之文，參閱諸家之作，謹就二端以言《左傳》之諸子學價值：一曰濫觴，遡其本也；二曰流韻，究其委也。世有欲辨章學術，考鏡源流者，得以覽焉。

一、濫觴

《左傳》敘事記言，簡當賅備，深博無涯涘，誠《文心雕龍》所謂：「百家騰躍，終入環內」者也。夫九流皆託始於《六經》，觀《漢書．藝文志》可知其梗概。《左傳》成書時，未有經名，遑論各家；而《左傳》之賅博，既爲群經大義之歸趣，自亦諸子學術之發祥也。劉師培有〈古學出於史官論〉之說（《左盦外集》卷八），謂六藝、九流，與夫術數方技之學，皆出於史也。左丘明爲魯史官，典職所在，故其學兼容並蓄，深博賅備如此，益信劉師培持說之有徵也。考《左傳》爲諸子學之濫觴，可得而言者有九：曰兵家、曰儒家、曰墨家、曰名家、曰法家、曰縱橫家、曰陰陽家、曰讖緯學、曰形法學，述之如後：

㈠兵家

兵法之要，世謂《武經》七書足以盡之，竊以爲不然。世之言兵法者，類多祖《陰符》，師《韜略》，取法《孫吳》《司馬》法，以爲捨此莫尙矣。而不知前乎此者，有《左傳》之兵法也。夫左丘明爲《春秋》作傳，非爲兵法著書，固也。然《左氏》敘戰，乃有善言而極兵之致者，頗饒《六韜》《三略》之奇，故古來名將，若漢寇恂、馮異、蜀關羽、晉杜預、梁王僧辨、宋曹瑋、岳飛、明戚繼光等人，無不通習《左氏傳》㉛。蓋孫吳之兵法，寄於言；《左氏》之兵法，寓乎事；《孫》《吳》所言，空言也；左氏所言，驗之於事者也。徵言於事，則虛；徵事於言，則核。世人皆知善用兵者，出於《孫》《吳》，殊不知實出於《左氏》也。捨《左氏》而言兵法，此所謂不循其本者也。何以言之？請例舉以明：

《左傳》之論兵也，諸凡蒐、卒、簡、乘，進、攻、退、守，分、合、奇、正之法，記載特詳，弘纖畢具。後世授鉞登壇，拊頤談兵者，即變幻如風雲，舉不能出其範圍㉜。蓋春秋之時，古道猶存，三王仁義之師未遠；亦由霸圖已熾，列國攻圍之技爭長。左丘明於時作傳，義無不該。其所敘當年攻戰事，誠用兵者所當隨方而取則，為將者所宜究心以淹通者也。明陳禹謨〈進《左氏兵略》表〉，嘗舉要言之曰：

> 方農隙而春蒐、夏苗、秋獮、冬狩（隱公五年），事悉講于先期；及師行而前茅、慮無、中權、後勁（宣公十二年），備必周于臨敵。以禮義為教民首務（僖公二十七年），直遠邁夫孫吳；以《詩》《書》為謀帥先資（僖公二十七年），似居要于《韜》《略》。致勝多由設伏（隱公九年、襄公十三年、宣公十二年），三覆七覆，如神出而鬼行；奪心必取先人（文公七年），潛師潛涉（文公七年、哀公七年、哀公十七年），若星耀而玄逐。楚言晉肺（哀公二年），變幻無端；偽

遁贏張僖公二十八年，顯默詎測。以強見弱，甚或至於毀軍桓公六年；以寡示多，方且盛為疏陣襄公十八年。願為鸛，願為鵝昭公二十一年，彷彿鳥蛇龍虎之雜陳；或用木定公四年，或用革，奚止弓矢戈矛之盡制？鷄父之役昭公二十六年，吳之奔止者，罪人三千；攜李之役定公十二年，越之自剄者，罪人三行。亂而取之，寧有決罣漏網？乘丘之戰，蒙馬以皐比犯宋師莊公十年；城濮之戰僖公二十八年，蒙馬以虎皮犯陳蔡。震而驚之，殆猶拉朽摧枯。括之萬句千章，不出多方誤敵昭公三十年；統及九軍億旅，無如師克在和。桓公十一年

《左氏》傳中，如云止戈爲武宣公十二年，師克在和桓公十一年，耀德不觀兵，禮樂慈愛爲戰所畜莊公二十七年，德、刑、詳、禮、義、信，爲攻戰之利器成公十六年，有折衝樽俎之遺風，而孫吳概未言及者。陳禹謨〈進《左氏兵略》疏〉曾枚舉而論述之，曰：「如兵首人和，則有以德和民隱公四年，師克在和之訓桓公十一年。武不可黷，則有不戢自焚隱公四年，止戈爲武之詞宣公十二年。語正，則召陵僖公四年、城濮僖公二十八年諸師仗其義；語奇，則衷師隱公九年、夾擊隱公九年、潛涉哀公十七年、胥加桓公十年妙其機。詭譎，則曳柴僖公二十八年、設旆哀公二年、僞羅昭公二十二年、詐盟僖公二十五年窮其幻；行陣，則鸛鵞昭公二十一年、魚麗桓公五年、左右勾拒桓公五年善其法；勇敢，則先登隱公十一年、免冑僖公三十三年、帶斷、桀石成公二年昭其能；技藝，則用革定公四年、用木定公四年、用矛哀公十一年、用劍昭公二十一年程其巧。舟車步騎，則餘皇昭公十七年、乘廣宣公十二年、崇卒昭公元年、小駟僖公十五年詳其說。天官時日著龜占侯，則卜偃、史墨、徒父、師曠之儔通其奧。古今用兵家，有不出其彀中而能逸其域外者，誰

哉？嘗博稽古名將淵源《左氏》者，殆更僕未易數也。」《左傳》誠可通於兵法，由此益信。

《左氏》喜談兵，敘兵事往往委曲詳盡，神情畢見。如所謂《軍志》者，《左傳》徵引者三（僖公二十八年、宣公十二年、昭公二十一年），世既無傳書，猶賴《左傳》存其鱗爪。《左氏》敘戰，大抵參考當時名將之所志，皆疆埸臨時之所用，故具書以告後人。安見孫、吳所言，非即據《左氏》所述者以為藍本乎？世人不循其本，言善用兵者，皆知其出於孫、吳，而獨佚《左氏》，不亦疏乎？清李元春有《左氏兵法》之作，其〈序〉文枚舉歷代戰役，大將名將發用《左傳》兵法謀略之實例，其言謂：

> 兵貴用奇，奇莫如田單火牛；孫、吳未嘗明言也，左氏之燧象則先之矣（定公四年）。奇莫如宗慤畫獅、狄青銅面；孫、吳未嘗顯示也，《左氏》之蒙馬則先之矣（莊公十年）。項羽救趙軍鉅鹿，諸侯莫敢仰視；而其所以勝者，不外《孫子》所謂兵勢，《吳子》所謂勵士；然曹劌之論戰（莊公十年），則無不該也。即其沉舟破釜，猶塞井夷竈之法也（成公十六年）。匈奴困漢高於白登，一時智略英雄盡從之，而不能不墮其計中，冒頓之用兵，疑出漢朝君臣上。然道不出《孫子》〈虛實〉、《吳子》〈應變〉兩篇，而實則本楚子之羸師也（桓公六年、僖公二十八年）。即高祖所以解圍，猶射麋顧獻之意也（宣公十二年）。《孫子》校之以計而索其情，《吳子》衍之為料敵，子元之料陳（桓公五年），伯比之料隨（桓公八年），皆是也。智罃三

分四軍之謀（襄公九年），漢高用之以撓楚。齊桓遠結江黃之計，孔明用之以圖魏。其小者，李光弼殺賊於將飯，一邧垂之敗戎人；白孝德取將於橫流，一平中之獲觀虎。若以陣法言，近世名將戚少保（繼光）稱最矣，其鴛鴦陣，固自鸛鵝魚麗出，其方陣亦自左拒右拒來耳。至如越王使罪人三行，屬劍於頸衝吳陣，其故若亟思之而不可解，不知正以其不可解為神奇。此雖孫吳，猶有未能言，後世猶有不盡用也。

李元春《左氏兵法》舉證《左傳》兵謀之發用，曰先之、本之、猶之、用之、皆是、無不該、固自出、亦自來、猶有不盡用云云，可見運用之妙存乎一心，而皆胎源《左傳》敘戰之兵法謀略，可以斷言。

陳禹謨《左氏兵略．題辭》亦云：「孫吳、直用詭道見奇耳，傳之僞遁羸張，五承三復，亦曷嘗寘詭道不由也？《左》之於法備矣，自昔以諳《左》稱名將者不少……子翼（寇恂）捕誅復將，則曲梁之罰也。公孫（馮異）獨屏樹下，則晉帥之讓也。元凱起火巴山，則奪心之奇也。君才（王僧辨）沉船江水，則焚舟之役也。寶臣（曹瑋）因險限敵，則阻隘之利也。武穆（岳飛）之謀審先定，則敗荊致絞之術也。若元凱身不跨馬，射不穿扎，卒領征南任，策平吳勳，尤可謂得《左》之深者，蓋生平有《左癖》所蓄積素也。又唐太宗嘗曰：『朕觀千章萬句，不出多方以誤之一句而已。』李衞公深以爲然。按此語亦出《左氏》，用

《左》之明效大驗，略可觀矣。」歷代名將發用《左傳》兵法，驗之於行事如此。由此可見，絕非空談無徵者可比。

夫天下雖安，忘戰必危，故兵之設久矣，自古立國未有能去兵者。雖古今異時，中外異地，兵法謀略不可不講而明之也。《軍志》曰：「聖王有義兵，而無偃兵。」此之謂也。《左氏》之言兵，既爲兵家之祖，故學者或輯而論之，除明陳禹謨《左氏兵略》，清李元春《左氏兵法》外，明代尚有李材武《春秋必讀》、來斯行《左氏兵法》、王世德《左氏兵法纂》、杜文煥《左氏兵傳》、茅元儀《春秋戰略考》、黎遂球《春秋兵法》、吳從周《左氏兵法》、曾益《左略》、龔奭《左氏》、宋徵璧《左氏兵法測要》、章夢易《左氏兵法》。明末清初有魏禧《兵法》、《兵謀》之著述。諸家《左氏兵法》之作，咸尊《左氏》爲兵權謀略之嚆矢。明代經世致用之思潮，影響《左傳》之兵書化，由此可見[33]。

敬翔答梁太祖問，以爲「兵者應變出奇以取勝，春秋古法不可用於今」（《五代史》）；《四庫提要》因謂《左氏》兵法，在五代已不可用。余嘉錫《四庫提要辨證》曾駁其「執彼片言，以爲定論，甚矣其惑也」（卷十一子部二），余嘉錫之說，有可取者。雖古今異宜，原隰異勢，車騎異用，強弱異形；然歷千秋萬世而此心同、此理同。後世之攻戰，其爲勝敗者不必合；而其所以致勝敗者，鮮不合。譬之一人之奕，即累百局無能合者；而求其取勝之妙，則一也。用兵行軍之道，何獨不然？故《左氏》之有兵法，示人以矩矱而已；雖不能使人必巧，而巧寓焉。法之用圓矣，神而明之，存乎其人。慎勿膠柱鼓瑟，如馬服君、霍驃姚之紙上談兵也。

錢鍾書《管錐編》評《史記・衛將軍驃騎列傳》，曾比較學古兵法者四家之異同：「趙括學古法而墨守前規，霍去病不屑學古法而心兵意匠，來護兒我用我法而後徵驗古法，岳飛既學古法而出奇通變不爲所囿。造藝、治學，皆有此四種性行，不特兵家者流爲然也。」第一冊，頁三五六 要之，學古人、學兵法，道通爲一，殊途同歸。正所謂運用之妙，存乎一心而已矣！

唯《孫子兵法》、《吳起兵法》以一家言行世，世得述焉；《左氏》主說經，故論兵敘謀雖工，而分次各篇，未成專帙，檢尋頗難，是以精義罕聞。導致《左傳》兵謀，堪稱古今兵家至要之典，韜鈐得失之林者，世俗多忽焉而不顧，習焉而不察；敬翔謂是紀戰爭之事，隗禧指爲相斫之書，并是浮浪之妄說，皮傳之私言也，豈眞知《左氏傳》者哉？古今兵法謀略雖千變萬化，要不出奇正、虛實、離合三者之交相運用而已。案諸《左傳》敘戰之行軍用兵，多有實例佐證。[34]其出謀畫策之匪夷所思，不可思議，要皆創意發想之良資材也。移以作為經營管理、規劃設計之借鏡，誰曰不宜？

自二十世紀下半葉，商學院、管理學院借鏡《孫子兵法》理論，以談說經營管理，於是《三國》學、三十六計、《孫子兵法》諸書大行其道。企業管理、經營規劃，極重視個案研究；恰巧，《左傳》

敘次春秋諸大戰，爲提供後世資鑑，喜言敵我雙方於戰役中之成敗利鈍，而以兵法謀略之高下，將帥個性之得失，團隊士氣之消長，作爲勝負之判準。《左傳》大小戰役，敘事有首尾，兵法謀略往往藉以展示之。世之言創意之經營管理者，除《孫子兵法》之外，《左傳》之兵謀殊堪借鏡，此無可置疑者也。㉟

(二) 儒家

古者庠序之教，舉天下而從事於六德六行六藝，無異學也。及周衰文敝，六藝道息，因有百家之興。故章學誠以爲：諸子之學，皆源於六藝（《文史通義·詩教上》）。而六藝之學，則儒家之教，師徒之官所職掌。考《左傳》所載，列國皆置師傅：有太師（文公元、六年）、少師（昭公二十九年、襄公二十七年）、傅（襄公十六、十九年）、太傅（成公六、十八年）、少傅（襄公十九年）之名，是師徒之屬也。而《左傳》敘事記言，涉及道德規範者，頗似儒家，如孝敬忠信爲吉德，盜賊藏姦爲凶德（文公十八年）；親仁祥義爲四德（僖公十四年），固順孝安亦爲四德（文公六年），或以元亨利貞爲四德（襄公九年），父義母慈史友弟共子孝曰五教（桓公六年、文公十八年），君義、臣行、父慈、子孝、兄友、弟敬，曰六順。賤妨貴、少陵長、遠間親、新間舊、小加大、淫破義，曰六逆（隱公三年）。度、莫、明、類、長、君、順、比、文，是謂九德（昭公二十八年）。君令、臣共、父慈、子孝、兄愛、弟敬、夫和、妻柔、姑慈、婦聽，是謂十義（昭公二十六年），皆是也。

且由《左傳》敘事傳人，知道德精神之表現，雖死生之際，亦無所苟且：稱孝弟，則如衛二子（桓公十二年）、楚伍尚（昭公二十年）；敘愛君，則如楚鬻拳（莊公十九年）；述孝順，則如晉申生；言忠貞，則如晉荀息（僖公九年）。晉狐突寧死，不教子貳（僖公二十三年）；衛子路救患，不免其冠（哀公十五年）。晉解揚承命，死生有所不顧（宣公十五年）；宋伯姬守節，火災勢所不避（襄公三十年）。狼瞫怒不作亂，而從師殉（文公二年）；鉏麑不賊民主，竟觸槐死（宣公二年）。楚昭王弗祭弗祟，惟思當身受過（哀公六年）；邾文公卜遷於繹，但求利民養民（文公十三年）。有殺身以成仁，無求生以害仁，孔子所謂當仁不讓，庶幾近之矣。斯時也，去聖未遠，清化之餘，多彬彬之君子，如宋目夷能以國讓（僖公八年），曹子臧避不爲君（成公十五年），吳季札辭立而耕，韓無忌讓家遂老（襄公九年），與夫介之推不言祿，終身隱而不見（僖公二十四年），是皆沐浴禮教之澤，而知辭讓之道者也。合於儒道出處之節，義利之辨（以上例詳錢穆論春秋時代人之道德精神）。

《左傳》之敘事也，即戰爭侵伐之際，猶以禮義爲教民首務（僖公二十七年），以詩書爲謀帥先資（僖公二十七年），以親仁善鄰爲寶（隱公六年），以寢兵息民爲貴。招攜以禮（僖公七年），懷遠以德（僖公七年），止戈爲武（宣公十二年），師克在和（桓公十一年）。明恥教戰，求殺敵也（僖公二十二年）；禮、樂、慈、愛，戰所畜也（莊公二十七年），德、刑、詳、禮、義、信，戰之器也（成公十六年）。此與孟子所謂制梃撻秦、得道多助、仁者無敵、地利不如人和，歸趣近似；更與孔子所謂善人教民七年，可以即戎（子路）；以不教民戰，是謂棄之（子路）；以及去兵立信之言合符。於此可見儒者之說，淵源有自矣。其它如孔子言克己復禮（論語顏淵），出於古志；（昭公十二年）倡正名主義（論語子路），本於師服（桓公二年）。孟子鷹鸇鳥雀之喻（離婁上），本諸臧文仲（文公十八年）；勞心勞力之說（滕文公上），肇自劉康公（成公十三年）；事大事小之論（梁惠王下），原於游吉景伯（昭公三十年）；而《荀子》立說，莫不根於《左傳》；即論《禮》、引《詩》、考樂，亦多引《左傳》之文以為徵（詳劉師培左傳荀子相通考）。又如叔孫豹論三不朽（襄公三十四年），子產言天道遠人事邇（昭公十八年），與夫《左傳》所書天道、鬼神、災祥、卜筮、夢，未嘗廢人事（汪中左氏春秋釋疑），此等人本主義，孔子以下之儒者皆深受其影響。

且《左氏》一書，責君特重，責臣特輕，孟子所謂民貴君輕之意，《左傳》已先啓之矣。如云：「弒君稱君，君無道也；稱臣，臣之罪也。」（宣公四年）又云：凡君不道于其民，諸侯討而貳之，則曰某人執某侯，不然則否（成公十五年）。又云：天之愛民甚矣，豈可使一人肆于民上，以縱淫，以棄天地之性（襄公十四年）。又云：書曰衛人立晉，衆也（隱公四年）。而衛侯欲叛晉（定公八年）、衛孝公欲復國（哀公二十六年）、陳懷公與楚吳（哀公元年），皆朝國人而問焉。及如衛文公欲以君位讓其父兄子弟，以衆不可乃止（僖公十八年）。晉文公假道於衛以伐曹、成公欲與楚，國人不欲，故出其君以說於晉（僖公二十八年）。民主思想至《春秋》已彰彰明矣，《左傳》多有明徵㊱。

天下無無根之物，使儒家之學前無所承，周秦之際，時勢雖異，儒學又何能蔚成爾許大國？《周官．冢宰》謂：「儒以道得民」，溯原之說也。觀《左傳》所敘，可以知儒家之本始矣。《左傳》之儒學思想，可參閱日本津田左右吉著《春秋の思想史的研究》第七章，〈儒教思想によつて作られた説話〉，頁三〇七～三四八。

㈢ 墨家

《漢書．藝文志．諸子略》云：「墨家者流，蓋出於清廟之守。茅屋采椽，是以貴儉。」清王先謙《補注》引周壽昌曰：「《左傳》桓二年：臧哀伯曰：『是以清廟茅屋，大路越席，大羹不致，粢食不鑿，昭其儉也。』《志》蓋以墨之儉出於此也。」章太炎先生《菿漢昌言》四亦謂：「墨家傳自史角，其教在魯。先墨子者，如臧哀伯之諫郜鼎，盛稱清廟茅屋大路越席之制（桓公二年）；而文仲至居大蔡，祀爰居，終惑于新鬼大故鬼小之誣說（文公二年）。所謂清廟之守，明鬼之訓，臧氏蓋先得其傳。妾之織蒲，亦所謂汲汲憂不足者（文公二年）。」章氏《國學略說》亦云：「更上徵之春秋之世，則儒家有晏子，道家有管子，墨家則魯之臧氏近之。觀於哀伯之諫，首稱清廟，已似墨道。及文仲縱逆祀，祀爰居，則明鬼之效也。妾織蒲，則節用之法也。武仲見稱聖人（襄公二十二年），蓋以鉅子自任矣。」（《諸子略說》）[37]可見墨家之淵源，《左傳》信有明文。

外此，季孫行父相三君，無衣帛之妾，無食粟之馬，無藏金玉，無重器備（襄公五年），室無私積，家無長物如此，則亦節用之楷模也。公孫歸生曰：「善爲國者，賞不僭而刑不濫。」（襄公二十六年）師曠曰：「良君將賞善而刑淫……夫君，神之主，而民之望也。」（襄公十四年）此則尚同之意也[38]。子產謂：伯有猶能爲鬼，蓋匹夫匹婦強死，其魂魄猶能馮依於人以爲淫厲，況良宵爲穆公之胄？（昭公七年）晏嬰稱：所以夭昏孤疾者，緣國君暴虐淫從，不憚鬼神，神怒民痛，無悛於心，是以鬼神不饗其國以禍之（昭公二十年）。甯武子不可祀相，因鬼神非其族類，不歆其祀（僖公三十一年）；范武子能歆神人，故能光輔五君，以爲盟主（襄公二十七年），此皆明鬼之驗也。

且《漢志》著錄墨家，以〈尹佚〉二篇開其端。尹佚者，即史佚也。考《左傳》引史佚之語五，其言合於儒術，而《漢志》入墨家者，或以其爲太史，嘗掌筴祝，出於清廟之守，故追溯其原而定之。考之《左傳》，多以巫史祝史並書，如衞侯出師，史華掌記；虢國請命，史嚚享神是也。或以史佚爲墨家之祖，史角爲墨子之師——史角之後在魯，託於佚，墨子學焉（《呂覽．當染》），故《漢志》列爲墨家之首也。[39]

劉師培氏所謂「古學出於史官」，於此又得一明證矣。

(四) 名家

《漢書．藝文志．諸子略》云：「名家者流，蓋出於禮官。古者名位不同，禮亦異數。孔子曰：『必也正名乎！名不正則言不順，言不順則事不成。』此其所長也。」案：莊公十八年《左傳》曰：「王命諸侯，名位不同，禮亦異數，不以禮假人。」是《漢志》之所本也。而所舉孔子曰：「必也正名乎」云云，以爲乃名家論名之蠶叢，殊不知孔子正名之說，又祖述《左傳》師服之言也。桓公二年《左傳》師服曰：「名以制義，義以出禮，禮以體政，政以正民；是以政成而民聽，易則生亂。」非孔子正名說之權輿乎？

《荀子》本孔子之說，作〈正名〉篇，謂名有四：刑名、爵名、文名、散名，《左傳》多有之，可以相發明。叔向曰：「商有亂政，而作湯刑。」(昭公六年) 是刑名從商也。申繻對桓公問名，謂名有五：有信、有義、有象、有假、有類 (桓公六年)，此命名之大要也。[40] 命大子曰仇、弟曰成師，始兆亂矣 (桓公二年)。賜畢萬魏，徵畢萬之後必大也 (閔公元年)。其它如名曰寤生、名曰圉、名曰棄、名曰牛，名惡而人乖；曰友、曰同、曰元，名善而人達，名之不可不慎也如是夫！《春秋》書齊豹曰盜，三叛人名，所以懲不義，數無逆無禮也。凡此，皆《荀子》所謂散名也。《荀子》所謂文名，見於《左傳》者，如言緩，且子氏未薨，故名（隱公元年）；凡諸侯同盟於是稱名（隱公七年）；《春秋》賢者不名（襄公二十九年）；死則赴以名（僖公二十三年），賤而書名（昭公三十一年）；父在故名（桓公四年）；皆是也。而魯哀公誄孔子，稱余一人；子貢以爲名失則愆，稱一人，非名也，君其不沒於魯（哀公十六年）；此所謂文名從禮者也。史墨對趙簡子問季氏出其君，謂：「愼器與名，不可以假人。」（昭公三十二年）衞人許仲叔于奚以曲縣繁纓，孔子曰：「唯器與名，不可以假人。」（成公二年）蓋名與器，君之所司也。名以出信，信以守器，器以藏禮，禮以行義，義以生利，利以平民，政之大節也。若以假人，與人政也。政亡，則國家從之，弗可止也已（成公二年）。此所謂爵名也。後世之名家若鄧析、公孫龍輩，多論散名，罕言刑名、爵名、文名，則相率爲鉤鈲析亂而已。

《左傳》釋經，有所謂書名（昭公四、三十一年）、不書名（隱公七年、僖公二十三年）；稱名（莊公六年）、不稱名（文公七年）；名之（昭公三十二年、定公八年）、不名（莊公一年、成公十八年）諸文，則孔子正名主義之羽翼也。《漢志》著錄名家，首《鄧析》二篇。《列子．力命》、《呂覽．離謂》、《荀子．宥坐》、《說苑．指武》，皆言子產殺鄧析。唯據《左傳》昭公二十年子產卒，定公九年駟歂殺鄧析而用其竹刑，則知鄧析非子產所殺也。據《左傳》文字，可以辨誣，故一併述及。要之，戰國諸子之論名，《左傳》已發其端矣。

㈤ 法家

司馬談〈論六家要旨〉，謂：「法家不別親疏，不殊貴賤，一斷於法，則親親尊尊之恩絕矣。」（《史記．太史公自序》）春秋前之言刑法者則不然。就《左傳》所見，夏有亂政，而作〈禹刑〉；商有亂政，而作〈湯刑〉；周有亂政，而作〈九刑〉（昭公六年）。晉曾制夷蒐、執秩、被廬之法（文公六年、昭公二十九年），楚陳無宇曾引周文王之法，謂楚文王亦造僕區之法（昭公七年）。乃至鄭子產鑄刑鼎（昭公六年），晉范宣子爲刑書（昭公二十九年），中行寅主鑄刑器（昭公二十九年），鄭鄧析作竹刑（定公九年），此皆刑書之名可考者，并是戰國法家之先聲也。

考其言法，迥異商鞅、韓非之刻薄寡恩，觀叔向〈詒子產書〉，可以知矣㊶。而後世法家之失，春秋已預見之，所謂：「將棄禮而徵於書，錐刀之末，將盡爭之。亂獄滋豐，賄賂並行。」（昭公六年）孔子聞晉鑄刑鼎，論之曰：「貴賤不愆，所謂度也……今棄是度也而爲刑鼎，民在鼎矣，何以尊貴？貴何業之守？貴賤無序，何以爲國？」（昭公二十九年）法家之刻薄寡思，孔子已預見之矣！

要之，春秋之法學，其特色有二：其一，勸賞而畏刑，若蔡歸生謂楚令尹子木曰：「善爲國者，賞不僭而刑不濫。」又曰：「若不幸而過，寧僭無濫。古之治民者，勸賞而畏刑。」（襄公二十六年）其二，察情而議制，如魯莊公曰：「小大之獄，雖不能察，必以情。」（莊公十年）叔向〈與子產書〉則稱：「先王議事以制，不爲刑辟，故誨之以忠。」（昭公六年）是春秋時奉法治民，大抵不違于仁。是儒家之法，非法家之法也。雖爲戰國法家之先驅，然終與法家之「去仁愛，專任刑法；至於殘害至親，傷害薄厚」漢志，大異其趣也。

㈥縱橫家

《漢書‧藝文志‧諸子略》云：「縱橫家者流，蓋出於行人之官。」夫所謂縱橫者，所以明辯說、善辭令，以通上下之情者也。《班志》以爲本出於行人之官，《左傳》已有明徵。且縱橫家尚權術，《左傳》亦微見之[42]。故朱子謂：《左傳》之文，自有縱橫意思《朱子語類》。鄭樵亦謂：「《左氏》序〈呂相絕秦〉、〈聲子說楚〉，其爲雄辯狙詐，眞游說之士，捭闔之辭。」六經奧論於是遂疑《左傳》爲戰國作品，非春秋文字。然考《左傳》之文，平易簡直，從容溫雅，一本於聖人之言。視戰國蘇秦、張儀之縱橫，便辭利口，傾危變詐，至於賊害忠信，覆亂邦家者，固迴乎不侔也。方孝孺〈讀《戰國策》〉所謂：「觀乎十二國之所載，繁辭瑰辨，爛然盈目，……非不博且富也；欲一簡之合乎道，而不可得。豈惟不合乎道，欲一簡如《左氏》所傳公卿大夫之言，亦不可得矣。」縱橫如此，是所謂上詐諼而棄其信者也。

《左傳》之行人則不然！觀呂相絕秦，飾辭駕罪，述兩國世隙，深文曲筆，變化縱橫（成公十三年）；燭武退師，剖陳利害，稱越國鄙遠，亡鄭陪鄰，闕秦利晉（僖公三十年）。子產有辭，諸侯賴之：〈輕幣〉（襄公二十四年）、〈重環〉（昭公十六年）、〈獻捷〉（襄公二十五年）、〈爭承〉（昭公十三年）、〈壞館〉（襄公三十一年），事事針鋒相對。鄭，小國也，攝乎大國之間，而子產折衝樽俎如此，非文辭不爲功也。是所謂使於四方，不辱君命者也。其它如僖伯諫君觀魚（隱公五年）、富辰諫納狄后（僖公二十四年）、王孫勞楚（宣公二年）、季札觀樂（襄公二十九年）；臧哀伯諫君（桓公二年），王子朝赴告（昭公二十六年）、子革諷楚靈王（昭公十二年）、祝佗對周萇叔（定公四年）、魏絳說夷羿以田復國（襄公四年）、郯子言少昊以鳥紀官（昭公十七年），皆語詞浩博，多或千言。其汪洋恣肆，近《莊》、《列》詭譎之風，啓戰國縱橫之習，然辭氣多從容溫雅，無戰國之詭譎揚厲。其於蘇秦、張儀之縱橫，不可同日語也。參考《左傳之文學價值》，第十章〈詞令〉；第十一章，〈論說〉。

(七) 陰陽家

陰陽五行之說，非鄒衍所始創，所由來久矣。其學說之旨趣，一言以蔽之，曰天人感應而已矣。言天人感應者，古有其學，《漢志》所謂數術者是也。《漢志》所載數術有六，其中如天文、曆譜、五行、雜占，皆所以明天人感應，示吉凶悔咎者也。鄒衍之學，即就此而恢廓之，以言天道人事相表裏。

考其淵源所自，則《左傳》多有可徵（齊思和，五行說之起源，《師大月刊》二二期，一九三五年），分述如下：

天文：《左傳》之談天文，而有關於妖祥者四，或以日食見，如昭公七年四月日食，士伯父謂災在魯衞；八月衞侯薨，十一月季孫宿卒。昭公三十一年十二月日食，史墨謂六年此月，吳其入郢，必以庚辰；後吳入郢，果在庚辰。

或因歲星見，如襄公二十八年，歲在星紀，而淫於玄枵，梓愼謂宋鄭必饑，裨竈謂伯有必亡。昭公八年，歲在析木之津，史趙謂陳雖滅，將復封。昭公九年，歲在鶉火，裨竈謂五十二年陳國必亡。昭公十年，歲在顓頊之虛，裨竈知晉平公必死。昭公十一年，萇弘以歲在豕韋而蔡凶，歲在大梁而楚凶。昭公三十二年，史墨謂越得歲，而吳伐之，不及四十年，越其有吳。

或以彗星見，如文公十四年，有星孛於北斗，周內史叔服知宋齊晉之君，七年之內皆將死難。昭公十七年，有星孛於大辰，梓愼知宋、衞、陳、鄭將有火災。昭公十八年，火始昏見，梓愼亦料宋、衞、陳、鄭將必有火。要之，皆如響斯應，應驗不爽。

或以赤雲見，如哀公六年，有雲如衆赤鳥，夾日以飛，周太史知楚昭王必身當其咎。凡此，皆《左傳》所言爲後世陰陽家所本者也。

曆譜：《左傳》記日，涉及凶阨之患者，如昭公九年，屠蒯曰：「辰在子卯，謂之疾日。君徹宴樂，學人舍業，爲疾故也。」昭公十八年春王二月乙卯，周毛得殺毛伯而代之。萇弘言：「毛得必亡，此昆吾稔之日也。」凡此，亦《左傳》所述而爲陰陽家之先導者也。

五行：五行之名，戰國之前已有之；考之《左傳》，凡三見：子產謂：「生其六氣，用其五行」（昭公二十五年），一也。史墨云：「天有三辰，地有五行」（昭公三十二年），二也。蔡墨曰：「故有五行之官，是謂五官，……社稷五祀，是尊是奉。」五行又稱五材（襄公二十七年、昭公十一年），而五色、五音、五味，亦五行之流亞也㊸。推而至於五命（襄公十三年）、五章（昭公二十五年）、五正（隱公六年、定公四年）、五吏（襄公二十五年）、五侯（僖公四年）、五伯（成公二年）、五典（文公八年、昭公十二年）、五聲（僖公二十四年、襄公二十九年、昭公一、二十、二十五年）、五節（昭公一年）、五牲（昭公十一、二十五年）、五穀（桓公六年、文公十八年），亦五行之旁裔也。蓋五得數之中，故稱物多用五。且郯子言古名官，知少昊在「五行相次轉用事」說中，早已有之㊹。陳爲水屬，火爲水妃，妃以五成；故陳災而裨竈斷五年陳將復封㊺。此乃據五行以預斷人事之吉凶者也。

雜占：雜占者，紀百事之象，侯善惡之徵（《漢志》），鄒衍信機祥者是也（《史記．孟荀列傳》）。檢閱《左傳》，如梓慎見赤黑之祲，以爲喪氛之兆，禘之日涖事將有災。後叔公涖事，籥入而卒（昭公十五年）。梓慎望氣，謂：「今茲宋有亂，國幾亡，三年而後弭。蔡有大喪。」（昭公二十年）此皆天人感應之數術，而爲鄒子學說之先驅也。（郭爲陰陽五行家思想之述評）

除外，《左傳》亦頗言陰陽：石隕鷁退飛，宋襄問吉凶安在；內史叔興言：魯將喪、齊將亂、宋襄求霸將無成，且命將不終，然又謂：「是陰陽之事，非吉凶所生也。」僖公十六年是當時有以陰陽爲吉凶攸關者，況其言竟驗乎？襄公二十八年春無冰，梓慎以爲：歲在星紀，而淫於玄枵，以有時菑，陰不堪陽，故宋鄭其饑。亦有鄒子學說相勝之意、禨祥之兆。吾是以疑鄒衍之學，或有取乎《左傳》也。即漢方士之言祈禳，其或作俑於《左傳》乎㊻。

㈧ 讖緯學

讖緯之學，顧炎武謂始於秦人，實則周已有之，迨漢哀平之後漸興。及光武以符錄受命，用人行政，惟讖緯是從。於是，儒者乃援飾經文，雜揉讖緯：如許慎號《五經》無雙，其《說文解字》，輒雜引緯書，以明本義；博學通儒推鄭康成，其注《書》釋《禮》，亦每引讖緯以證經。蓋「後漢尙讖記，不以讖記，人不尊經」皮錫瑞《經學歷史》是也。《史通．書志》篇所謂：「漢代儒者，羅災眚於二百年外，討符會於三十卷中……如斯詭妄，不可殫論。」推本溯原，則《左氏》預言，爲東漢附會讖緯學之本始也。

清姜炳璋《讀左補義》稱：「予嘗謂漢人讖緯巫鬼之說，實皆始於春秋之世。當時雖子產不免也。」（卷三十六頁十四）下迨東漢，非徒陳元、范升之徒，更相非折，多引圖讖；即侍中賈逵，亦以能附會圖讖，最差顯貴。賈逵奏疏所謂：「臣以永平中，上言《左氏》與圖讖合者。」又云：「五經家皆無以證圖讖，明劉氏爲堯後，而《左氏》獨有明文。」又云：「《左氏》以爲少昊代黃帝，即圖讖所謂帝宣也。」（《後漢書·賈逵傳》）然張衡疏曾謂：「侍中賈逵，摘讖互異三十餘事，諸言讖者皆不能說。」可見賈逵嘗摘圖讖之妄矣。然則其藉圖讖以通道，利祿之途使然也。

雖然，圖讖之僞，《左氏》家如尹敏、少贛諸賢，多能辨之。特以世主據此論學，故自董仲舒以下，齊學之恢詭助其瀾，利祿所在，舉國若狂。《左氏》家明知其妄，仍據《左傳》之好爲預言者以附會之，隨時阿世，誠非得已。遠不如《公羊》學之善曉圖讖也。[47]

(九) 形法學

形相之術，蓋早起於春秋乎？就人相、骨法、云爲，以求其聲氣、貴賤、吉凶，《班志》謂之形法家，數術之一也。斯學蓋首見於《左傳》。《漢志》曰：「春秋時，魯有梓慎，鄭有裨竈，晉有小偃。」如：叔服善相人，文伯豐下，知其必有後於魯（文公元年）；鄭伯視流而行速，不安其位，士貞伯言其將死（成公六年）。商臣蠭目而豺聲，子上知爲忍人（文公元年）；伯石有豺狼之聲，叔向母知必滅羊舌氏（昭公二十八年）。楚武王心蕩，鄧曼知其祿盡（莊公四年）；吳夫差有墨，司馬寅知其國勝（哀公十三年）。公子宋之食指動，告子家必嘗異味（宣公四年）；莫敖舉趾高，鬥伯比知其必敗（桓公十三年）。子玉剛而無禮，蔿賈知其不入（僖公二十七年）；勞師以襲遠，蹇叔料秦師之不還（僖公三十二年）。使者目動而言肆，臾駢知秦師將遁（文公十二年）。鄭錡將軍不敬，孟獻子知其必亡（成公十三年）；成子受脤不敬，劉康公知其不反（成公十三年）。單子視下言徐，叔向言其必死（昭公十一年）；叔向料良霄不及五稔而亡，料楚令尹子蕩有後於楚（襄公二十七年）；萇弘違天，女叔寬言其不免（定公元年、哀公三年）。趙孟語偷，穆叔及劉子知其不久（襄公三十一年、昭公元年）；秦師輕而無禮，王孫滿知其必敗（僖公三十三年）。會諸侯不敬，士莊子知齊高厚太子光不免（襄公十九年）；執玉有高卑，子貢知邾子益魯定公必亡（定公十五年）。

《左氏》好言前知，然其爲前知者，不外見乎筮龜，動乎四體而已。《左傳》之言形法，往往見於君卿大夫言語動作威儀之間，以及人事之治亂敬怠，故其驗也不爽，非後世穿鑿可比也。（參《春秋要領》、《日知錄》）

二、流韻

《漢書·藝文志·諸子略》敘云：諸子爲六經之支派與流裔。章學誠《文史通義·詩教上》亦謂：諸子之學其源皆出于六藝。錢賓四先生《兩漢博士家法考》第四節，則以爲百家學出於詩書六藝。《四庫全書總目》提要亦確認：百家之學「實皆儒家之失其本原者」。諸子之學，既出於儒家六藝，故治諸子者若捨經而言，將所謂斷流絕港，無本之學也。治經者捨子而言，所謂以水濟水，曲士之學也。探源究委，旁推而交通之，始可補苴罅漏，張皇幽渺。

前文既申明諸子濫觴於《左傳》者如上，今再附說《左傳》影響於諸子、與夫諸子學之有功于《左傳》者如下。夫諸子之有功于《左傳》者三：曰善述、曰發明、曰考異。而其所以爲用者五：或證經義，或息邪說，或匡經論，或補經文，或解經旨，試分論如下：

㈠ 善述

漢儒自劉向以上至張蒼，皆頗用《左氏》。戰國諸子如虞卿、荀子、韓非，皆曾引《左氏》，而稱之爲《春秋》，則《左傳》於六國時已流行於世，可以知矣。劉師培有〈周季諸子述左傳考〉、〈左傳荀子相通考〉、〈史記述左傳考〉、〈左氏學行於西漢考〉諸作，論周季以來諸子如吳子、荀子、韓子、呂覽、賈誼、史遷等，所述春秋時事，多本《左傳》。

劉師培《讀左劄記》更舉例說明之曰：「《左氏》之學，當戰國時，已盛行於世。。。韓非之學，受於荀卿，故《韓非子》一書……記東周事蹟，多錄《左氏》原文：如曹君觀重耳駢脅（僖公二十三年），見於〈十過〉篇。蹶由犒楚國之師（昭公五年），見於〈說林〉篇。子產以言告太叔（昭公十二年），見於〈內儲〉篇。晏子以言告景公（昭公二十年），見於〈外儲〉篇。則《韓非》一書多本《左傳》，又彰彰明矣。推之仲壬觀於公宮（昭公四年），孟氏黨於季孫（昭公二十五年），晉厲之尸三卿（成公十七年），寺人之對文公（僖公二十四年），亦散見於〈內儲〉〈外儲〉篇，此皆韓非傳《左傳》之證。」

又云：「呂覽一書，多成於荀卿門人之手，荀卿爲《左氏春秋》之先師，故《呂覽》一書，多引《左氏》之文。……如晉厲死於匠麗氏（成公十七年），其事見於〈禁塞〉篇。季平子以璵璠斂（定公五年），其事見於〈安死〉篇。息夫人與蔡侯爲姨（莊公十年），其事見於〈長攻〉篇。宮之奇之諫虞公（僖公二、五年），其事見於〈權勳〉篇。晉餓人之救趙盾（宣公二年），其事見於〈報更〉篇。大戟之爭（宣公二年）、季郈之釁（昭公二十五年），其事均見〈察微〉篇。申生之夢齊姜（僖公四年）、共公之觀重耳（僖公二十三年），其事均見〈上德〉篇。推之楚莊伐宋（宣公十四年），〈行論〉篇亦著此文。祁奚論刑（襄公二十一年），〈開春〉篇亦書其語。管仲射鈎（僖公二十四年），〈貴卒〉篇亦書其事。無忌之讒（昭公十九年）、崔慶之亂（襄公二十四年、昭公四年），〈慎行〉篇之說可徵。〈褰裳〉之賦（昭公十六年）、子胥之諫（哀公六年），〈求人〉及〈知化〉篇之言可考。晉文之治（僖公二十四年）、白公之師（哀公十七年），〈原亂〉及〈分職〉篇亦傳其事。衞獻出奔（襄公十四年）、衞莊被禍（哀公十七年），〈慎小〉篇並記其詳，孰非《呂覽》引〈左氏〉之證乎？〈過理〉篇言晉靈不君，〈樂成〉篇言子產治鄭，尤與《左氏傳》所言相合。則著《呂

覽》者曾見《左氏》之書，昭然無疑。」（劉師培《讀左劄記》）

又謂：「《淮南子》一書，作於景、武之間，在史公之前，而書中多引《左傳》之文，如華周卻賂（襄公二十三年）、子罕辭玉（襄公十五年），咸見於〈精神訓〉篇。白公欲焚楚庫（哀公十六年），僖氏致禮晉侯（僖公二十三年）、咸見於〈道應訓〉篇。弦高犒師（僖公三十二年），見於〈氾論訓〉篇；裨諶能謀（襄公三十一年），見於〈說山訓〉篇；申胥乞師（定公四年），見於〈修務訓〉篇；楚莊封陳（宣公十一年），見於〈人間訓〉篇。推之費無極之告楚王（昭公二十年），諸御鞅之告簡公（定公十四年）；季氏鬥鷄（昭公二十五年），穆伯攻鼓（昭公十五年），吳殺慶鄭（哀公十二年），戎執凡伯（隱公八年），亦爲《淮南》所徵引。又國君十五生子（氾論訓），伐國不擒二毛（氾論訓），尾大不掉之喻（泰族訓），畏首畏尾之謠（說山訓），《淮南》所言，悉本《左傳》。則劉安傳《左氏》之學，親見《左氏》之書，彰彰明矣。」（劉師培《讀左劄記》）

由此觀之，劉逢祿等所謂劉歆以前，《左氏》之學不顯於世；所謂《史記》所引《左傳》，皆劉歆所附益云云，驗劉師培之論證，知此說不然也。至如南宋林栗疑《左傳》「君子曰」之文，亦以爲劉歆所羼入；然考《商子．算地》篇，說世主之患；《韓子》難四篇，記昭公之死；《莊子．天下》篇，稱《春秋》以道名分；《荀子．勸學》篇，言《春秋》之微；《晏子》〈內篇雜下〉第二十一章，引述《傳》文，明是依據《左傳》君子之詞（詳劉正浩《周秦諸子述左傳考．序》）。則林栗等之失考，得諸子之引證而可知。故余以爲諸子之述《左傳》，不惟有證經義之效，且有息邪說之功，以此。

㈡ 發明

章太炎《春秋左傳讀敍錄》，批駁劉逢祿考證之謬，嘗舉賈誼書傳《左氏》學爲例，以證《漢書·儒林傳》之言《左傳》授受源流之有徵。其言賈誼《新書》之述《左傳》，有足補經文者，有可匡經說者，皆於《左傳》之義多所發明。其言曰：「賈書之述《左傳》，〈大都〉篇楚靈王一事，正可訂杜本之譌。〈春秋〉篇衞懿公一書，亦合《左傳》；……〈耳痺〉篇伍子胥一事，亦合《左傳》。但又有《左傳》所不載者，此正如內外傳，可互相補闕耳。〈先醒〉篇楚莊王伐鄭事，亦與《傳》合。其稱郕爲雨棠，則地有異名，非不合也。其下申禁事，又足補《傳》闕者也。……《諭誡》篇楚昭王一事，亦足補《傳》之闕。〈退讓〉篇宋就一事，亦與《左傳》絲毫無涉；翟王一事，亦與《左傳》不涉，特可以證章華之高耳。……〈審微〉篇說晉文公請隧事，又說叔孫于奚請曲縣事，〈淮難〉篇說白公勝報仇事，皆合于《左傳》。……〈禮篇〉君仁臣忠云云，又本《左傳》晏子言；〈容經〉篇明君在位云云，又本《左傳》。北宮文子言〈君道〉篇紂作梏數千云云，又合于《左傳》紂囚文王七年之說。〈胎教〉篇晉厲公見殺於匠麗之宮，齊簡公殺於檀臺，皆合《左傳》，而逢祿皆不舉。」章氏此言，足使劉逢祿輩杜口！而諸子書之能證經義，補經文，匡經說，遂得一明驗。

它如晉文反國至河，與子犯盟一事（僖公二十四年），《左傳》所載語焉不詳，而《韓非子．外儲說左上》，《淮南子．說山》，《說苑．復恩》，足補經文之闕；於是子犯告辭之故，臣罪甚多之語，不與同心之誓，昭然若揭矣。秦師及滑，鄭國商人退敵之事，《左傳》但言弦高（僖公三十三年），而《呂氏春秋．悔過》述其事，又有奚施，《淮南子．人間訓》則作蹇他，可補《傳》文所未備。且《淮南子》又述弦高之辭賞，詳其始末如此，尤《左傳》文字所未具。《左傳》述宮之奇諫假道（僖公五年），引諺所謂「輔車相依，唇亡齒寒」；《呂氏春秋．權勳》，《韓非子．十過》，《莊子．胠篋》、《淮南子．人間》，《新序．善謀》，及《史記．晉世家》，皆同述其事，「唇亡」或作「唇竭」，知「亡」乃「揭」之壞字。案：高舉曰揭，此諸子可匡經說之例也。

《呂氏春秋．悔過》述蹇叔哭師，謂其子曰：「女死不於南方之岸，必於北方之岸，爲吾尸女之易」，可據以解《春秋經》（僖三十二）；《呂氏春秋．有始覽》，《淮南子》〈天文訓〉、〈地形訓〉，釋「八方」，可解《左傳》「行八風」（隱公五年）之意。此諸子可解經旨之例也。

劉師培所謂：「戰國諸子所述之事，不必盡與《傳》符。其有本《傳》爲說，及與《傳》說互明者，恆足證今本文字之訛，並足徵後儒訓詁之誤。」其例孔多，詳參劉正浩《周秦諸子述左傳考》、

《兩漢諸子述左傳考》，「徵引子書一覽表」乙，可援以解釋傳文者。

由此可見諸子之引述《左傳》，文雖小有不同，而遺聞佚事，足以弼補譌漏。故曰諸子之發明《左傳》者，足補經文，能匡經說，可解經旨也。

㈢ 考異

司馬光作《資治通鑑》，別有《考異》三十卷。蓋采取群書，必有異文；見仁見智，勢難兩同。今諸子之述《左傳》，立意遣辭與《左傳》違礙者夥頤。學者苟能效溫公之法，俱收並蓄，校其異同，正其謬誤，而定於一，則其用宏矣，豈止匡謬補闕而已哉！

如《韓非．說林》言齊人救邢，〈內儲說上〉〈七術〉言叔孫相魯，《呂覽．音初》言昭王南征，《論衡．薄葬》言陽虎與斂。乃至於衞二子立公子默，齊景公主謀誅封，分見於《呂覽》〈慎小〉、〈慎行〉二篇。泓之戰，軍敗君獲，載於《淮南．泰族訓》；齊伐魯，展喜犒師，詳於《說苑．奉使》篇。白公勝作亂，《淮南．人間訓》有異說；杞梁從軍死，《論衡．變動》篇有異聞。若夫《白虎通》言樂舞，《論衡》言葬期，皆有別解。詳參高士奇《左傳紀事本末》〈補逸〉、章太炎《劉子政左氏說》、劉正浩《周秦兩漢諸子左傳考》。或郢書燕說，或魯魚亥豖，牽附會文致，多物是人非，蓋皆傳聞失實所致也。《中庸》云：「道並行而不相悖，萬物並育而不相害」，校其異同，定其優劣，擇善而從，所以期於傳播信史也。此諸子學有功於《左傳》，又其一端也。

＊　＊　＊　＊

若夫《左傳》之文學價値，實包羅宏富，誠不可以一方體物。擇其要者言之，凡十有四端：曰文體，曰語文，曰古文，曰駢文，曰詩歌，曰神話，曰小說，曰俗文學，曰傳記，曰敘事，曰議論，曰詞令，曰描寫，曰辭章。要非一二言所能盡，以文繁旨縟，乃別出《左傳之文學價値》、《左傳義法撢微》二書。

世有欲探索屬辭比事文學，考察中國敘事傳統者，三書當會通爲一，綜觀並覽。章學誠所謂「辨章學術，考鏡源流」也。

註釋

① 徐復觀《兩漢思想史．卷三》，臺北：臺灣學生書局，一九七九，〈原史——由宗教通向人文的史學的成立〉，左氏「以史傳經」的重大意義與成就，頁二七〇～二七一。

② 說詳江俠庵編譯《先秦經籍考》，小島祐馬撰《左傳引經考證》二——〈左傳引詩考證〉，頁二五九～二六五。

③ 宣公十二年，楚莊王述〈周頌〉之次第云：武王克商，作〈頌〉曰：「載戢干戈，載櫜弓矢。我求懿德，肆于時夏，允王保之。」又作〈武〉，其卒章曰：「耆定爾功」。其三曰：「鋪時繹思，我徂惟求定。」其六曰：「綏萬邦，屢豐年。」由此觀之，《周頌》之順序，當是由〈時邁〉、〈武〉、〈賚〉……〈桓〉等排例，與今《毛詩》次第不一致。

④ 襄公二十九年載：吳季札觀周樂，由樂工之所歌，知當時《詩》之次第，依序為〈周南〉、〈召南〉、〈邶〉、〈鄘〉、〈衛〉、〈王〉、〈鄭〉、〈齊〉、〈豳〉、〈秦〉、〈魏〉、〈唐〉、〈陳〉、〈鄶〉、〈曹〉十五國風，以及〈小雅〉、〈大雅〉、〈頌〉。與今毛詩之順序相較，〈齊風〉以上，〈小雅〉以下雷同；惟今本《毛詩．齊風》以下之次第為：魏、唐、秦、陳、檜、曹、豳風，是其不同耳。

⑤ 清崔述《讀風偶識》謂：〈詩序〉好取《左傳》之事附會之。蓋《毛詩》之出也晚，《左傳》已行於世，故得

以取而牽合之。案：〈詩序〉之作者，唐人舊說以爲子夏、毛公，其實乃後漢衞宏所依託。觀〈詩序〉之牽附《左傳》，自是漢季文風，可以推之矣。

⑥清惠棟《古文尚書考》引閻氏之語曰：「《左氏春秋》內傳（《左傳》）引《詩》者一百五十六，引《逸詩》者十。引《書》者二十一，引《逸書》者十。蓋《三百篇》見存，故《詩》之逸者少；古《書》放闕既多，而《書》之逸自倍于前也。何梅氏二十五篇出，向韋、杜二氏所謂《逸書》者，皆歷歷具在。其終爲《逸書》僅昭十四年〈夏書〉曰：『昏墨賊殺，皐陶之刑也』一則而已。」餘參《皇清經解》第八十九～九十冊《古文尚書考》。《續篇》第六～十冊，《尚書古文疏證》，又戴君仁著《閻毛古文尚書公案》。日本松本雅明〈戰國中期におはる尚書の展開―左傳の引文を中心として〉——亦可參考。載《中國學誌》第一卷第一號。

⑦清惠棟《古文尚書考》以爲：《左傳》引逸《書》者凡十耳，日人小島祐馬《左傳引經考證》則倍舉其數，都二十九則，蓋是考錄僞古文所徵引者也。崔述之弟邁，亦著有《古文尚書考》，與《訥庵隨筆》，批駁孔《傳》之謬，復條舉僞《尚書》勦襲之所自，其中關涉《左傳》引書者甚多，詳崔述《古文尚書辨僞》卷二。古文《尚書》之爲晚出贗品，由此益信。

⑧清顧炎武《日知錄》卷二〈古文尚書〉謂：「竊疑古時有〈堯典〉無〈舜典〉，有〈夏書〉無〈虞書〉，而〈堯典〉亦〈夏書〉也。《左氏》莊公八年引『皐陶邁種德』，僖公二十四年引『地平天成』，二十七年引『敷納以言』，文公七年引『戒之用休』，襄公五年引『成允成功』，三十一年二十三年兩引『念茲在茲』，二十六年引『與其殺不辜，寧失不經』，哀公六年引『允出茲在茲』，十八年引『官占惟先蔽志』，而皆謂之〈夏書〉。則後之目爲〈虞書〉者贅矣。」其言良是！《正義》言：馬融、鄭玄、王肅《別錄》題皆曰〈虞夏

書〉，以虞夏同科。後儒不考，強分爲二，非其本也，《左傳》引書，可以覘之。

⑨《左傳》所引《尚書》之文句，比之現存之書爲遙多。在逸書中，特引〈夏書〉之文爲多。在現書中，特引〈周書．康誥〉爲多。又其所引之《書》，多云「《虞書》曰」，「〈夏書〉曰」，「〈商書曰〉」，「〈周書曰」。單言《書》曰，或特舉篇名者極少。說詳江俠庵譯小島祐馬《左傳引經考證》。

⑩僖公十五年「明年其死於高梁之虛」，杜注：「凡筮者用《周易》，則其象可推。非此而往，則臨時占者，或取於象，或取於氣，或取於時日王相以成其占。若盡附會以爻象，則構虛而不經。」可謂通論。《左傳》以義理說《易》者七，詳參毛奇齡《春秋占筮書》，屈萬里《先秦漢魏易例述評》，胡自逢《先秦諸子易說通考》。此不以《周易》占者，杜注謂是卜筮書雜辭，劉炫以爲雜占之辭僖公十五年《正義》引，宋洪邁《容齋續筆》卷八疑爲《連山》、《歸藏》所載著龜卜筮，顧炎武《日知錄》則逕指所謂《三易》之法也，故《傳》不言易卷一三易。要之，即所謂逸《易》也。

⑪宋洪邁《容齋續筆》卷六以爲：《左傳》所載《周易》占筮，大抵只一爻之變，未嘗有兩爻以上者左傳易筮。清錢大昕《潛研堂文集》卷四〈答問語〉謂：《左傳》之言占法有三：其一：一爻變，則以變爻辭占。其二：數爻變，則以彖辭占。其三：六爻皆不變，亦以彖辭占。洪、錢二氏所論《左氏》占法，雖言之鑿鑿，其實不盡然。宋趙汝楳《周易輯聞》附〈筮宗〉，駁之甚明，略謂占筮本無定法也。雖然占法不定，而求其所以，亦可得而言。趙汝楳《易雅》曾云：「夫儒者命占之要，本於聖人，其法有五：曰身，曰位，曰時，曰事，曰占。求占之謂身，所居之謂位，所遇之謂時，命筮之謂事，兆吉凶之謂占。故善占者既得卦矣，必察其人之素履，與居位之當否，遭時之險夷，又考所筮之邪正，以定占之吉凶。」釋占第九此乃就《左》、《國》占驗推之者，頗能揭出筮占變化之原則。詳參《古史辨》第三冊，李鏡池撰〈《左》、《國》中《易》筮之研究〉。

⑫清崔述《洙泗考信錄》卷三，曾辨孔子作《易傳》之說，可參。其實，《易傳》之釋《易》，皆較《左》、《國》筮辭爲劣。蓋以爲占筮之《周易》，與尊爲經書之《周易》，爲術數與哲理不同之作品。故〈文言〉傳之解「元亨利貞」，雖采自《左傳》，而相異如此，作品時代迥別使然也。詳《古史辨》第三冊，李鏡池〈左國中易筮之研究〉（四）。

⑬所謂變卦者，從揲蓍而變；與卦變之由卦自爲變不同。《左傳》但言變卦，而無卦變。卦變之卦至漢儒方有之。《左傳》卜楚丘之說明〈夷初〉九，是以象說爻辭也；辛廖說〈屯〉之〈比〉，而曰〈震〉爲土，車從馬；知莊子說〈師〉之〈臨〉，而曰衆散爲弱，川壅爲澤，是皆以變卦之象說之也。漢人象數之學，實肇端於是矣。且後世言互體者，亦祖始於《左傳》。所謂互體者，謂卦爻二至四，三至五，兩體皆互，各成一卦。莊公二十二年《左傳》周史說〈觀〉之〈否〉，有「風爲天於土上，山也」之語，殆其例也。蓋〈觀〉之〈否〉，則〈觀〉上之〈巽〉，變爲〈否〉上之〈乾〉，下體之〈坤〉不變。〈巽〉，風也，〈乾〉，天也，〈坤〉，土也。〈巽〉變爲〈乾〉，而居〈坤〉上，故曰風爲天於土上。變後，則〈否〉二至四爻互體艮，故曰山也。其所論二與四，三與五，同功而異位，特就將兩爻相較言之，初何嘗有互體之說？且其例尚簡，至漢人附會始繁賾。如僖公十五年晉獻筮嫁伯姬，遇〈歸妹〉之〈睽〉，服虔注謂：「三至五，〈坎〉；〈坎〉爲血，血在坎上，故刺無血。三至五爲〈坎〉，〈坎〉爲月，月生西方，故爲西鄰……三至五有〈坎〉象，水勝火，故爲嬴敗姬……五至三有〈坎〉，爲水象，〈震〉爲車，得水而脫其輹也。」此特附會互體之說耳，左丘明作《傳》時初無此意也。參《日知錄》卷一互體，李鏡池〈左國中易筮之研究〉，屈萬里《先秦漢魏易例述評》，胡自逢《先秦諸子易說通考》。

⑭清顧炎武《日知錄》卷一「重卦不始文王」，云：太卜掌《三易》之法，其經卦皆八，其別皆六十有四。考之

《左傳》襄公九年，穆姜薨于東宮，筮之，遇〈艮〉之〈隨〉。姜曰：「是于《周易》曰：『〈隨〉，元亨利貞，无咎。』」獨言是于《周易》，則知夏商皆有此卦，而重八卦爲六十四者，不始于文王矣。由此可見史遷等以爲文王重卦之說，未可信然也。餘參《僞書通考．易類》，〈周易〉條、甲、卦，頁二五～二八。

⑮ 就《左傳》所載，專言卦象者，如莊公二十二年：〈坤〉，土也。〈巽〉，風也。〈乾〉，天也。風爲天於土上，山也。其它散見篇中者，要而言之，有〈乾〉爲天，〈坤〉爲土、爲母，〈震〉爲車、爲雷、爲長男、爲足、爲木；〈巽〉爲風，〈坎〉爲水，爲夫、爲衆、爲勞，〈離〉爲火爲牛，〈艮〉爲山爲言，〈屯〉爲厚固，〈豫〉爲樂，〈明夷〉爲日，〈比〉爲入。凡此，皆《易傳》〈說卦〉與〈雜卦〉之所本也。

⑯ 錢穆《易經研究》，舉十證以說〈十翼〉非孔子作，其二謂：「魯穆姜論元亨利貞，與今〈文言〉略同。以文勢論，只見是《周易》鈔《左傳》，不見是《左傳》鈔《周易》。」其說甚是。而惠伯釋黃裳二字，爲《周易》最早之詁訓，自王輔嗣以下，晉干寶、宋程頤《易傳》，皆遵用其說。詳參胡自逢《先秦諸子易說通考》，頁二十。

⑰ 李鏡池〈左國中易筮之研究〉一文，於《周易》如何由卜筮之書，變爲儒家言人生哲學之經書，曾有詳說。文見《古史辨》第三冊，頁一七一所引，可參看。

⑱ 劉師培著《春秋左氏傳古例詮微．禮例》篇第十四，〈群經大義相通論〉、〈周官左氏相通考〉。又，小島祐馬《左傳引經考》，李崇遠《春秋三傳傳禮異同考要》。

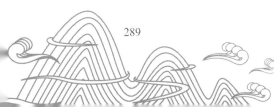

⑲ 清顧棟高《春秋大事表》四十七，有〈《左氏》引《經》不及《周官》《儀禮》論〉一文，略謂：「若子產之爭承，子服景伯之却百牢，未聞據《周禮》大行人之職以折服強敵也。甯俞之不拜〈彤弓〉及〈湛露〉，叔孫穆子之不拜〈四牡〉及〈文王〉，未聞述《儀禮》燕食之禮，以固辭好惠也。郤至聘楚，而金奏作于下；宋享

晉侯以〈桑林〉之舞，皆踰越制度，雖恐懼失席，而不聞據周公之典（〈大司樂〉）以折之。他如鄭成公如宋，宋公問禮于皇武子；楚子于奔晉，晉叔向使與秦公子同食，皆百人之餼；而楚靈大會諸侯，問禮於左師與子產，左師獻公合諸侯之禮六，子產獻伯子男會公之禮六，皆不言其所考據，各以當時大小彊弱爲之等。是皆春秋博學多聞之士，而於周公所制會盟聘享之禮，若目未之見，耳未之聞，是獨何與？」由此益信《周禮》爲漢儒傅會，即《儀禮》亦未敢信爲周公之本文也。中華書局本，頁二二五六五～二二五六六。參詳袁枚〈答李穆堂先生問三禮書〉，見楊鴻烈《袁枚評傳》頁二三三～二三四引。

⑳ 清姜炳璋《讀左補義》，卷首，〈綱領下．羽翼六經〉，頁六～七，總頁一〇一～一〇四。

㉑ 唐劉知幾《史通．言語》篇謂《左傳》：「詞命微婉而多切，流靡而不淫。若《春秋》載〈呂相絕秦〉、〈子產獻捷〉、〈臧孫諫君納鼎〉，〈魏絳對戮揚干〉是也。至於〈鶉賁〉、〈鸜鵒〉童豎之謠，〈山木〉、〈輔車〉時俗之諺，〈皤腹〉、〈棄甲〉城者之謳，「原田是謀」、「輿人之謂」，斯皆芻詞鄙句，猶能溫潤若此。」此左丘明記述當時口語，聲容畢肖，能具實而書，所謂史德也。

㉒ 梁啓超《中國歷史研究法》，頁一二。參看康有爲《孔子改制考》，《春秋筆削大義微言考》。

㉓ 張高評〈《左傳》敘事見本末與《春秋》書法〉，中央研究院中國文哲研究所經學研究室「經學史重探」第二次會議論文。二〇一八年十一月九日，頁一～二八。

㉔ 宋呂祖謙《左傳類編》，「論議」論典禮，嘗舉《左傳》論典禮之目，除了叔向、子產之外，尚多有之，如臧僖伯諫觀魚隱公五年，隱公問羽數於衆仲隱公五年，無駭卒公問族於衆仲隱公八年，臧哀伯諫納郜大鼎桓公二年，晉師服論本大末小桓公二年，季梁諫隋侯桓公六年，子同生，公問名於申繻桓公六年，曹劌諫觀社莊公二十三年，御孫諫宗婦覿用

幣（莊公二十四年），鄭皇武子對享宋公（僖公二十四年），衛甯武子論祀相（僖公三十一年），孟獻子言庭實加貨（宣公十四年），王享士會殽烝（宣公十六年），臧宣叔論上中下卿（成公三年），絳人論山崩（成公五年），師曠論衛人出君（襄公十四年），申豐論藏冰（昭公四年），薳啓疆論朝享（昭公五年），申無宇執人王宮（昭公七年），叔向論朝聘會盟（昭公十三年），子產爭承（昭公十三年），王宴文伯魯壺（昭公十五年），叔孫昭子大史論日食（昭公十七年），郯子論以鳥名官（昭公十七年），齊虞人辭招（昭公二十年），子太叔與趙子論禮（昭公十七年），晏子論禮（昭公二十二年），孔子論嘉禮不野合（定公十年），楚昭王論命祀（哀公六年），皆是也。《左傳》爲《春秋》文獻之總歸，洵不誣也。

㉕ 春秋賦詩之風氣，據《左傳》所載，止於定公四年申包胥乞師，哭於秦庭，秦哀公爲之賦〈無衣〉。自此以降，戰國諸子之書，如《孟子》、《荀子》、《戰國策》，則未嘗一見，足徵賦詩之風已漸式微。而引《詩》見於《左傳》者，止於哀公二十六年，衛出公自城鉏，使以弓問子贛，子贛私於使者之言，引《周頌．烈文》「無競惟人，四方順之」二句。惟引詩最主要之目的，在供談辯之資。下迨戰國，遊士辯說，仍沿用之。而斯時之引《詩》，則趨於《詩》義應用之合理化也。

㉖ 洪業《春秋經傳引得．序》謂：自隱公三年二月己巳起，訖哀公十四年之五月庚申朔，二百四十年間，記載有可合於蝕經之日食三十次。襄公二十七年《經》，三本皆爲十二月，而《左傳》作十一月，與推算合。定公五年之日蝕，《公羊》經作正月，《左氏》經作三月，《穀梁》經傳本有作正月者，有作三月者；依推算，作三月者是也。由《左傳》所載日蝕三十次，推算與《蝕經》脗合，知《春秋》信史也，魯十二公之世次年代確乎不可移易矣。非如廖平《經話》所謂「《春秋》名字由孔子筆削，即年歲亦孔子派定」云云也。今《春秋》所載日食，不可合於蝕經者惟七：僖公十五年五月，宣公八年七月、十七年六月，襄公十五年八月、二十一年十

月、二十四年八月，昭公十七年六月，蓋字有譌奪故也。詳參馮徵著《春秋日食集證》。

㉗晉杜預〈春秋經傳後序〉謂：《汲冢書》記晉國事，皆用夏正——以建寅月爲歲首編年。《左傳》雜用三正：夏正，以十一月爲歲首。殷正，以十二月爲歲首。周正，以元月爲歲首。今考《春秋》，僖公五年晉侯殺其世子申生；《經書》春，而《傳》在上年之十二月。十年，里克弒其君卓，《經》書正月，而《傳》在上年之十一月。十一年，晉殺其大夫丕鄭父，《經》書春，而《傳》在上年之冬。十五年，晉侯及秦伯戰于韓，獲晉侯，《經》書十有一月壬戌，而《傳》則爲九月壬戌。蓋《經》《傳》之文或從夏正，或從周正，所以錯互如此。羅泌以爲：「《傳》據晉史，《經》則周曆」是也。隱公六年冬，宋人取長葛，《傳》作秋。劉原父曰：「《左氏》日月與《經》不同者，丘明作書雜取當時諸侯史策之文。其用三正參差不一，往往而迷。故《經》所云冬，《傳》謂之秋也。」考宋用殷正，故周以爲冬，宋以爲秋矣。又桓公七年夏，穀伯綏來朝，鄧侯吾離來朝，《傳》作春。劉原父曰：「《傳》所據者，以夏正紀時也。」文公十年，齊公子商人弒其君舍，《經》在九月，《傳》作七月。隱公三年夏四月，鄭祭足帥師取温之麥，秋又取成周之禾；若以爲周正，則麥禾皆未熟。四年秋，諸侯之師敗鄭徒兵，取其禾而還，亦在九月之上。是夏正六月禾亦未熟也。蓋《左傳》中三正錯互，多有謬誤故也。詳參顧炎武《日知錄》卷四「三正」，《左氏春秋義例辨．綱要》五，十四〈不知經用周正〉一條。又清翁元圻注《困學紀聞》卷六〈左氏雜用三正〉條。

㉘《公羊》家言《春秋》有七缺：「七缺者，惠公妃匹不正，隱桓之禍生，是爲夫之道缺也。文姜淫而害夫，爲婦之道缺也。大夫無罪而致戮，爲君之道缺也。臣而害上，爲臣之道缺也。僖五年，晉侯殺其世子申生；襄二十六年，宋公殺其世子疾，殘虐枉殺其子，是爲父之道缺也。文元年，楚世子商臣弒其君髡；襄三十年，蔡世子般弒其君固，是爲子之道缺也。桓八年正月已卯烝，桓十四年八月乙亥嘗，僖三十一年夏四月卜郊不從，

乃免牲，猶三望。郊祀不修，周公之禮缺，是為七缺也矣。」說見唐徐彥《春秋公羊疏》隱公第一。《春秋》之時風敗壞如此，無怪乎聖人憂之也。

㉙ 清王世濂《左淫類紀》一卷，專輯《左傳》所載春秋人物之禽獸行者，其目如下：父取子婦三，子烝父妾四，君淫臣妻二，臣通國母七，叔淫姪媳二，姪報叔妃一，兄弟爭室一，兄奪弟室一，弟因兄室一，主婦通家臣三，同姓瀆倫二，敵國肆虐二，易內一，通室一，爭宮一，老淫一，奪娶二，淫三，爭一，奔二，欲三，讓一。後世所謂烝報亂倫者，不絕於書，由此可以觀民風焉。《鶴壽堂叢書》本。

㉚ 張高評〈《左傳》史論之風格與作用〉，原載《成大學報》二十三卷，人文社會篇，一九八八年十一月，頁一～五七。後輯入《左傳之文韜》，高雄：麗文文化公司，一九九四，頁九三～一六三。

㉛ 明陳禹謨《左氏兵略》，習《春秋》《左傳》名家，錄自左丘明以下，迄宋岳飛六十人。參陳禹謨《左氏兵略》，卷首，頁二二～頁二六。

㉜ 明成基〈命刻左氏兵略序〉語，陳禹謨《左氏兵略》，卷首。《左傳》之論兵，詳呂祖謙《左傳類編》，明陳禹謨《左氏兵略》三十二卷，臺北：武學書局，一九五六年。清李元春評輯《左氏兵法》二卷，南懷瑾主編《正統謀略學初輯》，臺北，老古出版社，一九七八年。

㉝ 林穎政《明代春秋學研究》，國立中央大學中國文學系博士論文，二〇一二年六月。第六章〈經典與兵典：明代《左傳》兵書化的經世致用思潮〉，頁二一八～二六三。詳參劉師培《讀左劄記》，〈中國民約精義〉；程發軔《春秋要領》。

㉞ 張高評〈《左傳》兵法評證〉，輯入《左傳之武略》，頁五七～九〇。

㉟ 參考張高評〈《左傳》兵法與領導統御〉，《左傳之武略》，高雄：麗文文化公司，一九九四，頁一三一～

一六六。又，〈《左傳》、《史記》之現代詮釋——以兵謀與策略規劃爲例〉，《春秋書法與左傳學史》，臺北：里仁書局，二〇一一，頁五一一～五四九；〈《左傳》兵謀與應變策略——以經世資鑑爲依歸〉，崑山科技大學《人文暨社會科學學報》第二期，二〇一〇年六月，頁一八七～二二四。又主編《傳統文化與經營管理研究論文集》，臺北：里仁書局，二〇〇九年。

㊱ 桓公二年《左傳》，臧哀伯諫納郜大鼎曰：「君人者將昭德塞違，以臨照百官，猶懼或失之，故昭令德以示子孫。是以清廟茅屋，大路越席，大羹不致，粢食不鑿，昭其儉也。」文公二年《傳》：「秋八月丁卯，大事于大廟，躋僖公，逆祀也。於是夏父弗忌爲宗伯，尊僖公，且明見曰：『吾見新鬼大，故鬼小，先大後小，順也。』……仲尼曰：『臧文仲其不仁者三，不知者三。下展禽，廢六關，妾織蒲，三不仁也。作虛器，縱逆祀，祀爰居，三不知也。』襄公二十二年春，臧武仲如晉，雨，過御叔。御叔在其邑，將飲酒，曰：「焉用聖人？我將飲酒而已。雨行，何以聖爲？」可見魯國臧氏之作風，固墨家之祖始也。

㊲《墨子·尚同中》曰：「古者國君諸侯之聞見善與不善也，皆馳驅以告天子，是以賞當賢，罰當暴，不殺不辜，不失有罪，則此尚同之功也。」〈尚同下〉亦云：「若苟明於民之善非也，則得善人而賞之，得暴人而罰之也。善人賞而暴人罰，則國必治。」《墨子》所言，蓋本《左傳》「善爲國者，賞不僭而刑不濫」之意。

㊳ 尹佚亦作尹逸，又稱史佚。《左傳》僖公十五年、文公十五年、宣公十二年、成公四年、襄公十四年、昭公元年均引史逸，其言合於儒術。《漢志》入墨家者，意以其爲太史，出於清廟之守，溯其原而言之也。詳參清王先謙《漢書補注》，宋王應麟《漢書藝文志考證》，章太炎《諸子略說》，徐文助《漢書藝文志諸子略箋證》，徐復觀《兩漢思想史·卷三》，頁二三七～頁二三八。

㊴《左傳》桓公六年桓公問名於申繻，對曰：「有信、有義、有象、有假、有類。以名生爲信，以德命爲義，以

參考書目

一、專著之屬

㈠左傳類

春秋左傳注疏　周左丘明傳　晉杜預注　唐孔穎達疏　藝文印書館《十三經注疏》本
春秋左傳杜林合註　晉杜預注　宋林堯叟註釋　學海出版社
左氏摘奇　宋胡元質摘錄　新文豐出版公司影印《宛委別藏》鈔錄影宋本
春秋臣傳　宋王當　通志堂經解（傳是樓經解）本　清徐乾學等輯　納蘭成德校刊　大通書局
左傳類對賦注　宋徐晉卿著　清高士奇注　原哈佛燕京圖書館藏
讀左漫筆　明陳懿典著　學海類編（《百部叢書》第二十四）　藝文印書館
左氏兵略三十二卷　明陳禹謨著　臺北武學書局

春秋左傳屬辭　明傅遜　文淵閣《四庫全書》本
讀左管窺　清趙青藜著　涇川叢書（《百部叢書》第九十八）　藝文印書館
左氏兵法二卷　清李元春評輯　《青照堂叢書》第七十一～七十二冊　中央研究院藏本　又《正統謀略學彙編》初輯第十四冊　老古出版社
左氏春秋考證二卷　清劉逢祿著《皇清經解》第三三〇冊　藝文印書館
左氏春秋僞傳辨八卷　清王樹枏著　《清代稿本百種彙刊》第十八冊　中央研究院藏本
春秋左氏傳舊注疏證　清劉文淇著　中文出版社
左傳古本分年考一卷　清俞樾著　《春在堂全書》第一〇二冊
左傳輯釋　日本安井衡著　廣文書局
左氏會箋　日本竹添光鴻著　鳳凰出版社影印《漢文大系》本　又，巴蜀書社
春秋左傳讀　章太炎著　學海出版社
左傳五十凡例　駱成駫，中央研究院傅斯年圖書館藏，民國十六年上沅新刊本
左傳禮說　張其淦著　臺北力行書局
高本漢左傳注釋　瑞典高本漢（Bernhard Karlgren）原著　陳舜政譯　中華叢書編審委員會
春秋の思想史的研究　日本津田左右吉著　東京岩波書店
左傳通論　方孝岳著　臺灣商務印書館
左氏春秋義例辨九卷　陳槃著　《中央研究院歷史語言研究所專刊》
春秋左傳注　楊伯峻著　北京中華書局

春秋左氏傳地名圖考　程發軔著　廣文書局
周秦諸子述左傳考　劉正浩著　臺灣商務印書館
兩漢諸子述左傳考　劉正浩著　臺灣商務印書館
春秋左氏傳杜注釋例　葉政欣著　嘉新水泥公司研究論文
漢儒賈逵之春秋左氏學　葉政欣著　臺南興業圖書公司
東漢時代之春秋左氏學　程南洲著　文津出版社
左傳文藝新論　高葆光著　臺中中央書局
左傳虛字集釋　左松超著　臺灣商務印書館
左傳賦詩引詩考　楊向時著　中華叢書編審委員會
春秋左氏傳雜考　日本上野賢知著　東洋文化研究所
左傳國語引詩說詩之研究　夏鐵生著　臺大中文研究所碩士論文
春秋左傳鼓詞六十九冊　不著撰人　抄本　中央研究院藏
春秋三傳傳禮異同考要　李崇遠著　嘉新水泥公司研究論文
左傳載語之禮義精神研究　李啓原著　高雄師院國文研究所碩士論文
左傳眞僞考　高本漢著　陸侃如譯　新月書店
左傳論文集　于大成、陳新雄主編　木鐸出版社
左傳君子曰非後人所附益　鄭良樹撰　《竹簡帛書論文集》　北京中華書局
再論左傳君子曰非後人所附益　鄭良樹撰　《竹簡帛書論文集》　北京中華書局

左傳之文韜　張高評　高雄麗文文化公司
左傳之武略　張高評　高雄麗文文化公司
春秋書法與左傳學史　張高評　五南圖書公司　又，上海古籍出版社
春秋書法與左傳史筆　張高評　里仁書局
春秋左傳學史稿　沈玉成、劉寧　江蘇古籍出版社
敘事與解釋──《左傳》經解研究　張素卿　書林出版公司
《春秋》經傳研究　趙生群　上海古籍出版社
左海鉤沈　劉正浩　東大圖書公司
語用學與《左傳》外交辭令　陳致宏　萬卷樓圖書公司
原史文及文獻研究　過常寶　北京大學出版社
杜預《春秋經傳集解》研究　方韜　中國社會科學出版社
《左傳》評點研究　李衛軍　中國社會科學出版社
《左傳》的書寫與解讀　李惠儀著　文韜、許明德譯　江蘇人民出版社
左傳英華　張高評　萬卷樓圖書公司

(二) 春秋類

春秋釋例　晉杜預著　臺灣中華書局
春秋集傳纂例　唐陸淳　清錢儀吉《經苑》本　大通書局

春秋傳　宋程頤　臺灣中華書局
春秋集解　宋蘇轍　清錢儀吉《經苑》本　大通書局
春秋傳　宋胡安國　《四部叢刊續編》本　臺灣商務印書館
春秋後傳　宋陳傅良　通志堂經解（傳是樓經解）本　清徐乾學等輯　納蘭成德校刊　大通書局
春秋集義　李明復　文淵閣《四庫全書》本　臺灣商務印書館
春秋本例　宋崔子方　通志堂經解（傳是樓經解）本　清徐乾學等輯　納蘭成德校刊　大通書局
春秋集傳詳說　宋家鉉翁　文淵閣《四庫全書》本　臺灣商務印書館
春秋胡傳附錄纂疏，元汪克寬　文淵閣《四庫全書》本　臺灣商務印書館
春秋本義　元程端學　文淵閣《四庫全書》本　臺灣商務印書館
春秋師說　元趙汸　通志堂經解（傳是樓經解）本　清徐乾學等輯　納蘭成德校刊　大通書局
春秋屬辭　元趙汸　通志堂經解（傳是樓經解）本　清徐乾學等輯　納蘭成德校刊　大通書局
春秋通論　清方苞　文淵閣《四庫全書》本　臺灣商務印書館
春秋直解　清方苞　文淵閣《四庫全書》本　臺灣商務印書館
春秋大事表　清顧棟高　鼎文書局　又，吳樹平等點校本，中華書局
寶甓齋札記　清趙坦　《皇清經解》本
春秋大事表　清顧棟高著　鼎文書局　又北京中華書局
春秋屬辭辨例編　清張應昌　《續修四庫全書》本，上海古籍出版社
皇清經解續編　清王先謙編　藝文印書館

通志堂經解（傳是樓經解）　清徐乾學等輯　納蘭成德校刊　康熙十九年刊本　臺北大通書局
皇清經解（學海堂經解）　清阮元編　勞崇光補刊　藝文印書館
春秋日食集證　馮徵著　臺灣商務印書
春秋大義述　楊樹達　上海古籍出版社
春秋辨例　戴君仁著　中華叢書編審委員會
春秋要領　程發軔著　蘭臺書局
春秋吉禮考辨　周何著　嘉新水泥公司研究論文
春秋異文考　陳新雄著　嘉新水泥公司研究論文
春秋古經洪詁補正　林耀曾著　嘉新水泥公司研究論文
春秋學史　趙伯雄　山東教育出版社
春秋學史　戴維　湖南教育出版社
春秋筆法論　李洲良　中國社會科學出版社
經典解釋與文化創新——《公羊傳》「以義解經」探微　平飛　人民出版社
公羊學發展史　黃開國　人民出版社
比事屬辭與古文義法——方苞「經術兼文章考論」　張高評　新文豐出版公司
屬辭比事與《春秋》詮釋學　張高評　新文豐出版公司

二、評點之屬

㈠ 文評

春秋左傳注評測義七十卷　明凌稚隆著　萬曆十六年吳興凌氏刊本　國家圖書館（原中央圖書館）藏本

史記評林　明凌稚隆輯　蘭臺書局

左傳鈔評十二卷　明穆文熙評著　清雍正二年朝鮮錦城刊本　國家圖書館（原中央圖書館）藏本　又師大東北大學寄藏書

閔氏分次春秋左傳十五卷　明孫鑛評點　萬曆四十四年吳興閔氏刊朱墨套印本　國家圖書館（原中央圖書館）藏本

左傳釋　清金聖歎著　《金聖歎全集》　鳳凰出版社

天下才子必讀古文　清金聖歎著　《金聖歎全集》　鳳凰出版社

貫華堂第六才子書西廂記　清金聖歎著　《金聖歎全集》　鳳凰出版社

左傳評（左傳練要）十卷　清王源著　新文豐出版公司　又《四庫全書存目叢書》　臺南莊嚴文化公司

左傳義法舉要一卷　清方苞口授　清王兆符傳述　廣文書局影印《榕園叢書》本

左傳分國纂略十六卷　清盧元昌評閱　康熙二十八年八詠樓刊本　中央。研究院藏本

古文晰義　清林雲銘編著　廣文書局

古文觀止　清吳楚材、吳調侯編著　臺灣中華書局

左傳約編二十一卷　清鄒美中輯評　道光二十六年西林山房刊本　中央研究院藏本

左繡三十卷　清馮李驊、陸浩評輯　文海出版社影印康熙五十九年書業堂鐫藏本

左傳翼三十八卷　清周大璋著　文盛堂翻刻遂初堂本　中央研究院藏本

讀左補義五十卷　清姜炳璋著　文海出版社影印乾隆三十三年同文堂藏板本

左傳日知錄八卷　清陳震著　清乾隆年間稿本　國家圖書館（原中央圖書館）藏本

左傳評三卷　清李文淵評　《貸園叢書》初集冊三　中央研究院藏本

會心閣春秋左傳讀本十二卷　清豫山編　咸豐三年編者手寫本　清許乃普等手書題跋　國家圖書館（中央圖書館）藏本

三研齋左傳節鈔十五卷　清不著撰人　朱墨精寫本　國家圖書館（中央圖書館）藏本

左傳擷華　林紓著　高雄復文圖書出版社

左傳微　吳闓生著　臺灣中華書局

左傳集評（一—四冊）　李衛軍編著　北京大學出版社

(二) 史評

春秋左氏傳說　宋呂祖謙著　《通志堂經解》卷二六四、二六五　臺北大通書局影印本　又　學原書局

春秋左氏傳續說　宋呂祖謙著　文淵閣《四庫全書》本　臺灣商務印書館

足本東萊左氏博議　宋呂祖謙著　廣文書局影印光緒十四年錢塘瞿氏校刊足本

文章正宗二十六卷　宋眞德秀輯　明唐順之批點　明嘉隆年間刊本　楊守敬題識　故宮博物院藏
又臺灣商務印書館《四部叢刊三編》本
春秋左傳詳節句解三十五卷　宋朱申著　明孫鑛批點　朝鮮舊刊本　國家圖書館（原中央圖書館）藏
左氏始末十二卷　明唐順之著　徐鑒評　明萬曆四十二年劍江徐氏刊本　國家圖書館（中央圖書館）藏
春秋左翼四十三卷　明王震著　萬曆癸卯烏程王氏原刊本　國家圖書館（原中央圖書館）藏
醉竹園左傳鈔四卷　明王雲孫輯　萬曆三十八年刊本　東海大學圖書館藏本
續春秋左氏傳博議二卷　清王夫之著　廣文書局影印《船山遺書》本
左傳經世鈔二十三卷　清魏禧輯　清彭家屛參訂　清乾隆間刊刻《續修四庫全書》本　上海古籍出版社
左傳事緯十二卷　清馬驌著　廣文書局　又齊魯書社
左傳紀事本末五十三卷　清高士奇著　北京中華書局
左氏節萃十卷　清凌瓏王編　中央研究院藏本
左說條貫十八卷　清曹基編次　康熙壬辰序刊本　中央研究院藏本
評點春秋左傳綱目句解六卷　清韓菼重訂　師大寄藏東北大學叢書
批註春秋左傳句解二卷　清韓菼重訂　臺北書局
史記集評　清吳汝綸評　臺灣中華書局
左傳分國集註　民國韓席籌編註　華世出版社　又江蘇人民出版社

三、經學之屬

十三經注疏（附校勘記）　清阮元刊刻　藝文印書館影印清嘉慶江西南昌府學原刻本

春秋繁露義證　漢董仲舒著　蘇輿注　河洛圖書公司

說文解字注　漢許慎著　清段玉裁注　藝文印書館

經典釋文　唐陸德明著　鼎文書局

易程傳／易本義　宋程頤／朱熹著　世界書局

詩集傳　宋朱熹注　臺灣中華書局

四書纂疏（附引得）　宋朱熹集註　趙順孫纂疏　啓聖圖書公司影印。《通志堂經解》本

經義考　清朱彝尊著　臺灣中華書局《四部備要》本

授經圖　清朱睦㮮著　臺灣商務印書館

尚書今古文注疏　清孫星衍著　臺灣中華書局

古文尚書疏證　清閻若璩著　《續皇清經解》本　藝文印書館

禮記集解　清孫希旦集解　蘭臺書局

詩毛氏傳疏　清陳奐疏　臺灣學生書局

詩經通解　清林義光著　臺灣中華書局

經學通論　清皮錫瑞著　河洛圖書公司　又北京中華書局
經學歷史　清皮錫瑞著　河洛圖書公司　又北京中華書局
新學僞經考　康有爲著　臺灣商務印書館
兩漢經學今古文平議　錢穆著　東大圖書公司
經典常談　朱自清著　華聯出版社
十三經概論　蔣伯潛著　中新書局
經學通志　錢基博著　學人雜誌社
讀經示要　熊十力著　廣文書局
說文解字引經考　馬宗霍著　臺灣學生書局
先秦經籍考　江俠菴譯　新欣出版社
古籍導讀　屈萬里著　臺灣開明書店
先秦漢魏易例述評　屈萬里著　臺灣學生書局
尙書釋義　屈萬里著　中華文化出版事業委員會
閻毛古文尙書公案　戴君仁著　中華叢書編輯委員會
禮學新探　高明著　香港中文大學聯合書院中文系
古漢語通論　王力著　泰順書局
古代漢語　王力著　泰順書局
漢語史稿　王力著　泰順書局

漢語史論集　王力著　泰順書局
漢語詩律學　王力著　上海教育出版社
易經研究　徐芹庭著　五洲出版社
先秦諸子易說通考　胡自逢著　文史哲出版社
穀梁范注發微　王熙元著　嘉新水泥公司研究論文
從公羊學論春秋的性質　阮芝生著　臺大文史叢刊
許慎之經學　黃永武著　臺灣中華書局
周秦名字解詁彙釋補編　周法高著　中華叢書編審委員會
語言學論叢　林語堂著　民文出版社
古音學發微　陳新雄著　文史哲出版社
古漢語語法學資料彙編　鄭奠、麥梅翹主編　泰順書局

四、史學之屬

國語　傳周左丘明著　嶄新校注本　據《四部備要》排印清代士禮居翻刻明道本爲底本　參校《四部叢刊》影印明代翻刻公序本　臺北九思出版社
戰國策　漢劉向輯錄　新校增補本　里仁書局

戰國策正解　日本橫田維孝著　臺北河洛圖書公司
竹書紀年八種　不著傳人　梁沈約注　世界書局
史記會注考證　漢司馬遷著　日本瀧川資言考證　藝文印書館　又萬卷樓圖書公司、大安出版社
漢書補注　漢班固著　唐顏師古注　清王先謙補注　藝文印書館
後漢書集解　南朝宋范曄著　唐李賢注　清王先謙集解　藝文印書館
三國志集解　晉陳壽著　南朝宋裴松之注　盧弼集解　藝文印書館
晉書　唐房玄齡著　藝文印書館
史通釋評　唐劉知幾著　清浦起龍釋　呂思勉評　華世出版社
宋元學案　清黃宗羲、清全祖望著　河洛圖書公司
明儒學案　清黃宗羲著　河洛圖書公司
繹史　清馬驌著　廣文書局
文史通義校注　清章學誠著　葉瑛校注　北京中華書局　華世出版社
史記探原　清崔適著　廣城出版社
清儒學案　徐世昌主編　世界書局
古史辨　顧頡剛等編著　明倫出版社
先秦政治思想史　梁啓超著　臺灣中華書局
中國文化史　梁啓超著　臺灣中華書局
中國近三百年學術史　梁啓超著　臺灣中華書局

中國歷史研究法（附補篇） 梁啓超著 臺灣中華書局
先秦諸子繫年 錢穆著 香港中文大學出版社
國史大綱 錢穆著 臺灣商務印書館
中國近三百年學術史 錢穆著 臺灣商務印書館
中國史學名著 錢穆著 三民書局
國史要義 柳詒徵著 臺灣中華書局
史諱舉例 陳垣著 文史哲出版社
春秋史 童書業著 齊魯大學國學研究所專著彙編之五
先秦史 呂思勉著 臺灣開明書店
漢書藝文志講疏 顧實著 臺灣商務印書館
春秋會盟政治 劉伯驥著 中華叢書編審委員會
春秋國際公法 洪鈞培著 文史哲出版社 北京中華書局
中國上古史綱 張蔭麟著 正中書局
中國史學史 金靜庵（毓黻）著 國史研究室
兩漢思想史卷一，卷二，卷三 徐復觀著 臺灣學生書局
中國思想史論集 徐復觀著 臺灣學生書局
歷史哲學 牟宗三著 臺灣學生書局
不見于春秋大事表之春秋方國稿一、二 陳槃著 中央研究院史語所專刊

先秦時代的傳播活動及其對文化與政治的影響　張玉法著　嘉新研究論文
中國遠古史述要　任映滄編述　中國政治書刊出版合作社
古代中國文化與中國知識分子　胡秋原著　學術出版社
中國史學史　李宗侗著　華岡出版社
中國古代社會史　李宗侗著　中華叢書編審委員會
中國上古史論文選輯　許倬雲主編　國風出版社
中國上古中古文化史　陳安仁著　西林出版社
史記漢書儒林傳疏證　黃慶萱著　嘉新水泥公司研究論文
史學方法論　杜維運著　華世出版社
史學方法論文選集　杜維運、黃俊傑合編　華世出版社
與西方史家論中國史學　杜維運著　史學出版社
黃梨洲及其史學　張高評著　高雄師院國文研究所叢刊之一　文津出版社

五、諸子之屬

管子　傳周管仲著　唐房玄齡注　臺灣中華書局四部備要
莊子集解　戰國莊周著　清郭慶藩輯　河洛圖書公司

荀子集解　戰國荀況著　清王先謙注　藝文印書館
墨子閒詁　戰國墨翟等著　清孫詒讓注　河洛圖書公司
吳子今註今譯　傳戰國吳起著　傅紹傑著　臺灣商務印書館
韓非子集解　傳戰國韓非著　清王先愼注　文光圖書公司
呂氏春秋集釋　傳戰國呂不韋輯　許維遹注　世界書局
鬼谷子注　戰國鬼谷子著　晉陶弘景注　世界書局
鬼谷子集校集注　戰國鬼谷子著　許富宏集注　北京中華書局
淮南鴻烈集解　漢劉安著　劉文典集註　臺灣商務印書館
鹽鐵論　漢桓寬撰　臺灣中華書局《四部備要》
潛夫論　漢王符著　臺灣中華書局《四部備要》
孔子家語　漢王肅注　臺灣中華書局
說苑　漢劉向編　臺灣中華書局《四部備要》
新序　漢劉向編　臺灣中華書局《四部備要》
白虎通疏證　漢班固著　清陳立疏證　吳則虞點校　北京中華書局
申鑒　漢荀悅撰　藝文印書館
中論　漢徐幹撰　藝文印書館
桓譚新論　漢桓譚著　臺灣中華書局《四部備要》
風俗通義　漢應劭著　臺灣中華書局《四部備要》

論衡　漢王充著　北京大學歷史系注釋小組點校　北京中華書局
世說新語校箋　南朝宋劉義慶著　楊勇箋校　明倫出版社
顏氏家訓　北齊顏之推著　臺灣中華書局《四部備要》
四書集註　宋朱熹注　世界書局
朱子語類　宋黎靖德編　王星賢點校　北京中華書局　文津出版社
呻吟語　明呂珅著　河洛圖書公司
述學內外篇　清汪中著　臺灣中華書局《四部備要》
原儒　熊十力著　明倫出版社　中國人民大學出版社
縱橫家研究　顧念先著　中國學術著作獎助委員會
諸子考索　羅根澤著　香港學林書店
論理古例　劉奇著　臺灣商務印書館
諫話　趙虛吾著　陽明雜誌社
策略和策略　林夏著　新亞出版社
中國兵學大系　李裕日選輯　世界兵學社
歷代重要戰爭兵略論　蘇宗哲著　自印本
漢書藝文志諸子略箋證　徐文助撰　油印本
理則學　郭爲著　學海出版社
先秦兩漢之陰陽五行學說　李漢三著　鐘鼎文化出版公司

語意學概要　徐道鄰著　友聯出版社
理則學導論　林本著　臺灣開明書店
先秦說話術研究　洪明達著　高雄師院國文研究所碩士論文
傳統文化与經營管理論文集　張高評主編　里仁書局

六、筆記之屬

習學記言　宋葉適著　上海古籍出版社影印文淵閣《四庫全書》本
習學記言序目　宋葉適著　北京中華書局
容齋隨筆　宋洪邁著　臺灣商務印書館　又，明明出版社。又，上海古籍出版社　北京中華書局
郡齋讀書志　宋晁公武著　廣文書局
直齋書錄解題　宋陳振孫著　廣文書局。又，徐小蠻腰等點校，上海古籍出版社，一九八七年
困學記聞　宋王應麟撰　翁元圻注　臺灣商務印書館
點校鶴林玉露　宋羅大經著　臺灣開明書店
焦氏筆乘（正續編）　明焦竑著　臺灣商務印書館
隨園隨筆　清袁枚　鼎文書局　又，王英志主編《袁枚全集》，江蘇古籍出版社
丹鉛雜錄　明楊愼著　臺灣商務印書館

日知錄集釋　清顧炎武著　清黃汝成集釋　欒保　、呂宗力校點　明倫出版社　又上海古籍出版社
陔餘叢考　清趙翼著　世界書局
十駕齋養新錄　清錢大昕著　臺灣商務印書館
經義述聞　清王引之著　臺灣中華書局
經傳釋詞　清王念孫著　華聯出版社
古今僞書考　清姚際恆著　顧頡剛點校本　華聯出版社
癸巳類稿　清俞正燮著　世界書局
癸巳存稿　清俞正燮著　臺灣商務印書館
東塾讀書記　清陳澧著　文光圖書公司
助字辨略　清劉淇著　臺灣開明書店
古書疑義舉例五種　清俞樾等著　泰順書局
越縵堂日記　清李慈銘著　文光圖書公司
古書讀法略例　孫德謙著　臺灣商務印書館
僞書通考　張心澂著　宏業書局
無邪堂答問　朱一新著　廣文書局
管錐編　錢鍾書著　北京中華書局　香港太平圖書公司　臺北書林出版公司
續僞書通考　鄭良樹編　臺灣學生書局

七、文學、文論

(一)文心雕龍

文心雕龍注　梁劉勰著　范文瀾注　明倫書局
文心雕龍札記　黃侃著　新亞書院中文系
文心雕龍研究　王更生著　文史哲出版社
文心雕龍讀本　王更生注譯　文史哲出版社
文心雕龍批評論發微　沈謙著　聯經出版事業公司
文心雕龍研究論文選粹　王更生編纂　育民出版社

(二)古代散文

正續文章緣起註　梁任昉撰　明陳懋仁註　廣文書局
文境秘府論　日本遍照金剛著　蘭臺書局
文則　宋陳騤著　莊嚴出版社
文章指南　明歸有光著　廣文書局
升菴集·論文　明楊愼　王水照編《歷代文話》第二冊　復旦大學出版社
文章薪火　清方以智　王水照編《歷代文話》第四冊　復旦大學出版社

秋山論文　清李紱　王水照編《歷代文話》第四冊　復旦大學出版社
古文辭類纂評註　清姚鼐著　王文濡評　臺灣中華書局
讀書作文譜/父師善誘法　清唐彪著　偉文圖書公司
漢魏六朝專家文研究　劉師培著　臺灣中華書局
韓柳文研究法　林紓著　廣文書局
古文詞通義　王葆心著　臺灣中華書局
上古秦漢文學　柳存仁著　臺灣商務印書館
先秦文學　游國恩著　臺灣商務印書館
太史公書義法　孫德謙著　臺灣中華書局
桐城吳氏古文法　吳闓生選評　臺灣中華書局
駢文與散文　蔣伯潛著　世界書局
中國散文史　陳柱著　臺灣商務印書館
桐城文派文學史　葉龍著　香港龍門書店
什麼是傳記文學　劉紹唐等著　傳記文學社
中國文化之垂統　Raymond Dawson原著　張潤書譯　復興書局
古代中國文學　Burton watson著　羅錦堂譯　華岡出版部
古文法纂要　朱任生著　臺灣商務印書館
評註文法津梁　宋文蔚著　蘭臺書局

古文筆法百篇　李扶九選　東海出版社
實用文章義法　謝无量著　華正書局
古文通論　馮書耕、金仞千著　中華叢書編審委員會
文章例話　周振甫著　蒲公英書店
散文結構　方祖燊、邱燮友著　蘭臺書局
寫作淺談（正、續集）　丁樹南譯　臺灣學生書局

㈢ 駢文

駢體文鈔　清李兆洛著　廣文書局
六朝麗指　孫德謙著　育民出版社
六朝文論　廖蔚卿著　聯經出版事業公司
駢文概論　金秬香著　臺灣商務印書館
中國駢文史　劉麟生著　臺灣商務印書館
駢文衡論　謝鴻軒著　廣文書局
中國駢文發展史　張仁青著　臺灣中華書局
磻　文藝美學
藝概　清劉熙載著　廣文書局
藝舟雙楫文譜　清包世臣著　臺灣商務印書館

中國畫學全史　鄭昶編著　臺灣中華書局
文藝心理學　朱光潛著　臺灣開明書店
文藝美學　王夢鷗著　遠行出版社
藝術的奧秘　姚一葦著　臺灣開明書店
中國藝術精神　徐復觀著　臺灣學生書局
美學原理　克羅齊著　正中書局
二度和諧及其他　施友忠著　聯經出版事業公司
美的歷程　李澤厚　天津社會科學院

(四)詩學

潛溪詩眼　宋范溫　人民文學出版社《歷代詩話》本　木鐸出版社
苕溪漁隱叢話　宋胡仔編著　廖德明校點　人民文學出版社
詩人玉屑　宋魏慶之著　世界書局
古詩源　清沈德潛著　新陸書局
古謠諺　清杜文瀾著　世界書局
詩經欣賞與研究初集　裴普賢、糜文開著　三民書局
詩學箋註　姚一葦譯註　臺灣中華書局
詩論分類纂要　朱任生著　正中書局

中國詩學（設計篇）　黃永武著　巨流圖書公司
中國詩學（鑑賞篇）　黃永武著　巨流圖書公司
中國詩學（考證篇）　黃永武著　巨流圖書公司
中國詩學（思想篇）　黃永武著　巨流圖書公司

(五) 文學

文學蜜史　褚傳誥著　廣文書局
中國文學發展史　劉大杰著　臺灣中華書局　又　華正書局
插圖本中國文學史　鄭振鐸著　新欣出版社
中國文學發展史　林文庚著　清流出版社
中國文學批評史　郭紹虞著　文史哲出版社
中國文學批評史（改寫本）　郭紹虞著　明倫出版社
先秦文學史參考資料　閻簡弼著　泰順書局
隋唐文學批評史　羅根澤著　臺灣商務印書館
中國文學欣賞舉隅　傅庚生著　地平線出版社
文學概論　馬宗霍著　臺灣商務印書館
文學手冊　傅東華主編　大漢出版社
文學研究法　姚永樸著　廣文書局

文學論　劉永濟著　臺灣商務印書館
中國文學八論　劉麟生等著　文馨出版社
中國文學大綱（上冊）　易君左著　信明出版社
中國文學雜論　楊鴻烈著　僶勉出版社
中國文學論集　徐復觀著　臺灣學生書局
中國文學批論通論　傅庚生著　經氏出版社
中國文學流變史　李日剛著　白雲書屋
中國文學論　程兆熊著　大林出版社
中國人的文學觀念　劉若愚著　賴春燕譯　成文出版社
文學概論　王夢鷗著　藝文印書館
中國文學欣賞　糜文開、裴普賢著　三民書局
新文學概論　本間久雄著　章錫光譯　臺灣商務印書館
文學概論　涂公遂著　安邦書局
文學論　韋勒克等著　王夢鷗等譯　志文出版社
比較文學研究之新方向　李達三著　聯經出版事業公司
比較文學的墾拓在台灣　古添洪、陳慧樺著　東大圖書公司

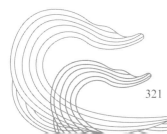

㈥神話

山海經箋疏　晉郭璞傳　清郝懿行箋疏　臺灣中華書局
中國神話研究　沈雁冰著　新陸書局
神話論　林惠祥著　臺灣商務印書館
中國古代神話　袁珂著　香港龍門書店
中國古代神話研究　日本森安太郎著　王孝廉譯　地平線出版社
中國神話　李亦園主編　地球出版社
從比較神話到文學　古添洪、陳慧樺編著　東大圖書公司
文化人類學　林惠祥著　臺灣商務印書館

㈦小說

東周列國志　明余邵魚原撰　馮夢龍改撰　清蔡元放刪定　三民書局
明毛宗崗〈讀三國志法〉　三國演義會評本　北京大學出版社
中國小說史　郭箴一著　臺灣商務印書館
中國小說史料　孔另境著　臺灣中華書局
中國小說發達史　譚嘉定著　啓業書局
中國小說史略　周氏（魯迅）　明倫出版社

中國小說史　孟瑤著　傳記文學社
中國古典文學論叢（冊三）　神話與小說之部　王夢鷗等著　中外文學月刊社
中國古典小說論集第一輯　林以亮等著　幼獅文化事業公司
小說面面觀　佛斯特撰　李文彬譯　志文出版社
長篇小說作法研究　陳森譯　幼獅文化事業公司
短篇小說作法研究　威廉著　張志澄編譯　臺灣商務印書館
中國小說美學　葉朗著　里仁書局

(八) 戲劇

貫華堂第六才子書西廂記　清金聖歎　《金聖歎全集・詩詞曲卷》鳳凰出版社
中國俗文學史　鄭振鐸著　明倫出版社
戲劇原論　李朴園著　長歌出版社
編劇綱要　李曼瑰著　長歌出版社
現存元人雜劇本事考　羅錦堂著　順光出版公司
說戲曲　曾永義著　聯經出版事業公司

(九) 修辭學

修辭鑑衡　元王構著　商務萬有文庫薈要〇六四七

中國修辭學　楊樹達著　樂天出版社
修辭學發凡　陳望道著　臺灣學生書局
修辭學講話　陳介白著　信誼書局
國文修辭學　宋文翰著　新陸書局
古書修辭例　張文治著　臺灣中華書局
體裁與風格　蔣伯潛著　世界書局
章與句　蔣伯潛著　世界書局
字與詞　蔣伯潛著　世界書局
字句鍛鍊法　黃永武著　洪範書店
文章破題技巧及修辭方法之研究　徐芹庭著　成文出版社
修辭學　傅隸樸著　正中書局
修辭學發微　徐芹庭著　臺灣中華書局
修辭學　黃慶萱著　三民書局
馬氏文通　清馬建忠著　河洛圖書出版社

八、總集之屬

藝文類聚　唐歐陽詢等編著　文光出版社

壬華錄九卷　明曹臣撰　萬曆末年原刊本　吳興劉氏嘉業堂叢書　國家圖書館（原中央圖書館）藏本

古今圖書集成（理學彙編經籍典春秋部）　清陳夢雷、蔣廷錫纂　鼎文書局

四庫全書總目提要　清永瑢、英廉、阮元等撰　藝文印書館

古文辭類纂　清姚鼐　臺灣中華書局

策（國）學備纂（經部春秋類）　清吳炎亮輯　文史哲出版社

經史百家雜鈔　清曾國藩著　文海出版社

四部要籍序跋大全　華國出版社

國學略說　章炳麟著　河洛圖書公司

十三經引得并序　洪業等編　南嶽出版社

國學概論　程發軔著　正中書局

國學概論　傅隸樸著　中華叢書編審委員會

六十年來之國學　程發軔主編　正中書局

國學導讀叢編　周何等編著　康橋出版事業公司

國學方法論叢　黃章明、王志成編　學人文教出版社

九、別集之屬

韓昌黎全集　唐韓愈著　臺灣中華書局《四部備要》本

歐陽文忠集　宋歐陽修著　臺灣中華書局《四部備要》本

淨德集　宋呂陶著　文淵閣四庫全書本　臺灣商務印書館

魏叔子文集　清魏禧著　北京中華書局

望溪文集　清方苞著　文淵閣《四庫全書》本　臺灣商務印書館

惜抱軒全集　清姚鼎著　文淵閣《四庫全書》本　臺灣商務印書館

章氏叢書　清章學誠著　漢聲出版社

崔東壁遺書　清崔述著　河洛圖書公司

龔定盦文集　清龔自珍著　《四部叢刊》初編本　臺灣商務印書館

章氏遺書　章炳麟著　世界書局

王國維遺書　王國維著　上海古籍出版社

劉申叔先生遺書　劉師培著　華世出版社

畏廬論文等三種　林紓著　文津出版社

拙堂文話　日本齋藤謙著　文津出版社

傅孟眞先生集　傅斯年著　聯經出版事業公司

胡適文存　胡適著　遠東圖書公司
陳世驤文存　陳世驤著　志文出版社
高明文輯　高明著　黎明文化事業公司

十、期刊之屬

(一)《左傳》學研究論文

左筆發凡　張傑撰　《光華大學半月刊》五卷八期
左傳之研究　衛聚賢撰　《國學論叢》一卷一、二號
國語之研究　衛聚賢撰　《古史研究》第一輯
論左傳之眞僞及其性質　陸侃如撰　北大研究院《國學月刊》一卷七、八期
跋陸侃如「論左傳之眞僞及其性質」　衛聚賢撰　北大研究院《國學月刊》一卷七、八期
論左傳與國語的異點　馮沅君撰　《新月》一卷七期
讀「論左傳與國語異點」以後　衛聚賢撰　《新月》一卷八期
左傳眞僞與上古音　林語堂撰　《語絲》四卷二七期
我們的朋友（評林語堂「左傳眞僞與上古方言」）衛聚賢撰《新月》一卷七期
論左傳之性質及其與國語之關係　楊向奎撰　《史學集刊》二期

國語與左傳問題後案　童書業撰　《浙江省圖書館館刊》四卷一期
左傳國語原非一書證　孫次舟撰　《責善半月刊》一卷四、六、七期
左傳與國語　卜德撰　《燕京學報》一六期
國語眞僞考　孫海波撰　《燕京學報》一六期
劉向歆父子年譜　錢穆撰　《燕京學報》七期
左傳「君子曰」研究　楊向奎撰　《文瀾學報》二期
左傳漢初出張蒼家說　孫德謙撰　《學衡》三〇期
左氏述春秋盟會　盛熙撰　《武漢大學歷史學報》一期
左傳毛詩之互證　林彥博撰　《古學叢刊》四期
讀左分類選目　陸修祜撰　《國專月刊》二卷三期　三卷三期
春秋左傳纂言　顧實撰　《國專月刊》二卷五期
左丘明傳春秋考　牟潤孫撰　《民主評論》四卷一一、一二期
左傳「著者」問題的商榷　徐道　撰　《民主評論》四卷一五期
論左傳凡例與劉歆之關係　陳槃撰　《民主評論》八卷二期
論國語與左傳的關係　張以仁撰《中央研究院歷史語言研究所集刊》第三三本
從文法語彙的差異證國語左傳二書非一人之作　張以仁撰　《中央研究院歷史語言研究所集刊》三四上
從左傳看中國早期敘事文　王靖宇撰　《中華文化復興月刊》九卷五期
關於左傳「君子曰」的一些問題　張以仁撰　《孔孟月刊》三卷三期

左傳國語史記之比較研究　劉節撰　《說文》五卷一、二期　又《中華文化復興月刊》一三卷二期轉載
太史公左氏春秋義述　劉正浩撰　《師大國文研究所集刊》第六號
左氏前傳釋義　劉正浩撰　臺灣師範大學《國文學報》二期
左傳古史證　葉政欣撰《成功大學學報》第五卷、第六卷《中國學術年刊》第一期
春秋比事與左氏占驗　簡翠貞撰　《孔孟學報》二〇期
左傳史論　莊雅州撰　《孔孟學報》二二期
左傳之文學價值　李威熊撰　《孔孟月刊》一七卷五期
孔子在中國史中之地位　馮友蘭撰　《燕京學報》第二期
先秦說詩的風尚和漢儒以詩教說詩的迂曲　屈萬里撰　新加坡《南洋大學學報》第五期　一九七一年
說史　胡適撰　《大陸雜誌》一七卷一一期
錄鬼簿校注　鍾嗣成著　馬廉校注　《國立北京圖書館館刊》一〇卷一、二、三、四、五號
春秋時代歌詩考　白惇仁撰　《孔孟月刊》一二卷二期
西周至戰國之散文　錢穆撰　《新亞書院中國文學系年刊》第二期
諸子與經學　于大成撰　《孔孟月刊》一四卷一二期、一五卷五期
高本漢中國文字論說商榷　周行之撰　《師大國文研究所集刊》第一七號
曾國藩文學理論述評　莊雅州撰　《師大國文研究所集刊》第一七號
司空圖詩品研究　蕭水順撰　《師大國文研究所集刊》第一七號
韓愈之思想及其文論　簡添興撰　《師大國文研究所集刊》第二三號

傳記學　杜維運撰　《大學生活》四卷六期
中華民國第三屆比較文學會議專刊　《中外文學》七卷六期、七卷七期
楚辭中的山水景物——中國山水詩探源之二　王國瓔撰　《中外文學》七卷六期、七卷七期
漢字做爲詩的表現媒介　杜國清譯　《中外文學》八卷七期
劉勰論文的觀點試測　王夢鷗撰　《中外文學》八卷八期
論漢字作爲詩的表現媒介　杜國清撰　《中外文學》八卷九期
語言的功能　高敬達撰　《教育文摘》一三卷一、二期
先秦的說服傳播理論　方鵬程撰　《報學》五卷一期
陰陽五行家思想之述評　郭爲著　《高雄師院學報》七期
論左傳之文學特色　劉莉君撰　《孔孟月刊》一八卷一二期
談左傳的對照律　簡宗梧撰　《中央日報・文史》一二五期
春秋經傳概論　張高評撰　《屏女學報》五期
左傳之語文學價值　張高評撰　《屏女學報》六期
以詩樂作爲國際語言的春秋時代　謝志雨撰　《中央日報・副刊》一九六九年十一月五～六日
左傳之論說文價值　張高評撰　《中華文化復興月刊》一四卷一期
左傳描寫文之價值　張高評撰　《中華文化復興月刊》一四卷七期
左傳敘事文擅微　張高評撰　《孔孟學報》四一期
左傳的作者及成書時代考辨　蔣立甫撰　《文學遺產》增刊十四輯

左傳編撰考　趙光賢撰　《中國歷史文獻研究集刊》第一、二集

左傳的眞僞和寫作時代問題考辨　胡念貽撰　《文史》第十一輯

論劉歆作左傳　徐仁甫撰　《文史》第十一輯

左傳之敘事文　伊根撰　張端穗譯　《東海大學中文學報》第三期

中國小說的起源　前野直彬撰　鍾行憲譯　《幼獅月刊》三五卷四期

〈《左傳》史論之風格與作用〉，張高評，《成大學報》二十三期（人文社會篇，一九八八年十一月），頁一～五七。

㈡《春秋》學研究論文

春秋弒君三十六辨　王秉謙撰　《學術界》二卷三期

春秋昏禮餘論　周何撰　臺灣師範大學《國文學報》二期

比事屬辭與章學誠之《春秋》教：史學、敘事、古文辭與《春秋》書法　張高評　《中山人文學報》第三十六期，二〇一四年一月。

書法、史學、敘事、古文與比事屬辭：中國傳統敘事學之理論基礎　張高評　香港中文大學《中國文化研究所學報》第六十四期，二〇一七年六月。

《春秋》《左傳》《史記》與敘事傳統，張高評，《國文天地》第三十三卷第五期，二〇一七年十月。

比事見義與《左傳　晉公子重耳之出亡》，張高評，《古典文學知識》二〇一八年第二期（總第一九七期），二〇一八年三月。

屬辭見義與中國敘事傳統，張高評，《中國古籍文化研究・稻　耕一郎教授退休紀念論集》上卷（東京：早稻田大學中國古籍文化研究所），二〇一八年三月。

《左傳》敘戰徵存兵法謀略——《城濮之戰》之敘戰與資鑑，張高評，南京鳳凰出版社《古典文學知識》二〇一八年第三期（總第一九八期），二〇一八年五月。

《左傳》敘戰與《春秋》筆削—論晉楚城濮之戰的敘事義法（上、下），張高評《古典文學知識》二〇一八年第四期（總第一九九期，二〇一八年七月）、二〇一八年第六期（總第二〇一期，二〇一八年十一月）。

《春秋》直筆書滅與《左傳》以史傳經——以楚滅華夏爲例，山東大學《漢籍與漢學》第二期（總第三期），二〇一八年十月。

《左傳》敘事見本末與《春秋》書法〉，張高評，中央研究院文哲所「經學史重探(1)——中世紀以前文獻的再檢討」第二次學術研討會論文，二〇一八年十一月。

史外傳心與胡安國《春秋》詮釋法，張高評，《經學文獻研究集刊》第二十輯，二〇一八年十二月。

北宋《春秋》學之創造性詮釋——從章句訓詁到義理闡發〉，張高評，《中國典籍與文化論叢》第十九輯，二〇一八年。

《春秋》直書滅華與《左傳》資鑑之史觀——以直書華夏相滅、狄吳滅華爲例，張高評，《高雄師大國文學報》第二十九期，二〇一九年一月。

《春秋》經傳的研究思路與特色——張高評教授訪談錄，張高評，《寶雞文理學院學報》第三十九卷第一期(總第一八七期)，二〇一九年二月。

「趙盾弒其君」之書法與史筆〉，張高評，南京鳳凰出版社《古典文學知識》二〇一九年第二期（總第二〇三期），二〇一九年三月。

屬辭比事與《春秋》宋學之創造性詮釋〉，張高評，《杭州師範大學學報》（二〇一九年第三期）。

《史記》互見法與《春秋》敘事傳統，張高評，《國文天地》第三十五卷第三期（總第四一一期），二〇一九年八月。

《左傳》〈聲子說楚復伍舉〉鑑賞，張高評，《國文天地》第三十五卷第四期（總第四一二期），二〇一九年九月。

「《左傳》〈秦晉韓之戰〉及其敘事義法——《春秋》比事屬辭與《左傳》敘戰之書法〉，張高評，南京鳳凰出版社《古典文學知識》二〇一九年第五期（總第二〇六期），二〇一九年九月。

國家圖書館出版品預行編目資料

張高評解析經史一：左傳導讀／張高評著. -- 初版. -- 臺北市：五南，2019.11
面； 公分
ISBN 978-957-763-709-3（平裝）

1.左傳 2.研究考訂

621.737 108016682

1X5Z

張高評解析經史一：左傳導讀

作　　者 — 張高評（205.2）
發 行 人 — 楊榮川
總 經 理 — 楊士清
總 編 輯 — 楊秀麗
副總編輯 — 黃文瓊
責任編輯 — 吳雨潔
封面設計 — 姚孝慈
封面書名書法題字 — 黃宗義
美術設計 — 劉好音
出 版 者 — 五南圖書出版股份有限公司
地　　址：106台北市大安區和平東路二段339號4樓
電　　話：(02)2705-5066　傳　　真：(02)2706-6100
網　　址：http://www.wunan.com.tw
電子郵件：wunan@wunan.com.tw
劃撥帳號：01068953
戶　　名：五南圖書出版股份有限公司

法律顧問　林勝安律師事務所　林勝安律師

出版日期　2019年11月初版一刷
定　　價　新臺幣500元